प्यारी ऑन्ना

वाणी प्रकाशन

HUNGARIAN BOOK FOUNDATION

प्यारी ऑन्ना

(कोस्तोलान्यी देश्ज़ो के मूल हंगारी उपन्यास 'एदैश ऑन्ना' का अनुवाद)

कोस्तोलान्यी देश्ज़ो

अनुवाद

इन्दु मज़लदान

वाणी प्रकाशन

. 4695, 21-ए, दरियागंज, नयी दिल्ली 110 002

शाखा

अशोक राजपथ, पटना 800 004

फ़ोन: +91 11 23273167 फ़ैक्स: +91 11 23275710

www.vaniprakashan.in
vaniprakashan@gmail.com

PYAAREE ANNA
Hangarian Novel Édes Anna
by KOSZTOLÁNYI DEZSÖ
Translated by Indu Mazaldan

ISBN : 978-93-5000-753-2
Novel

प्रथम संस्करण

मूल्य : ₹ 375

ओम ऑफ़सेट, दिल्ली-110093 में मुद्रित

वाणी प्रकाशन का लोगो मक़बूल फ़िदा हुसेन की कूची से

समर्पित

पिछले अड़तीस वर्षों से हमारे साथ रहते,
मेरे भृत्य रामू को, जो घर चलाने की
हर चिन्ता से मुझे मुक्त रखता है--

इन्दु

प्राक्कथन

ऑन्ना एदैश की कहानी एक मासूम लड़की के शोषण की कहानी है। कहानी की नायिका का पारिवारिक नाम एदैश है जिसका शब्दशः अर्थ 'मीठा' होता है, और 'मिठास' उसके चरित्र की विशेषता भी है। वह गाँव की एक ईमानदार, मेहनती और सीधी-सादी लड़की है, जो एक मध्यम वर्गीय परिवार में घरेलू नौकरी के लिए आती है, जो परिवार दो ऐतिहासिक धचकों से अभी बाहर निकला है—प्रथम विश्व युद्ध में हार और एक कुछ ही देर चलने वाली सामाजिक क्रान्ति से। तीसरा बड़ा धक्का, हंगरी के दो तिहाई भाग को, ट्रायनौन की सन्धि के अन्तर्गत दूसरे देशों में बाँट दिया जाना, अभी बाक़ी है।

हंगरी प्रथम विश्व युद्ध में, ऑस्ट्रो-हंगरी साम्राज्य के भाग की तरह उतरा था। इस साम्राज्य की हार के बाद सभी छोटे-छोटे देश आज़ादी की माँग करने लगे थे। पहली क्रान्ति अक्तूबर 1918 में हुई थी जिसके बाद काउंट मिहाय कारोय की सोशलिस्ट सरकार बनी, जिसने हंगरी को गणतन्त्र घोषित कर दिया। पर बाहरी दबाव काफ़ी ज़्यादा था। रोमानियन फ़ौजें हंगरी में घुसने का प्रयास करने लगीं और 1919 मार्च में कारोय का स्थान बेंला कुन ने, जो एक बोल्शविक था और जिसे रूसी सरकार का समर्थन था, ले लिया। उसने घोर अत्याचार मचाये। लाल आतंक चारों ओर छाया हुआ था। ज़मीन लोगों से ज़बरदस्ती ज़ब्त किये जाने लगी थी। अगस्त तक इसका भी अन्त हो गया और रोमानियन फ़ौजें आखिर हंगरी में प्रवेश कर ही गयीं।

प्रस्तुत उपन्यास बेला कुन के पलायन से आरम्भ होता है, और रोमानियन फ़ौजों का देश में आगमन दिखाता है। उपन्यास का अन्त ट्रायनॉन सन्धि से थोड़ा ही पहले होता है जब कोस्तोलान्यी दैश्ज़ो का स्वयं का जन्म-स्थान भी युगोस्लाविया के पास चला गया था। परन्तु उपन्यास इन सब राजनीतिक घटनाओं के बारे में नहीं

है : ऐतिहासिक परिस्थितियों का ज़िक्र अवश्य है पर कहानी, समाज के बारे में है, सामाजिक विडम्बनाओं के बारे में है। एडमिरल होर्थी का बड़े बैण्ड बाजे के साथ बुदापैश्त में आने का केवल दृश्य मात्र है, होर्थी जो द्वितीय विश्व युद्ध के अन्त के हंगरी की बागडोर सँभाले था और जिसने 'लाल आतंक' के जवाब में 'सफ़ेद आतंक' को जन्म दिया था; उसके काल के बारे में बस छू भर दिया गया है। बस इन सब हालातों के कारण लोगों की जो मनःस्थिति हो गयी थी, जो खालीपन और वहशीपन उनमें आ गया था, उसकी झलक ज़रूर हमें उपन्यास में दिखाई देती है।

अनुवाद में कुछ शब्द हंगरी भाषा में ही रहने दिये हैं। 'वारोश' का अर्थ शहर या डिस्ट्रिक्ट होता है; 'ऊत' सड़क और 'ऊत्सा' गली को कहते हैं। 'करुत' रिंग रोड कहलाती है। दो डिस्ट्रिक्ट, जिनका ख़ास तौर पर ज़िक्र हुआ है, वे बुदा में हैं (दूना नदी बुदापैश्त को दो भागों में बाँटती है, पहाड़ी भाग बुदा है और समतल भाग पैश्त), पहला, 'वार' यानी महल के आसपास का इलाक़ा जहाँ अधिकतर ऑफिस भी हैं और दूसरा क्रिस्टीना डिस्ट्रिक्ट जिसमें 'वेरमैज़ो' का मैदान भी है (शाब्दिक अर्थ 'ख़ून का मैदान')। कहा जाता है 1795 में यहाँ जेकोबाइट क्रान्तिकारियों को गोली मार दी गयी थी।

दैश्ज़ो कोस्तोलान्यी, लगभग चौंतीस वर्ष के रहे होंगे जब उपन्यास में घटी घटनाएँ घटीं। वे एक साइंस टीचर के पुत्र थे जिसने सोलह वर्ष की आयु से ही लिखना शुरू कर दिया था। हंगरी के दक्षिणी भाग सौबोत्का में (जो अब युगोस्लाविया का भाग है) इनका जन्म 1885 में हुआ था। स्कूल की पढ़ाई पूरी करने के बाद उन्होंने जर्मन भाषा का अध्ययन किया, बुदापैश्त में भी और फिर वियना में। इनकी ख्याति 1907 में इनके पहले कविता संग्रह से ही फैलने लगी थी जिसका शीर्षक था 'चारदीवारी के भीतर'। दूसरा संग्रह 'एक ग़रीब बच्चे की शिकायत' 1910 में प्रकाशित हुआ जिससे वे हंगरी के बहुत जानेमाने कवि जाने लगे। अपने कुछ मित्रों की सहायता से जो साहित्य में रुचि रखते थे और ख़ुद भी लिखते थे, उन्होंने एक साहित्यिक पत्रिका निकालनी शुरू की 'न्यूगौत' (पश्चिम) के नाम से। यह अपने तरह की अनूठी पत्रिका थी। तीन पीढ़ियों के कवियों और लेखकों ने इसमें अपना योगदान दिया।

कोस्तोलान्यी ने उपन्यास लिखना 1921 में शुरू किया और इस विधा में भी अपना कमाल दिखाया। उन्होंने बहुत ही सुन्दर मनोवैज्ञानिक चित्रण पात्रों का किया। इसकी एक झलक आप 'चकोरी' नामक उपन्यास में पहले ही देख चुके हैं।

उपन्यास आपके हाथ में है अतः इससे अधिक कुछ न कहूँगी। आशा करती हूँ आपको पसन्द आयेगा। अनुवाद में जो त्रुटियाँ रह गयी हों उनके लिए क्षमा-प्रार्थी हूँ।

–इन्दु मज़लदान

1

बेला कुन का पलायन

बेला कुन हवाई जहाज़ में बैठ देश छोड़कर भाग रहे थे।

दोपहर में—करीब पाँच बजे—एक हवाई जहाज़ होटल हंगारिया में स्थित रूसी हैडक्वार्टर से उड़ा, उसने दैन्यूब नदी पार की, वेरमैज़ो मैदान से होता, राजमहल के ऊपर से गुज़रा।

हवाई जहाज़ का पायलट और कोई नहीं, स्वयं राष्ट्र का अध्यक्ष था।

वह काफ़ी नीचाई पर उड़ रहा था, यही कोई मैदान से साठ फ़ीट ऊपर। उसका चेहरा साफ़ दिखाई दे रहा था।

हमेशा की तरह उसका चेहरा पीला और दाढ़ी बढ़ी हुई थी। वह नीचे लोगों की ओर देख मुस्कुरा रहा था और कभी-कभी हाथ भी हिला रहा था भौंडी-सी विदाई लेता हुआ।

उसकी जेबें पेस्ट्री से भरी हुई थीं। वह अपने साथ ढेरों जवाहरात, चर्च का क़ीमती सामान, और पुराने संभ्रान्त परिवारों की महिलाओं के क़ीमती पत्थर भी ले जा रहा था। इसके अलावा और कई बहुमूल्य चीज़ें भी।

उसकी बाँहों से कई सोने की चेनें झूल रही थीं।

जब जहाज़ ऊपर उठ रहा था, और बस आँखों से ओझल ही हुआ जाता था, तभी इसमें से एक सोने की चेन वेरमैज़ों के मैदान में आ गिरी, जहाँ क्रिस्टिना क्षेत्र में काफ़ी साल से रह रही एक बड़ी उम्र की युवती, जो महल में एक्साइज़ क्लर्क की हैसियत से काम करती थी, उसके हाथ आ लगी।

कम से कम क्रिस्टिना क्षेत्र में अफ़वाह तो यही थी।

2

महामहिम कॉमरेड और उनकी आदरणीय पत्नी

31 जुलाई 1919 में, जिस दिन चेन के बारे में अफवाह फैली थी, शाम को लगभग छः बजे, कोर्नेल विज़ी ने अपनी नौकरानी को आवाज़ दी

—"कॉतित्सा!" वे चिल्लाये।

एक कबूतर जैसी, कुछ मोटी-सी लड़की रसोईघर में खड़ी थी। लगता था वह कहीं बाहर जाने को तैयार थी। वह गुलाबी रंग का ब्लाउज़ पहनी थी, सफ़ेद स्कर्ट जो एक काली बैल्ट से कसा हुआ था और चमड़े के जूते भी। उसने अपने आप को हाथ के शीशे में निहारा, अपने रूमाल पर थोड़ा पाउडर छिड़का और अपने चेहरे पर उसे लगाया। उसने आवाज़ सुन तो ली थी मगर जहाँ थी वहीं खड़ी रही।

पिछली हुकूमत के क़ायदे क़ानून के अनुसार घण्टी बजाकर नौकरों को बुलाने की मनाही थी अतः ज़ोर से आवाज़ देकर ही उन्हें बुलाना पड़ता था, अगर स्टडी में हों तो रसोईघर की दीवार पर हल्के से दस्तक भी दे सकते थे।

उनकी आवाज़ में अब गुस्सा छलकने लगा था।

यह समझ, लड़की ने हॉल को पार किया, हैट स्टैण्ड के पास रुककर अपने बाल ठीक किये, और फिर कूल्हे मटकाती, झूमती-झामती, खाने के कमरे में आयी।

एक पुरुष, जो क़रीब चालीस वर्ष का होगा, दीवार पर लापरवाही से पसरा हुआ था, लगता था कोई आवारा हो। उसकी क़मीज़ मिंजी-गुंजी थी, उसका पतलून घुटनों तक चढ़ा हुआ था, जूते अस्त-व्यस्त थे और उसने टाई भी नहीं पहनी थी। केवल उसकी लम्बी नाक और रोबदार मूँछें उसके महत्वपूर्ण होने का बोध करा रही थीं।

वह अपने हाथों में 'वरश उइशाग' अख़बार के, जो कम्यूनिस्ट पार्टी का वक्तव्य छापता था, आज के अंक को थामे था, अपने से कुछ दूरी पर रखा था अख़बार

उसने, क्योंकि उसकी पास की नज़र कमज़ोर थी। वह अख़बार में इतना खोया हुआ था कि उसने नौकरानी का प्रवेश करना देखा ही नहीं। उसके सम्मुख जो लेख था वह इस बात की सूचना दे रहा था कि सरकार भंग हो गयी है, बड़े-बड़े अक्षरों में शीर्षक छपा था "सर्वहारा सरकार खतरे में!"

कॉतित्सा दीवान के पास आयी

"ओह तो तुम यहाँ हो?" विज़ी साहब ने गुस्से से कहा "कितनी बार मैं तुमको पुकारूँगा?" यह कह उन्होंने कंधे झटकाये मानों यूँ करके अपने क्रोध को शान्त कर रहे हों।

लड़की बेपरवाह बनी फ़र्श को घूरती रही।

"ठीक है', विज़ी बोले, ज़रा नर्म होते, मगर अभी भी ज़रा खिन्न से, और मानों स्वयं से ही बुदबुदाते हुए "सारी खिड़कियाँ बन्द कर दो"

कॉतित्सा चल दी।

"रुको! सारे रोशनदान भी, और पर्दे गिरा दो? समझ गयी'', थोड़ा हिचकिचाये "बाहर गोलियाँ चल रही हैं।"

उन्होंने पेपर फेंक दिया। सरसराहट की आवाज़ आयी जब वह फ़र्श पर गिरा। भूरे रंग का सस्ता-सा कागज़ मानो आग-सा तमतमा रहा था। वे दीवान पर से उठे, हाथ जेबों में डाले और खाने के कमरे की खुली खिड़की की ओर बढ़ चले।

नीचे एक बोल्शविक सैनिक खड़ा था जो अभी कुछ पल पहले तक चिल्ला रहा था, पर अब इतना अकेला और दयनीय लग रहा था कि उस पर क्रोध आना भी व्यर्थ था। वह मुरझाया हुआ, चुसा हुआ सा सर्वहारा, जो आदमी कम भ्रूण अधिक प्रतीत होता था, अपने कन्धे पर रायफ़ल टाँगा हुआ था जो लगता था यूँ ही उस पर टाँग दी गयी है।

सूर्यास्त की लालिमा वेरमैज़ो पर रोज़ की तरह फैल गयी थी और बुदा की पहाड़ियों को चमका रही थी और दूर पर स्थित चर्च के क्रॉस को भी।

सामने ग्रेनाइट की सीढ़ियों पर कुछ भीड़-सी जमा थी, लोग फुसफुसा कर बातें कर रहे थे, इतनी दबी ज़बान से कि लगता था केवल एक-दूसरे के हिलते होंठ देखकर ही बात समझ रहे हों। वे यूँ लग रहे थे मानो बिना चरवाहे की भेड़ें जिन्हें उनका मालिक कहीं छोड़कर चला गया हो।

आकाश में एक भी बादल नज़र नहीं आ रहा था। हर चीज़ पर मानो एक स्तब्धता-सी छायी हुई थी जैसा बारिश के आने से पहले की स्थिति में होता है, जब हवा गुम हो जाती है, जब प्रकृति एक बड़ा कमरा जैसा प्रतीत होने लगती है, जब पेड़ खिलौनों जैसे लगने लगते हैं और मनुष्य मोम के पुतलों जैसे।

हर वस्तु स्थिर थी, न कोई हलचल, न कोई आवाज़। केवल एक चीज़ जो हिल-डुल रही थी वह था एक पोस्टर 'हथियार उठाओ, हथियार उठाओ' लिखा और

जिस पर एक दीवाना बना नाविक अद्भुत ताक़त से झण्डा नचा रहा था और इस क़दर गला फाड़कर चिल्लाता दिख रहा था मानो पूरे विश्व को गुंजाकर रख देगा।

विज़ी कई बार इस पोस्टर के सामने से गुज़रे थे परन्तु कभी उन्होंने इतने ध्यान से इस पर नज़र न डाली थी। आज पहली बार वे उसे यूँ हक्का-बक्का बने देख रहे थे। वास्तव में आदमी डूबते हुए सूरज को आराम से देख सकता है, बिना अपनी आँखों को हानि पहुँचाए।

कुछ और दूर पर क्रिस्तिना बुलेवर्ड पर एक लॉरी बड़े भड़कीले से कपड़े पहने बच्चों से भरी दनदनाती हुई शहर के अन्दर प्रवेश कर रही थी, बिल्कुल ऐसे जैसे एक दमकल गाड़ी हो जो आपातकालीन स्थिति से निबटने तेज़ी से जा रही हो। बच्चे जूगलिगैत से पिकनिक करके लौट रहे थे, और रास्ते में आने-जाने वाले लोगों को देख झण्डियाँ लहरा रहे थे।

पहाड़ से बच्चों की एक स्वर में आवाज़ आ रही थी

उठो उठो ओ पिछड़े लोगों

उठो उठो ओ भूखे लोगों

शब्दों की बारीकी से अनभिज्ञ, कोई दर्जन भर मजदूर भी ज़ोर-शोर से अभी अभी सीखे वो शब्द गा रहे थे जो उन्हें सिखाये गये थे।

कॉतित्सा ने बाक़ी सब खिड़कियाँ बन्द कर के अब खाने के कमरे की खिड़कियाँ भी बन्द कर दी थीं। जब सब खिड़कियाँ कसकर बन्द हो गयीं, विज़ी कॉतित्सा के क़रीब आकर, एक फीकी मुस्कान होंठों पर लाकर बोले, "वे अब हार चुके हैं"।

इस टिप्पणी से नौकरानी को कोई दिलचस्पी नहीं थी, और अगर थी भी तो उसने ज़ाहिर नहीं की। मालिक उसके सामने आकर खड़े हो गये थे। उनकी पत्नी इस समय घर पर नहीं थीं और वे बेचैन होकर अपना दिल हल्का करने की कोशिश कर रहे थे।

'कॉतित्सा', वे फिर बोले, 'वे हार गये हैं। कम्युनिस्ट हार गये हैं' नौकरानी अचरज से उनकी ओर देखने लगी मानो जानना चाह रही हो कि आख़िर ऐसा क्या हुआ है जो मालिक उससे इस गम्भीर विषय पर चर्चा कर रहे हैं।

'बदमाश' वे कहते गये, नथुने फुलाकर, बदले की भावना की .ख़ुशबू से ओत-प्रोत। उन्होंने बस इतना कहा ही था कि उन्हें फ्लैट के दरवाज़े पर ज़ोर-ज़ोर से दस्तक सुनायी देने लगी। उनका मानो रंग ही उड़ गया। वे हवा में कुछ इस तरह से ताकने लगे जैसे वह शब्द जो अभी-अभी उन्होंने बोला था उसका नामोनिशान तक हवा से मिटा सकें। वे अपने हाथ हवा में यूँ लहराने लगे जैसे काल्पनिक धुएँ को उड़ा रहे हों।

"मैं खोलता हूँ", वे कुछ निर्णय-सा लेते हुए, हर मुसीबत का सामना करने के लिए तैयार, आगे बढ़े। हो सकता है कुछ लोगों को बन्दी बनाया जा रहा हो,

शायद इमरजैन्सी घोषित कर दी गयी हो और घरों की तलाशी ली जा रही हो। उन्होंने अपने दिमाग़ में अपने बचाव की दलीलें भी सोच लीं। बीस वर्ष की सामाजिक सेवा, सोशलिस्ट ख़यालात, मार्क्सवाद से सहानुभूति हालाँकि उसकी कुछ ज़्यादतियों के वे विरुद्ध भी थे, वग़ैरह-वगैरह।

वे अब एक अलग प्रकार के व्यक्ति थे, अब वे बोल्शविज़्म के शहीद नहीं बल्कि उसके सताये हुए व्यक्ति थे जिन्हें पुरानी व्यवस्था ने कई बार दरकिनार किया था। उन्होंने अपनी जेब में मज़दूर-संगठन का कार्ड टटोला जिसे वे अभी कुछ ही देर पहले फाड़ने की सोच रहे थे। खुशकिस्मती से वह सही सलामत था।

दरवाज़े पर एक छोटे से कद का व्यक्ति खड़ा था। उसने लाल कॉलर वाली जैकिट पहनी हुई थी जो एक डाकिये की जेकिट जैसी थी पर उसका कॉलर उघड़ा-सा हुआ था।

वह सलाम करता हुआ बोला 'शुभ दिन महामहिम', इतनी ज़ोर से कि पूरा घर सुन ले। 'क्या मैं आपसे कुछ बात कर सकता हूँ?"

'ओह तुम हो कॉमरेड' विज़ी बोले।

'आपका ख़ादिम हुज़ूर'।

'आओ कॉमरेड फिचोर अन्दर आओ'।

बातचीत बहुत भद्रता से चल रही थी, ऐतिहासिक परिस्थिति के अनुकूल। दोनों व्यक्ति आज के परिप्रेक्ष्य में अपनी-अपनी स्थिति से पूर्णरूप से अनभिज्ञ, एक दूसरे को अधिक मान देने की कोशिश में।

कोरनेल विज़ी म्यूनिसिपल काउंसिलर थे पर पिछले चार महीनों में आज पहली बार उन्हें कोई महामहिम कहकर पुकार रहा था। उन्हें इस प्रकार से पुकारा जाना अच्छा लग रहा था और वे सोच रहे थे कि वे बेकार ही अपने को किसी मुसीबत के लिए तैयार कर रहे थे। जहाँ तक फ़िचोर का सवाल था तो वह 238 ऑत्तिला उत्सां का केयर टेकर, फ्लैट के मालिक द्वारा 'कामरेड' शब्द से सम्बोधित किये जाने से परेशान था।

केयर टेकर ने घर में प्रवेश कर मालिक से हाथ मिलाया। विज़ी ने तपाक से उसका हाथ अपने हाथ में लिया। विज़ी ही थे जिन्होंने कम्युनिस्ट तानाशाही में यह हाथ मिलाने की प्रक्रिया की शुरुआत की थी, पर तब से फिचोर ही था जो पहले अपना हाथ बढ़ाता था।

'वे भाग गये हैं।' फिचोर खुशी दिखाते बोला, अभी भी काफी ऊँची आवाज़ में। 'बदमाशों की ऐसी-तैसी हो गयी है। वे बोरिया-बिस्तरा लपेट भाग रहे हैं"

"वाक़ई" विज़ी फुसफुसाकर बोलें, मानो उन्होंने यह बात पहली बार सुनी हो।

"जी मालिक क़िले पर राष्ट्रीय ध्वज लहराने भी लगा है। मेरे बहनोई ने अपने हाथों से उसे वहाँ लगाया है।"

"महत्वपूर्ण बात यह है", विज़ी विषय बदलते बोले "कि शान्ति और सुरक्षा बनी रहे।"

राष्ट्र के प्रति अपनी भावनाओं को दर्शाते फ़िचोर खुशी से, पर अपनी आँख विज़ी के शान्त चेहरे पर गड़ाये बोला 'वह हमारा तिरंगा-लाल सफेद और हरा'। "अब कई लोगों का हिसाब तय होगा साहब। जी हाँ अब उन्हें अपने लिए नया राग खोजना होगा।'

विज़ी ने फ़िचोर के उत्साह को तो देखा पर अपने चेहरे से किसी प्रकार के भाव दर्शित न होने दिये। फ़िचोर कुछ और शब्द तलाश कर रहा था।

"दरअसल मैं तो घण्टी के लिए आया था साहब। मैंने सोचा कि इस वक़्त मेरे पास समय है तो मैं उसे ठीक कर दूँ।"

"बैटरी वहाँ रखी है' विज़ी ने रसोईघर की ओर इशारा करते हुए कहा "मैं जानता हूँ साहब' फ़िचोर मुस्कुराया हालाँकि उसे इस बात से बहुत दुख हुआ कि साहब ने यह सोचा भी कैसे कि केयरटेकर को यह भी पता नहीं होगा कि बैटरी कहाँ रखी होती है। "अगर मुझे एक सीढ़ी मिल जाती तो!"

कॉतित्सा ने, जो इस समय बहुत अच्छे कपड़े पहनी थी, बड़े अनमने ढंग से गन्दी सीढ़ी निकालकर उसे दी। रसोई छोटी होने के कारण उसे लगाने में भी काफ़ी दिक्क़त आ रही थी। रोशनी भी कम थी क्योंकि सिर्फ़ एक रोशनदान से ही लाइट आ रही थी। फ़िचोर ने बल्ब जलाने की चेष्टा की पर व्यर्थ क्योंकि बल्ब तो टूटा पड़ा था। उसने मोमबत्ती माँगी।

मोमबत्ती हाथ में पकड़े वह ऊपर चढ़ा बैटरी उतारने। ऊपर से ही बताने लगा कि घण्टी में ख़राबी क्या है, इस बात पर ज़ोर डालते कि उसे ठीक कराना ज़रूरी भी है और मुश्किल भी, भाषण-सा देता रहा इस बारे में, मगर बड़ी इज़्ज़त भरे स्वर में क्योंकि मालिक को वह ऊपर से देखकर बोल रहा था, अपना सिर नीचे झुका कर, उन मालिक को जिनको वह महामहिम कहकर पुकार रहा था।

कॉतित्सा जब तक सीढ़ी पकड़े खड़ी रही वह एक-एक करके बैटरी निकालता रहा, अपने छोटे चाकू से तारों को रगड़ता रहा। उसने नमक पानी में डाला और जंग खाये तारों को उसमें डुबोकर रख दिया।

इसी बीच किसी ने दरवाज़े पर दस्तक दी। एक लम्बी, पतली, बिना हैट पहिने संभ्रान्त-सी दिखती महिला ने, जो जामनी रंग का फ्रॉक पहनी थी, फ्लैट में प्रवेश किया।

"मैडम, मैं आपका गुलाम' फ़िचोर ने झुककर सलाम किया। कोई जवाब न पाने पर फिर बोला 'आपका गुलाम'।

महिला ने अब भी उसकी ओर ध्यान न दिया और खाने के कमरे में चल दीं। विज़ी उनके पीछे गये और उन्हें लिपटाकर प्यार किया। वे अपनी खुशी छिपाने में

अब असमर्थ हो चले थे। उनके चेहरे पर बड़ी-सी मुस्कान फैली हुई थी।

"तुमने सुना क्या?"

"सब कुछ। लोग कह रहे हैं कि आज रात तक रोमानिया की फ़ौज हम पर क़ब्ज़ा जमा लेगी।"

"बकवास। बड़ी-बड़ी ताक़तें ऐसा कभी न होने देंगी। जो फ़ौज आयेगी वह एलाइड फ़ोर्स होगी—इतालियन, फ्रेंच और अंग्रेज़। गाबोर तौतार ने मुझे बताया है।"

महिला ने अपने सुनहरे बाल ठीक किये और आराम कुर्सी पर लुढ़क गयीं। वे हमेशा की तरह शून्य में ताक रही थीं, हर चीज़ पर यूँ नज़रें सी दौड़ाती मानो वे चीज़ें उनके सामने ही न हों, और उनका ध्यान कहीं इन सब से परे हो।

"तुम अब तक थीं कहाँ? मुझे तुम्हारी चिन्ता हो रही थी।"

"मैं किसी चीज़ की तलाश में थी। 'यह', आरामकुर्सी को झुलाते उन्होंने अपने सफ़ेद दस्ताने पहने हाथ को खोलकर दिखाया। एक छोटा-सा पैकेट अख़बार के कागज़ में लिपटा हुआ था। उसे उन्होंने मेज़ पर फेंक दिया।

'यह क्या है?'

'मक्खन', वे टेढ़ी-मेढ़ी मुस्कान चेहरे पर लाती बोलीं "मुझे तीन रुमालें देनी पड़ीं इसके लिए।"

फ़िचोर अभी भी रसोईघर में चीजें खड़खड़ा रहा था। वह सीढ़ी पर चढ़ा बैटरी बदल रहा था। श्रीमती विज़ी ने खटर-पटर की आवाज़ सुनकर कहा "यह आदमी यहाँ क्या कर रहा है?"

"वह घण्टी ठीक कर रहा है।"

"अब ही वक़्त मिला है इसे। हम कितने महीनों से इसे यह काम करने के लिए कह रहे हैं।"

"इसने स्वयं ही तो यह ठीक करने का ज़िम्मा लिया है।"

"तुमने इसे उठाकर बाहर क्यों न फेंक दिया?"

"तुम क्या मज़ाक कर रही हो?"

"क़तई नहीं। इस जैसे बोल्शविक को फेंकना ही चाहिये।

"आवाज़ धीमी रखो, वह सुन लेगा।"

"तो क्या हुआ? तुम समझते हो वह बोल्शविक नहीं है? गन्दा सूअर।' वह बोल्शविक है यह सत्य है। मैं अभी बताती हूँ उसे..."

विज़ी को लगा अभी से बोल्शविक को गाली देने का समय नहीं आया था शायद।

अचानक तेज़ी से महिला उठ खड़ी हुई और पैर पटकती हॉल की ओर चल पड़ीं, केयरटेकर को घर से निकल जाने का आदेश सुनाने।

मगर उसी वक्त, कई दिनों से मूक पड़ी घण्टी अचानक फ्लैट में अपना स्वर

बिखेरने लगी। लगा वह विजय का ऐलान कर रही है, नयी आशा, नये जोश का हर्ष फैला रही है। इसकी टनूटन की आवाज़ घर में एक नये माहौल के आगमन की सूचना ला रही है।

खाने के कमरे में विज़ी इस सुखद आवाज़ पर आश्चर्य कर रहे थे। उनकी पत्नी कॉतित्सा को खोज रही थी, मगर शीघ्र ही उन्हें पता चल गया था कि हमेशा की तरह वह आज भी बिना कुछ किसी को बताये, खिसक ली थी।

"यह ठीक हो गयी है", फ़िचोर ने झुककर सलाम बजाते ऐलान किया, मालकिन का हाथ बड़े सम्मान से चूमते, इससे पहले कि वे अपना हाथ खींचती। सीढ़ी उसने वापिस जगह पर रखी और अब तक वह भाँप रहा था कि न तो घर्ण्टा का ठीक होना, न हाथ का चूमा जाना ही मालकिन को प्रभावित कर रहा था, अतः उसने ब्रह्मास्त्र चलाया, मालकिन का हाथ पकड, मानो कोई बड़े राज़ की बात बता रहा हो, उनके कान के पास मुँह लाकर फुसफुसाया–

"मालकिन!" नज़रें नीची करके बोला "मेरे पास आपके लिए एक लड़की है।"

"क्या?"

"एक नौकरानी।"

श्रीमती विज़ी को अपने कानों पर विश्वास नहीं हुआ। उन्हें लगा यह शब्द यूँ ही उनके कानों में गूँज रहा होगा, शायद उन्हें कुछ ग़लतफहमी हुई होगी। उन्होंने आँखें गड़ाकर, उत्सुकता के भाव से केयर-टेकर की ओर देखा। उनकी आँखों में चमक दिखाई दे रही थी। इस वक्त अगर उन्हें कोई हीरा भी भेंट करता तो शायद वह इतना ख़ुश न होतीं।

"लड़की राजधानी पैश्त की तो नहीं है ना?"

–"जी नहीं, बिल्कुल नहीं, वह मेरी रिश्तेदार है, बॉलॉतोन ज़िले में एक गाँव की लड़की है"।

महिला को हर्ष हो आया। काफ़ी समय से वे इसी प्रकार की लड़की नौकरानी के रूप में चाह रही थीं। अब तक इस से अच्छी लड़की के बारे में तो उन्होंने सुना ही नहीं था। उन्होंने इस अवसर को खोजना उचित न समझा। वे कोई भी ग़लत क़दम उठाना नहीं चाहती थीं, उन्होंने पति की राय का भी इन्तज़ार करना ठीक न समझा, फ़ौरन केयर टेकर को रसोईघर में बुलाया उसे बैठने को कहा, और मोमबत्ती की हिलती-ढुलती रोशनी में, उन्होंने उससे सब बात विस्तार से पूछी।

सब बातचीत पूरी हो जाने पर, स्वयं फ़िचोर को बाहर तक छोड़ने आयी और फिर वापिस रसोईघर की ओर पलटीं। वहाँ मेज़ पर कॉतित्सा के द्वारा रखा हुआ रूमाल उठाया और उसे नाक के पास तक ले जाकर, घृणा से नीचे फेंक दिया। नौकरानी का हाथ में लेने का शीशा परे किया, खिड़की बन्द की और रात के खाने की तैयारी में लग गयी।

3

बिगड़ा भोजन

यह देख कि दरवाज़े पर कोई नहीं था, श्रीमती विज़ी फिर से रसोईघर लौटीं।

"आप क्या कर रहे हैं?"

"कुछ नहीं घण्टी को बजाकर देख रहा था। बज रही है।"

"हाँ मैंने सुना।"

"तुम्हें लगता है उसने अच्छा काम किया?"

"आप खुद ही सुन सकते हैं।"

"उम्मीद है तुमने उससे कुछ कहा नहीं।"

"नहीं। अब दफ़ा भी होइए यहाँ से!" वे ज़ोर से पति पर चिल्लायीं जब उन्होंने दोबारा घण्टी बजाकर देखी।" आप खेल क्यों रहे हैं उससे? बिल्कुल बच्चे का-सा बर्ताव कर रहे हैं।"

"मुझे भूख लगी है। मैं खाना खाना चाह रहा हूँ।"

"पर आप यह घण्टी किसके लिए बजा रहे हैं?"

"कॉतित्सा के लिये"

"महारानी तो कई घण्टों से नदारद हैं।"

"कहाँ?"

"कहाँ? जहाँ वे हमेशा जाती हैं? सैरसपाटे के लिए।"

"इस वक्त?"

"जी हाँ इस वक़्त?"

"मगर आज तो किसी को सड़क पर निकलने की इजाज़त नहीं है।"

"उसकी बला से। अब लायोश जो वापिस आ गया है।"

"लायोश हैक?"

"हाँ वही। वह लौट आया है।"

"और वह घर कब आयेगी?"

"मुझे कुछ नहीं पता" श्रीमती विज़ी फट फड़ीं "रात को बारह बजे, मैं क्या जानूँ" और क्रोध में बोलती गयीं "हो सकता है पौ फटने के बाद ही लौटे।"

"क्या चाबी अपने साथ ले गयी है?"

"मेरे ख्याल से।"

"बहुत अच्छे", विज़ी बुदबुदाये, "क्या बढ़िया काम किया है उसने। हम यूँ खुले दरवाज़े सोएँगे। वह किसी को भी अन्दर ला सकती है।"

"यूँ भौंचक्के न बनिये। आप तो यूँ बन रहे हैं मानो उसने ऐसा पहली बार किया हो। मुझे आपके यूँ चौंकने पर हँसी-सी आती है!" वह क्रोध में पलटीं और दरवाज़ा ज़ोर से बन्द कर दिया, वैसे ही जैसे कॉतित्सा करती थी।

रसोई में उन्होंने प्लेटें और चम्मच ज़ोर-ज़ोर से खड़खड़ाये। ऐसे समय में उन्हें अपना क्रोध शान्त करने के लिए यह कहना ज़रूरी होता था। जब वे जीवन की कठिनाइयों और परेशानियों के बारे में बात करते थक जाती थीं तब हमेशा यूँ ही चीज़ें पटक-पटक कर अपना गुस्सा उतारतीं जिससे कुछ पल के लिए यही लगता था—कम से कम उन्हें स्वयं को तो—कि इन सब के दोषी बेचारे पति ही थे।

एक लकड़ी की ट्रे पर रख वह खाना लेकर आयीं। एक कप चाय, कुछ टोस्ट और मक्खन जो उन्होंने उसी दिन खरीदा था।

विज़ी, जिन्होंने रात के खाने में केवल ज़रा-सी कलेजी और सब्जियाँ खायी थीं, ट्रे में पीली मकई की ब्रैड के टोस्ट जो सिकने पर भी अच्छे नहीं लग रहे थे, और हल्की चाय देखकर ज़रा परेशान हुए और बोले कि क्या और कुछ न था खाने को।

"और किस चीज़ की अपेक्षा थी आपको?"

"क्या तुम मेज़ पर भी नहीं लगाओगी खाना?"

"हम शाम को तो कभी मेज पर नहीं खाते।"

"चलो कोई बात नहीं।" विज़ी बोले "सब चलेगा।"

उन्होंने अपना सिर अपने हाथों में थाम लिया जैसा वे तब किया करते थे जब घर वे काम-काज के तरीके से परेशान होते थे। कुछ देर इसी मुद्रा में बैठे रहे। वे अपनी ख़्यालों में सफ़ेद मेज़पोश, अच्छी सुन्दर गुलाब के फूलों वाली प्लेटों और कट ग्लास में वाइन की कल्पना में डूबे थे जो चीजें मिनिस्ट्री में दोस्तों के साथ खाना खाने के वक़्त उनके सामने हुआ करती थीं।

"तुम खा नहीं रही हो? उन्होंने पत्नी से पूछा।

श्रीमती विज़ी को जब से दिमाग़ी कारणों की वजह से पेट खराब रहने की बीमारी लगी थी तब से सपर खाने में उन्हें कोई अधिक रुचि नहीं होती थी। अभी

पिछली बोल्शविक व्यवस्था में वे और भी अधिक परेशान रहने लगी थीं जिससे उनका पेट और गड़बड़ा गया था। लगता था पेट में एसिड की मात्रा अब और अधिक बनने लगी थी। उन्होंने एक गत्ते के डिब्बे में से तीन गहरे रंग की गोलियाँ निकालीं और अपनी ज़बान पर रख लीं, ज़रा-सी सिहरन के साथ।

उनके पति आराम से खाना खाने लगे। वे तन्दुरुस्त थे, पुरुष थे अतः टोस्ट पर खूब सारा मक्खन लगा वे उन्हें चबाने लगे थे। चन्द पलों में टोस्ट खा भी लिए गये थे। भूख अभी भी बाक़ी थी सो उन्होंने सैकरिन की गोलियाँ चाय में डालीं और उसे पीने लगे। कम से कम इससे जीवन में थोड़ी मिठास तो घुल आयी थी।

चाय की चुस्कियाँ लेते हुए वे ऊरी स्ट्रीट में गाबोर तौतार के साथ हुई अपनी मुलाक़ात के बारे में बताने लगे जो उनसे कह रहा था कि अब सोशलिस्ट साम्राज्य ख़त्म हो गया था। अब प्रोडक्शन के लिए समाजवादी तरीक़े इस्तेमाल नहीं किये जायेंगे, क्रान्ति की मनोवृत्ति की अब कोई ज़रूरत नहीं थी और अब ईमानदार और मेहनती लोगों को कोई परेशान नहीं करेगा।

विज़ी के पास कम्युनिस्टों को नफ़रत करने के लिए वाजिब कारण थे वे बोल्शविज़्म के ज़माने में भूखे मर रहे थे। जब कम्युनिस्टों ने राज सँभाला तो उनकी पद-अवनति हो गयी थी और तनख़्वाह भी आधी कर दी गयी थी। हालाँकि कम्युनिस्ट इतने अव्यवस्थित थे कि उन्हें पुरानी तनख़्वाह ही मिलती रही थी पर उससे होता ही क्या था? युद्ध ने तो उन्हें बिल्कुल उजाड़ ही डाला था। उन्होंने अपना सारा पैसा, क़रीब दो सौ पचास हज़ार सोने के सिक्के—युद्ध बाँड और सिक्योरिटीज़ में लगा दिया था। उन्हें जर्मन हथियारों पर पूरा भरोसा जो था। बस यह तिमंजिला घर ही बचा था और इससे कोई आमदनी तो थी नहीं। वे स्वयं पहली मंज़िल पर चार कमरों में रहते थे और उनके ऊपर की मंज़िल दो भागों में बँटी थी जिसमें एक लोकल डॉक्टर, मिकलोश मोविस्तर और एक युवा वकील सिलाई द्रूमा रहा करते थे। चूँकि घर मोज़दोन्य स्ट्रीट के पास स्थित था, उस पर जल्दी ही लेनिनिस्ट जवानों की नज़र पड़ गयी थी। उन्होंने द्रूमा को पकड़कर बन्दी बना लिया था और दो महीने उसे जेल में रखा, और डॉक्टर को भी तंग करते रहे थे। विज़ी के घर भी जब लेनिनिस्ट पहली बार आये थे तब उनकी पत्नी को पकड़कर ले गये थे। वे खिड़की पर खड़ी तौलिया झाड़ रही थीं बस इसी पर उन्होंने इल्जाम लगा दिया था कि वे बदले की क्रान्ति करने वालों को कोई संकेत दे रही थीं। उन्हें खींचते हुए वे पार्लियामेन्ट तक ले गये थे और रात को बारह बजे जाकर उन्हें छोड़ा था, तब तक वे शारीरिक और मानसिक रूप से पूरी टूट चुकी थीं। अगले दिन ही एक युवा कम्युनिस्ट उनके घर धमक पड़ा था, हाथ में डण्डा हिलाते और उनके घर के दो कमरे ज़ब्त करने का आदेश भी सुना गया था—खाने का कमरा जहाँ वे इस समय बैठे थे और ड्राइंग-रूम। वो तो खुशकिस्मती हुई कि सिस्टम स्वयं ही लड़खड़ा कर गिर गया और कम्युनिस्ट

उन कमरों में किसी को जबरदस्ती घुसा नहीं पाये।

पर सबसे बुरी बात यह थी कि विज़ी को राजनीतिक विस्मृति में पटख दिया गया था। वे बहुत महत्वाकांक्षी थे और बिना ऊपर बढ़ने की उम्मीद के वे ऐसे हो गये थे मानो एक मिल जिसमें पीसने को दाना नहीं हो, बस चक्की उन्हीं को दबाती चली जा रही हो। कई महीने, उन्होंने इस निराशा में काट दिये थे।

वे बहुत गम्भीर और अन्तर्मुखी व्यक्ति थे जो कभी भी दफ़्तर की बातें अपनी पत्नी से नहीं करते थे। अब उन्होंने बात करना शुरू कर दिया था। अब बुदा की पहाड़ियों पर लम्बी सैर पर जाते हुए और कभी-कभी घर पर भी, अपनी पत्नी को अपने राजनीतिक विचारों के बारे में भाषण देना शुरू कर दिया था और उन लफ़ंगों के बारे में बताना भी जो मिनिस्टरी को अपंग बनाने पर तुले हुए थे।

अब फिर से वही जीने का तरीक़ा ज़ारी रखना मुश्किल हो रहा था। जब वे चाय पी चुके तो बदले की क्रान्ति के बारे में बात करने लगे जो अभी से उनके मस्तिष्क में बीती हुई बात बन चुकी थी।

"तुम्हें याद है?" वे पूछते रहे "तुम्हें याद है?"

और यह कह उन लोगों के नाम गिनाने लगे जिन्हें फाँसी पर लटका दिया गया था, या वह साथीगण जिन्हें पार्लियामेण्ट के सामने गोली मार दी गयी थी क्योंकि वे कुछ पर्चियाँ बाँट रहे थे चर्चों में और लुडोविकनूस, वे मिलिट्री अकादमी के लड़के जिन्हें "बदले की क्रान्ति के शूर" कहकर लटका दिया गया था।

"और इनके अलावा नौकाएँ और मॉनीटर याद हैं तुम्हें? जब वे लोग डैन्यूब पर धुएँ के बादलों के बीच शहर में प्रवेश कर गये थे? मैं उस वक्त दाढ़ी बना रहा था। हम समझे थे कि कम्युनिस्ट गोलियाँ चला रहे हैं। हम तॉतार के घर चले गये थे ताकि उनकी परछत्ती से नज़ारा देख सकें। चींटियों की तरह से आदमी बाँध पर घूम रहे थे। उसी वक़्त उन्होंने बेचारे बैरेन्द को मारा था, मशहूर बच्चों के डॉक्टर को।"

और बोलने से पहले ज़रा हिचकिचाये।

"और फिर वो 'कॉरपस क्रिस्टी' शोभायात्रा। वह एक अलग तरह का ही मंज़र था। एक कम्युनिस्ट धूप का चश्मा लगाये, बाइसिकल पर चढ़कर आया और चर्च के पवित्र स्थान पर आकर गालियाँ देने लगा। कुछ लोगों ने यह भी देखा कि उसने पवित्र स्थान पर थूका भी। इससे पहले कि वह भाग निकलता, लोगों ने उसे धर दबोचा, उसे दरवाज़े तक ले गये और मार-मारकर उसकी जान ही निकाल दी। अन्तिम प्रहार एक वेटर ने किया था शायद।"

"पर सबसे दिलचस्प बात, वह जिससे यह सब कुछ शुरू हुआ था, वह थी क्रिस्तीना क्रान्ति। उन दोनों ने पूरा घटनाक्रम बहुत नजदीकी से देखा था।

"जब तक आप वहाँ पहुँचें, काले घुँघराले बालों वाले आतंकवादी एक लॉरी पर सवार होकर आ गये थे और उन्होंने चर्च पर फ़ायरिंग शुरू कर दी थी। भीड़,

चिल्लाती हुई, उस स्कूल में घुस गई थी जहाँ लोगों की लाल-फ़ौज में भर्ती की जा रही थी। तुम वहाँ शुरू में नहीं थीं। मैं था। शुरुआत भीड़ के द्वारा रूमालें लहराने से हुई थी। क्रिस्तीना स्क्वेयर पूरा सफ़ेद नज़र आ रहा था। ट्रामें रुक गयी थीं, लोगों ने अपने सिरों पर से हैट उतार लिये थे और हर व्यक्ति राष्ट्रीय गीत गा रहा था। मैं कभी उस दृश्य को भूलूँगा नहीं। उन्होंने लाल झण्डे को फाड़ डाला था और उसे जला दिया था। एक सुनहरे बालों वाली अभिनेत्री थी जिसने ऐन कैमिस्ट की दुकान के सामने लौ जलायी थी। और जब गोलियाँ बरसने लगीं, हम घर की ओर भाग खड़े हुए थे। बहुत तेज़ हवा चल रही थी उस दिन, गर्मी के दिन होने पर भी आकाश साफ़ नहीं था। एक छोटी लड़की हमारे सामने हाथी-दाँत में लिपटी बाइबिल लेकर दौड़ रही थी। उसके लिए यह हड़बड़ाहट कुछ ज़्यादा ही थी। वह वहीं पटरी पर एकदम निश्चेष्ट बनी लेट गयी। वह कुछ भी अपने बारे में बता पाने में असमर्थ थी। तुम उसके लिए पानी का गिलास लेकर आयी थीं। याद है तुम्हें?"

यह भी अपने आप में एक अचरज की बात थी कि आज यह लोग इतनी ज़ोर से और इतने खुले तरीके से इस घटना के बारे में बोल रहे थे। श्रीमती विज़ी कुछ न बोलीं। उनकी सिलेटी आँखें पूरी खुली हुई थीं, मानो किसी चीज़ को ताक रही हों। एक लम्बी चुप्पी के बाद वे बोलीं "अब कल उसे नींद आ रही होगी फिर से"

"किसे?"

"कॉतित्सा को। अब कल महारानी नौ बजे तक सोती रहेंगी हमेशा की तरह।" "ओह वो!', विज़ी अभी भी उस भीड़ में खोये हुए थे जो इतिहास की रचना कर रही थी, जहाँ नियति अपने पत्ते बाँट रही थी। "तुमने उसे बाहर जाने ही क्यों दिया? तुम्हें उसके साथ सख़्ती करनी चाहिए।"

"अब मैं सख्ती करूँगी। मैं उसे नोटिस दे दूँगी", वे उकसाने पर उत्साहित हो गयीं। "आप ज़रा उसका चेहरा देखते, कैसी गन्दी दृष्टि से उसने मुझे देखा था जब मैंने उसे सलाह दी कि कभी-कभी रात को घर पर ही रहा करे"। वे अचानक खड़ी हो गयीं और कॉतित्सा की नक़ल करती बोलने लगीं "आप चाहें तो मैं वापिस ही न आऊँ", ज़रा सोचिये उसकी धृष्टता! और फिर वह अकड़कर हंस की तरह चल दी यूँ, और इस पर श्रीमती विज़ी ने कॉतित्सा की चाल की भी नक़ल कर के दिखाई।

विज़ी भौंचक्के से पत्नी का यह नाट्य रूपांतरण देखते रहे जब वे नौकरानी की नकल कर के दिखा रही थीं, लग रहा था वह मंच पर दर्शकगण के लिए कोई नाटक प्रस्तुत कर रही हैं। फिर उन्हें लगा कि शायद उन्हें इस पर कोई टिप्पणी करनी चाहिए सो पूछने लगे "और तुमने क्या किया?"

"क्या किया? अरे जो हमेशा करती हूँ। चुपचाप झेल लिया। मन तो करता था धक्के मार के उसे घर से निकाल दूँ कमबख्त को..."

"तुम जानती हो यह लोग कैसे होते हैं।"

"बस सिर्फ़ ढेरों खाना चाहते हैं", वे बोलीं, "दो लोगों की खुराक चटकर जाती हैं और बस सैनिकों के साथ मौजमस्ती करती हैं, मगर यह तो ! इसकी तो हालत काफ़ी ख़राब है।"

"क्या हुआ है इसे?"

"यूँ ही। बस हालत ठीक नहीं है", बड़ी गम्भीरता से, अर्थपूर्ण स्वर में कहती गयी।

"कुछ दिखता तो नहीं है।"

"मैंने इसके जाँघिए पर चिह्न देखे थे"

"मोटी भी तो कितनी है।"

"अरे इसीलिए तो मोटी है। टाँगें देखो, कितनी सूजी हुई पिंडलियाँ हैं। एकदम भद्दी लगती हैं। और इसका वह बदमाश भाई, वह इंजन ड्राइवर भी तो रोज़ यहाँ धमक पड़ता है। हमारा घर तो मानो एक जनता मदिरालय है। अपने ही घर में डर लगता है। साँप है यह हमारे कलेजों पर बैठी और इसके लिए हम इसे तनख़्वाह भी देते हैं। काश मुझे इसका हर वक़्त लिपा-पुता चेहरा देखने की ज़रूरत न पड़ती। कितनी शान्त होती मैं!"

"क्या तुम्हें कोई दूसरी नौकरानी चाहिए? विज़ी यूँ ही कुछ खोये हुए बोले, "भूल जाओ, सब की सब ऐसी ही होती हैं।"

श्रीमती विज़ी ने ठण्डी साँस ली और वे कुछ बोलना चाह रही थीं पर फिर उन्होंने अपने क्रोध को इस समय शान्त करना ही उचित समझा। उन्हें अपने जीवन में कभी इतनी ख़राब लड़की से पाला नहीं पड़ा था। कॉतित्सा आलसी थी, बदतमीज़ थी, बदज़ुबान थी, निर्लज्ज थी और बड़ी निम्न श्रेणी की थी। ख़ासतौर पर निम्न श्रेणी की। वह घर में यूँ घूमती थी मानो वह घर की मालकिन हो और जिसे घर में बाक़ी रहने वाले लोगों से कोई लेना-देना न हो। जब घर के लोग सुबह उससे पूछते कि आज वह खाने में क्या पकाने वाली है तो वह बस अपने होंठ गोल कर देती जैसे उसके लिए जवाब देना कोई ज़रूरी न हो। आप क्या यक़ीन करेंगे। वह किसी भी चीज़ के लिए लाइन में लगने को तैयार नहीं थी। अगर लाइन में लगने की ज़रूरत पड़ती किसी चीज़ के लिए तो मालकिन को स्वयं ही बाक़ी गन्दे नौकरों के साथ लाइन में खड़ा होना होता, एक पैकेट घी के लिए सड़कों पर भटकना होता, चाहे आप ऐसा करते करते चक्कर खाकर गिर ही क्यों न जाएँ। और इस बीच कॉतित्सा अपने प्रेमी के साथ आवारागर्दी करती होती, उस गन्दे से नाविक के साथ, उस लायोश हैक के साथ जो उस पर पानी की तरह से पैसा लुटाता, भगवान जाने कहाँ से लाता था वह इतना पैसा।

ऐसा नहीं है कि मालकिन ने कभी उससे प्यार से बात करने की कोशिश न की थी; उन्होंने कई बार उसे प्यार से समझाया था, डाँटकर भी पर सब व्यर्थ। वह

एक कान से सुनती दूसरे से निकाल देती। उसे इस बात की क्या परवाह थी कि उसकी मालकिन कमज़ोर थीं, और उनके अधिक भागादौड़ी करने का ही नतीजा था यह। वे काफ़ी दुबली हो गयी थीं। उसे कोई फ़र्क़ नहीं पड़ता था कि तब भी मालकिन छोटी-छोटी चीज़ों के लिए इधर-उधर भागती फिरती थीं। यहाँ तक कि फ़र्श चमकाने का काम भी उन्हें ही करना होता था। वह तो बस दूर खड़ी उन्हें ऐसा करते देखती रहती थी; चुड़ैल कहीं की, हाथ कमर पर खड़े। श्रीमती विज़ी घण्टों इन्हीं बातों को सोचते चली जा रही थीं। क्या उनकी पहले वाली नौकरानियाँ बेहतर थी?

कतई नहीं; उससे पहले थी लुईज़ा हेरिंग वह तो एकदम चरित्रहीन थी और चोट्टी भी। ख़ासतौर से रूमालें चुराने की तो उसे जैसे आदत-सी हो गयी थी। उसे खड़े-खड़े नौकरी से निकाल देना पड़ा था चाहे फिर उसके बाद उन्हें दो महीने तक बग़ैर नौकरानी के रहना पड़ा था। पेश्त की लड़कियाँ मशहूर चोर थीं। एक ने तो उनकी सोने की घड़ी पर ही हाथ साफ़ कर डाला था जो उन्हें अपनी माँ से मिली थी; दूसरी ने उनके लिहाफ़ में से पक्षियों के पर ही निकाल लिए थे। जहाँ तक गाँव वाली लड़कियों का सवाल था जैसे अरझी वॉरगा, वे काम तो ठीक करती थीं मगर तरह-तरह के जैम, मसाले आदि घर भेज दिया करती थीं। और उनकी ख़ुराक। हे भगवान कितना खाती थीं वे! खाखाकर इनका दीवाला ही पिटवा दिया होता। कमबख़्त सफ़ाई करते-करते भी रोटी चबाती दिखाई देती थीं। सच कहें तो कुछ अच्छी नौकरानियाँ भी थीं मगर या तो उनकी माँए उन्हें नौकरानी की ज़िन्दगी जीने देने के हक़ में नहीं थीं या फिर उनके रिश्तेदार उन्हें समझाबुझाकर ले जाते थे। जर्मन लड़कियाँ साफ़-सुथरी तो थीं मगर विश्वास के योग्य नहीं थी। स्लोवाक नौकरानियाँ काम में निपुण थीं मगर चरित्र के मामले में जरा ढीली। कैरोलिन के तो दो-दो प्रेमी एक साथ थे, एक फ़ौज में कॉरपोरल था और दूसरा एक जाना-माना लेखक जो एक बार जब वह अपने पहले प्रेमी के साथ गर्मी की छुट्टियाँ बिताकर लौटी थीं तो घर में सैटी पर उसके इन्तज़ार में पसरा हुआ मिला था।

भगवान जाने उनकी असलियत क्या होती है? अब आप लिडी का ही सुनिए ज़रा, वह साधारण-सी दिखने वाली, मामूली शक्ल सूरत की लिडी जो सिर पर हास्यास्पद सी चुटिया बनाये रखती थी। कौन विश्वास कर सकता था? वह ख़ासी कुरूप थी पर एक सुबह वह रसोई में पायी गयी, अपने बिस्तर पर ख़ून से लथपथ, अधिक रक्त बह जाने से बेहोश पड़ी, उसका चेहरा ज़र्द, बस आखिरी साँसें लेती हुई। ग़नीमत यह हुई कि एम्बुलैन्स सही वक्त पर उसे ले गयी। उसने ग़ैरकानूनी ढंग से बच्चा स्वयं गिराने की कोशिश की थी। वह किसी के साथ भी चल पड़ती थी। अगर वे लोग उसे बीयर या वाइन ख़रीदने भेजते, उसे फ़ौरन ही कोई न कोई मिल जाता था। आस-पड़ोस के स्टोर और दुकानों में सब लोग उसे जानते थे।

जो वेश्यावृत्ति के लिए नहीं निकलती थीं वे भी कुछ कम नहीं थीं। वे आये

दिन कभी सिंक तोड़ देतीं, या प्रेस करते वक्त कपड़े जला डालतीं, सुबह से शाम तक बाग़ में घूमती रहतीं, थियेटर के बारे में लिखी गयी पत्रिकाएँ पढ़तीं और किसी छोटे-मोटे ऑपेरा के छोटेमोटे कलाकार के प्रेम में डूबी रहतीं।

एक को इधर-उधर की बातों का बहुत शौक था, दूसरी खाने के मामले में बहुत नख़रीली थी, सब्ज़ियाँ छोड़ देती थी और बढ़िया पेस्ट्री और गोश्त खाने में अधिक दिलचस्पी रखती थी। पिछले मालिक के बारे में बताती रहती जो उसे बढ़िया खाना खिलाते थे। मॉरगित बहुत छुई-मुई थी, हाथ कहीं गन्दे न हो जायें इसलिए चीज़ों पर जमी धूल को हाथ नहीं लगाती थी, हालाँकि ख़ुद बेहद गन्दी रहती थी और बस उसके काल में फ़र्नीचर आदि सदा धूल से भरे रहते थे, शीशों पर चिकनाई की परतें चढ़ी होतीं, यहाँ तक कि चम्मच, छुरी, काँटे तक वह बिना धोए ही दराज़ों में रख देती थी। ख़ुशक़िस्मती से वह अधिक देर तक नहीं टिकी।

मगर रोना तो इस बात का था कि और भी कोई नहीं टिकती थी। कोई भी छः महीने से ज़्यादा काम पर नहीं रही। श्रीमती अकाश तो केवल दो घण्टे के लिए ही रुकीं, उन्होंने अपना एडवांस भी शत-प्रतिशत ब्याज देकर वापिस कर दिया था।

श्रीमती विज़ी को प्रयोग करने से डर नहीं लगता था। उन्होंने हरेक को काम पर रखकर देखा था। एक बार तो वे एक अनाथालय से एक लड़की पकड़ लायी थीं जिसे उन्होंने पालने की कोशिश की। पर वह तो सबसे अधिक मग़रूर और बदतमीज़ निकली। उसके साथ तीन महीने ही काफ़ी थे। उन्होंने भगवान का शुक्रिया अदा किया था कि उससे उन्हें छुटकारा मिला था। उसके बाद आयी थीं मारी, विक्टर, इलोना (क्या नाम था उसका इलोना तूलिपाश!) फिर एमा ज़करियाश और बश्कै, बश्कै रोज़ाश? यही नाम था न उसका? और एक के बाद एक कई नौकरानियाँ उनकी आँखों के सामने घूम गयीं—सुनहरे बालों वाली, काले बालों वाली, पतली, मोटी सभी जो बीस वर्ष के उनके विवाहित जीवन में उनके पास काम करने आयी थीं। अब उनकी यादों में वे सब गड्डमड्ड-सी हो चुकी थीं। किसी का सिर किसी और के धड़ पर नज़र आ रहा था उन्हें, किसी का धड़ था ही नहीं, और किसी का केवल सिर याद में बसा था। बेकार था यूँ यादों में उनको टटोलना, इस सब को सोचने से उन्हें किसी तरह की शान्ति न मिल रही थी, क्योंकि एक भी ऐसी नहीं थी जिसे याद कर वे ख़ुश हो सकें। सभी ने उन्हें छला था, उनके विश्वास को धोखा दिया था और हर बार उन्हें नयी नौकरानी तलाश करनी पड़ी थी। लगता था वे किसी शाप से ग्रस्त हैं। उनके पति ठीक कहते थे सब की सब एक ही जैसी थीं।

उनके मस्तिष्क ने आख़िर फिर उन्हें अन्तिम के बारे में ही सोचने को बाध्य कर डाला। कॉतित्सा को वे सबसे अधिक नापसन्द करती थीं, असल में जो भी काम पर होती वे उसी को सबसे ज़्यादा नफ़रत से देखती थीं, क्योंकि उस की उपस्थिति उनके दुख को और ज़्यादा बढ़ाती थी। उनके पति अभी भी कमरे में इधर से उधर

चक्कर लगा रहे थे, इस बात पर गम्भीरता से विचार करते हुए कि कल की मीटिंग में वे इस नये राजनीतिक परिप्रेक्ष्य में किस का समर्थन करेंगे।

श्रीमती विज़ी कुर्सी में मुड़ीगुड़ी बैठी थीं, उनसे काफ़ी दूर, हमेशा की तरह। उनका चेहरा काला-सा पड़ा था।

अचानक उनके चेहरे की सिलवटें ग़ायब हो गई। उनका चेहरा यकायक खिल उठा जैसे मानों किसी डॉक्टर की टॉर्च गले का मुआइना करने को जल गयी हो।" एक लड़की है जो शायद मिल सके।"

"बहुत बढ़िया", विज़ी साहब बुदबुदाये।

"बहुत बढ़िया : आप तो सुन भी नहीं रहे थे।"

"अरे बिल्कुल सुन रहा था। उसकी सिफ़ारिश किसने की?"

"फ़िचोर ने।"

"वह कब से काम पर आ सकती है?"

"अभी वह कहीं काम पर लगी है।"

"कहाँ?"

"यहाँ से अधिक दूर नहीं। आरोक स्ट्रीट पर।"

"किसके घर?"

"कोई हैं जिनका नाम बॉरतोश है।"

"कौन हो सकते हैं? विज़ी सोचने लगे "बॉरतोश...बॉरतोश...जरा मुझे सोचने दो। नहीं, मैं उन्हें नहीं जानता।"

"आप उन्हें जान भी कैसे सकते थे" श्रीमती विज़ी तपाक से बोलीं, वे अपने पति का यह टालमटोल करने का अन्दाज़ सख़्त नापसन्द करती थीं।

आप कैसे यह मान लेते हैं कि आप सभी को जानते हैं। आप भी ना बस बेतुकी बातें करते हैं।"

"और यह बौरतेक करते क्या हैं?"

"पहले तो यह कि उनका नाम बॉरतेक नहीं बॉरतोश है", पति को ठीक करते हुए बोलीं, "वे एक राजस्व अधिकारी हैं। यह राजस्व अधिकारी करते क्या हैं? मुझे तो ज़रा भी आइडिया नहीं है।"

"यह वित्त विभाग का पद है। वे आय से सम्बन्धित बातों को देखते हैं। इसका एक अलग विभाग है। वे पूरे देश में खोजबीन के लिए घूमते हैं।"

"हाँ ठीक कह रहे हैं आप, वे हमेशा दौरे पर ही रहते हैं। वे एक विधुर हैं और उनके दो बच्चे हैं।"

"और लड़की कैसी है? क्या काम करने लायक और मेहनती है?"

"मैं क्या जानूँ। मैं भी उतना ही जानती हूँ जितना आप। फ़िचोर के अनुसार वह कमाल की है।"

"तो फिर कॉतित्सा को काम से निकाल दो।"

"क्या? और फिर बग़ैर नौकरानी के हो जाऊँ। जी नहीं। शुक्रिया।"

"अच्छा तो कॉतित्सा की मत निकालो।"

"फ़िचोर ने अभी बस इतना ही कहा है कि शायद यह लड़की मिल सके काम करने को। "शायद!" उन्होंने ज़ोर डालते हुए कहा।" हमें उससे वह दूसरा काम छुड़वाना होगा। और यह आजकल इतना आसान नहीं है। और फिर क्या पता उस सब को कर के मैं घाटे का सौदा ही न कर बैठूँ।'

विज़ी को इस प्रकार की बातचीत कतई पसन्द नहीं थी जो बस घूम-घूमकर बिना किसी निष्कर्ष के ख़त्म हो जाती थी। पर वे कर भी क्या सकते थे।

"तुम किसी और को क्यों नहीं रख लेतीं? इतने लोगों ने तुम्हें नौकरानी दिलाने का वायदा किया है।"

"मसलन।"

"श्रीमती मोविस्तर ने।"

"श्रीमती मोविस्तर चुप ही रहें तो अच्छा है। उनकी सहानुभूति की मुझे कोई ज़रूरत नहीं है" अरे मेरी बेचारी प्यारी, मुझे बहुत दुख होता है तुम्हारी इन सब आती-जाती नौकरानियों को देख, तुम ज़रा इन्तज़ार करो कि मैं अच्छी-सी नौकरानी तुम्हारे लिए तलाश करती हूँ"। पिछले दो साल से वे यही बात मुझसे कहे जा रही हैं, यूँ ही बेवकूफ़ बनाये जा रही हैं। उन्हें थियेटर, पहला शो, और कविता पाठ सुनने से फ़ुरसत ही कहाँ है।"

"और श्रीमती द्रूमा?"

"आप तो जानते ही हैं कि वे ईर्ष्यालु हैं। वे तो मुझे संकट में देख खुश ही होती हैं। वे यहाँ आती है तो बस कॉतित्सा पर 'अचरज' करने। उनके लिए तो आसान बात है। ख़ुद की नौकरानी स्टैफ़ी बेशक ज़रा पगली-सी है मगर काम तो सब कर देती है। बच्चे तक सँभाल लेती है। जहाँ तक मोविस्तर का सवाल है तो एंतैल पिछले बीस साल से उनके पास है, डॉक्टर को सर्जरी तक में मदद कर लेती है। मालकिन तो उसकी कभी घर पर होती ही नहीं। हम जितना वेतन कॉतित्सा को देते हैं उससे आधा वेतन वे अपनी नौकरानी को देते हैं। खाना भी कोई हमसे ज़्यादा अच्छा नहीं खिलाते। फिर भी नौकरानी टिकी रहती है। भगवान जाने कैसे। सब किस्मत का खेल है। हमें सिर्फ़ थोड़ी खुशकिस्मती की ज़रूरत है। कुछ लोग क़ुदरत से ही खुशकिस्मत होते हैं। मुझे लगता है हम नहीं हैं। क्या मालूम हमारे कर्म कैसे हैं। 'ख़ैर' वे लम्बी साँस खींचकर बोलीं, अपने बालों से अपना कछुए की खाल का पिन निकालती, "मनुष्य अपनी सजा यूँ ही भोगता रहता है, चाहे नाक तक दम आ जाए और सदा ही हार मिलती रहे। यह जीवन जीने योग्य ही नहीं है।"

विज़ी भी अब गम्भीर हो चले थे। उन्होंने प्रस्ताव रखा कि अब सोने चलते हैं। रात के दस बज रहे थे। खिड़कियाँ दरवाज़े बन्द होने पर भी रोशनी बाहर जा रही होगी, कहीं बाहर खड़े फ़ौजी उसे देख न लें। एक बार एक सैनिक ने एक खिड़की पर रोशनी देख फ़ायर भी कर डाला था जुलाई में।

"तुम अब सोने क्यों नहीं आती" पति ने ज़ोर डालकर कहा, वे स्वयं अब कपड़े बदलने लगे थे। पर पत्नी तो दरवाज़े पर यूँ खड़ी रहीं मानो जड़ बन चुकी हों।

"आओ भी", वे फिर बोले "आख़िर तुम्हें हुआ क्या है? क्या तुम्हें अधिक तनाव है! वे पत्नी के व्यवहार से आश्चर्य में थे। "तुम बिल्कुल बच्चे जैसी हो। हमेशा नौकरानी को लेकर परेशान रहती हो। बस हर वक़्त नौकरों का ही रोना है। कितनी संकीर्ण सोच है। ज़रा बताओ क्या इसका कोई फ़ायदा है? केवल नौकर के पीछे' क्या तुम्हें शर्म नहीं आती?"

श्रीमती विज़ी बैडरूम में पहुँची और पलंग पर से बैडकवर हटाने लगीं। तब विज़ी ने देखा कि वे रो रही थीं।

"एन्जेला", उन्होंने प्यार से पुकारा और कुर्सी पर बैठ पत्नी को देखने लगे। वे तकियों को सीधा कर रही थीं और उनके आँसू उनके गालों पर लुढ़कने लगे थे जैसे एस्ता नीलसन के फ़िल्मों में लुढ़कते हैं। "इस कठिन राजनीतिक परिस्थितियों में तुम्हारा मानसिक संतुलन गड़बड़ा-सा गया है। पर अब तो उन परिस्थितियों का अन्त हो चुका है। नया युग शुरू होने को है, एक अच्छा दौर शुरू होना चाहता है। अब जीवन बदलेगा। हम अपना जीवन नये सिर से शुरू करेंगे। आज 31 जुलाई 1919 का दिन कोई साधारण दिन नहीं है। आज ऐतिहासिक दिन है।"

श्रीमती विज़ी ने बालों में रात को सोते वक़्त पहनने का नैट लगा लिया। बड़े से पलंग पर पति-पत्नी दोनों लेट गये, जहाँ अब काफ़ी समय से वे केवल सोया ही किया करते थे। विज़ी ने बत्ती बुझा दी। अँधेरा हो गया, छायाएँ फ़र्श पर लहरों की तरह दौड़ने लगीं, फ़र्नीचर ने अपनी परिभाषा खो दी और दीवारों में एकीकरण हो गया उसका।

विज़ी अचानक उठ खड़े हुए। "मुझे गोला-बारी की आवाज़ आ रही है" फुसफुसाकर बोले।

"नहीं" अब तक उठकर बैठ गयी श्रीमती विज़ी बोलीं।

"पक्की गोलाबारी है। आवाज़ वेर मैज़ौं से आ रही है।

पर अब सब शान्ति थी। बस हवा ज़ोर से चल रही थी। गाड़ियाँ तेज़ी से किले की ओर भाग रही थीं जो राजनीतिक बदलाव आने के समय शहर का, या बल्कि पूरे देश का रक्तचाप दर्शाता था। कुछ कुत्ते भौंक रहे थे।

"हो सकता है कि वह टायर फटने की आवाज़ हो" श्रीमती विज़ी बोली, "चलिये सो जाइये"। पिछले कुछ महीनों से उन्हें गोलाबारी की इतनी आदत हो गयी थी कि वे भारी गोलाबारी में भी यूँ आराम से सो जाते थे जैसे खाइयों में बैठे फ़ौजी।

कुछ पल बाद वे फिर बोलीं "मैं सोचती हूँ इस लड़की को हम आज़मा कर देख ही लें।"

"तो ठीक है आज़मा लो" जम्हाई लेते विज़ी बोले," जो तुम्हारे मन में आये वही करो। अच्छा अब शुभरात्रि। सो जाओ" कुछ देर वे एकदूसरे के पास निर्वस्त्र लेटे रहे। फिर उनकी मुँदी हुई आखों के अन्दर रोशनी जगी। वे अपने संसार में विचरण करने लगे, अपने बीते हुए वर्षों का लेखाजोखा लेते, तरह-तरह की पोशाकों में सुसज्जित अपने-अपने जगत् में घूमते। वे दोनों ही उस अद्‌भुत जगत् में थे जिसे स्वप्नों की दुनिया कहा जाता है।

4

परेशानियाँ

कोरनेल विज़ी बड़ी सतर्कता से सोये। उन्होंने स्वयं को एक सेही की तरह से गुड़ी-मुड़ी किया, बिस्तर पर कम से कम स्थान प्रयोग में लाते हुए। सफ़ेद तकिये के सुरक्षा कवच के पीछे से वे अपने शत्रुओं को देखकर परस्पर विरोधी तर्क दिए जा रहे थे, और मुस्कुरा रहे थे अपने दुश्मन बोल्शविकों को देखकर। वे सोते हुए भी राजनीतिज्ञ बने हुए थे।

जब वे सुबह सोकर उठे तो उन्हें ऐसा महसूस होना चाहिए था मानो उनकी निरर्थक ज़िन्दगी में अचानक कोई सुखद नाटकीय मोड़ आ गया था, पर रात को उन्होंने स्वप्न में इस पर इतना सोचविचार कर लिया था कि उससे पहले दिन की घटनाओं को उन्होंने बिल्कुल भुला ही दिया था। जब वे उठकर बैठ गये तो यथार्थ फिर से सामने आकर खड़ा हो गया था। उन्हें याद आ गया कि अब शत्रुओं का तो लगभग अन्त ही हो गया है। वे फिर से अपने अच्छे मूड़ में आ गये।

उन्होंने एक अँगड़ाई ली और कूदकर पलंग पर बैठ गये। उनके पलंग के पास रखी छोटी मेज पर पानी रखा था। उन्होंने निश्चय किया कि आज नाश्ता नहीं करेंगे और सैर को जायेंगे। जिन लोगों ने उन्हें अभी कुछ ही दिन पहले देखा था, वे पलट-पलटकर उन्हें देख रहे थे। पुराना विज़ी फिर से जीवित हो उठा था। उन्होंने सिलेटी रंग का सूट पहना था, बढ़िया प्रेस की हुई सफ़ेद क़मीज़ और फ़र्स्ट क्लास टाई। सब जान-पहचान के लोग, और अजनबी भी, उन्हें रुक-रुककर सलाम कर रहे थे। उनके जूते सुबह की रोशनी में चमक रहे थे। लगता था कोई ग्रेनेड उनके पैरों के पास फटा हो और उसमें से चमक फूट रही हो।

उनकी पत्नी अभी तक सो रही थीं, धीमे-धीमे साँस लेती हुई, उनका चेहरा

पीला पड़ हुआ। उनकी जाग कुछ अलग तरह से खुली। एक भयानक सदमा उनका इन्तज़ार कर रहा था।

हालाँकि उन्होंने यह भविष्यवाणी पहले ही कर दी थी कि कॉतित्सा सुबह होने तक घर नहीं लौटेगी पर वे स्वयं इस बात पर विश्वास नहीं कर रही थीं। परन्तु जब वे नौ बजे उठीं तो उन्होंने देखा कि मेज़ पर अभी भी रात के बर्तन पड़े थे, चाय की केतली रात से भरी रखी थी, प्लेटें गन्दी पड़ी थीं। वे तेज़ी से रसोईघर की ओर लपकीं जहाँ पलंग सिमटा रखा था और बिस्तर लपेटा हुआ ही पड़ा था। उन्होंने एक के बाद एक हर कमरे में झाँक कर देखा, बौखलाये हुए। उनके गले में मानो कुछ अटकने-सा लगा अब ड्रॉइंग रूम उनके सामने था। पियानो कोने से सटा रखा था, उस पर शीशे रखे थे, हर चीज़ पर चद्दरें ढकी थीं लगता था घर में किसी की मृत्यु हो गयी हो। चद्दरों के नीचे ही ढके रखे थे टोकरियाँ भर-भर के गन्दे कपड़े धुलाई के लिए। मैले कपड़ों का बक्सा डाइनिंग रूम में पड़ा था, उसके पास ही एक पुरानीसी अलमारी रखी थी जो फ़ौरन ही प्रयोग में लायी जा सकती थी अगर कोई दंगाई घर में घुस आते। उन्हीं की वजह से तो इनके जीवन में यह अस्त-व्यस्तता आ गयी थी। सुबह की रौशनी में वे घेराव के दिनों की वीभत्सता को अच्छी तरह से देख सकती थीं।

पर्दे और पेन्टिंग सब उतरे हुए पड़े थे। खाली दीवारों पर बस एक क्रॉस लटक रहा था—पति की बहुत याचना के बाद भी उन्होंने इसे उतारने से इनकार कर दिया था—और शो-केस पर पिरोश्का की फ़ोटो रखी थी, उनकी इकलौती बच्ची की, जो मात्र छः वर्ष की थी, फ़ोटो में फूल और मोमबत्तियाँ रखी थीं उनकी एकमात्र बच्ची के शव के चारों ओर। पिरोश्का पहली कक्षा में पढ़ती थी। एक दिन, अप्रैल के महीने में, वह स्कूल से घर लौटी और सिर के दर्द की शिकायत करने लगी, उसे पलंग पर लिटा दिया गया था और शाम होने तक वह चल बसी थी। छः घण्टे में ही संक्रामक रोग ने उसे छीन लिया था।

उनके पति घर पर नहीं थे। वे तो फिर से संसार को जीतने निकल पड़े थे। अपनी राजनीतिक गतिविधियों में लग गये थे। वे जानती थीं कि पति उन्हें धोखा देने लगे हैं। अपनी बच्ची की मृत्यु के बाद श्रीमती विज़ी कई साल तक अपना मानसिक संतुलन खोने के कारण अस्पताल में रही थीं और तभी विज़ी ने उनसे दूर होना शुरू कर दिया था। और तब से आज तक वैसा ही चल रहा था।

और ऊपर से यह नौकरानी थी जो समय से घर भी न आ सकती थीं। उनके हर दुख का कारण वही थी। उन्होंने झाड़पोंछ करने का कपड़ा उठाया और तेज़ी से चीज़ों को झाड़ने लगीं। और इसी बीच नौकरानी के लौटने पर उसके ठीक से स्वागत की तैयारी भी मन ही मन करती रहीं।

कॉतित्सा ने रात अपने नाविक प्रेमी के साथ जहाज़ की सैर करते बितायी थी। सुबह दस बजे थे जब वह नींद में भरी, अस्त-व्यस्त बाल, लिपिस्टिक मिटी,

शराब की गन्ध से सराबोर घर लौटी।

श्रीमती विज़ी ने अपने पर किसी प्रकार संयम रखा; उनकी आवाज़ लड़खड़ा रही थी। जब उन्होंने लड़की को सूचना दी कि वे उसे नोटिस दे रही थीं। वह पन्द्रह तारीख़ तक काम छोड़ के जा सकती थी।

कुछ लोग अगर कान पर ज़ोर से मुक्का पड़े तो भी चुपचाप हठी बनकर झेल जाते हैं। लड़की ने कोई जवाब नहीं दिया मगर झाड़न श्रीमती विज़ी के हाथ से ले लिया और सफ़ाई करने लगी। वह अपने आहत होने का दुख काम करके ही छिपा सकती थी।

अब जाकर कहीं मैडम को इस बात का डर सताने लगा था कि बिना नयी नौकरानी मिले उन्होंने पुरानी को नोटिस दे डाला था। लेकिन अब तो जो हो चुका था वो हो ही चुका था। अब अपना जीवन तहस-नहस होते देख वे दरवाज़े की ओर दौड़ीं फ़िचोर को तलाशने।

फ़िचोर उस वक़्त ऊपर ब्रैकिट पर से लाल झण्डा उतारकर लपेट ही रहा था। श्रीमती विज़ी ने उसकी बाँह कसकर पकड़ी और उसे ऊपर ले चलीं।

हालाँकि घर की मालकिन स्वयं ही उसे लेकर गयी थीं फिर भी फ़िचोर ने दरवाज़े पर दस्तक दी, और अपने जूतों को पायदान पर अच्छी तरह से पोंछा अन्दर क़दम रखने से पहले। वह, जो अभी कुछ ही समय पहले राष्ट्रीय असैम्बली हॉल की कैन्टीन में सबके साथ खाने का आदी हुआ करता था और श्रीमान विज़ी के घर का मानों बराबरी का सदस्य बन गया था, आज कुछ अटपटासा महसूस करने लगा था।

वह जानता था कि समय बदल गया है। वह उनमें से एक था जिन्हें अब 'पुराने' मार्क्सवादी के नाम से बुलाया जाने लगा था। पिछले बीस वर्षों से वह पार्टी का पूर्णरूप से सदस्य था, और उसे इस बात का गर्व भी था कि वह लाल-शाही का एक संभ्रान्त सदस्य माना जाता था, और यह गर्व असली संभ्रान्त कुल का होने से भी अधिक महत्वपूर्ण था उसके लिए। वह उस कुल का एक माननीय प्रतिनिधि जाना जाता था। वह किराया वसूल किया करता, कम्युनिस्ट सरकार के आदेश का पालन करवाता, 'बुर्ज़ुआ' लोगों को षड्यन्त्र न रचने की चेतावनी देता, छाती ठोककर बात करता, और अपनी हिलती हुई टाँगों की शिकायत करता जो बार-बार सीढ़ियाँ चढ़ने से कमज़ोर हो गयी थीं। उसके बारे में यह भी कहा जाता था कि उसके पास दो जोड़ी ब्राउन रंग के जूते थे और वह अपने लिए फ़र्स्ट क्लास राशन जुटा लेता था और मालिक को निम्न श्रेणी का राशन दिलवाता था; क्योंकि बुद्धिजीवियों की मार्क्सवादी फ़लसफ़े के हिसाब से मज़दूरों के नीचे की श्रेणी थी। उसका सबसे बड़ा गुनाह यह था कि जिस दिन श्रीमती विज़ी को घसीटते हुए पार्लियामेन्ट ले जाया गया था उस दिन वह जानबूझकर कहीं ग़ायब हो गया था, और देर रात कहीं जाकर लौटा था, और विज़ी जो उस समय उसकी मदद की अपेक्षा कर रहे थे, उन्हें लाचार

होकर रसोईघर में बैठे रहना पड़ा था। श्रीमान और श्रीमती विज़ी ने उसे जता भी दिया था कि अगर उनका बस चलता तो वह पहला मौक़ा मिलते ही उसकी गर्दन की हड्डी को चूर-चूर करना चाहते थे।

वह इस समय अपनी गर्दन को टटोल रहा था, और अपने बेचारे सिर पर हाथ फेर रहा था जो इस वक़्त बिल्कुल एक सड़ेगले सेब की भाँति किसी काम का न रह गया था जिसका कोई भी मोल न था। मगर श्रीमती विज़ी ने बड़े प्यार से उसे अन्दर बुलाया, उसे बैठने को कहा और अपना हाथ उसकी बाँह पर रख दिया।

"सुनो फ़िचोर, इस वक्त तुम ही मेरी मदद कर सकते हो। उस लड़की को फ़ौरन ले आओ। मैंने अपनी नौकरानी को निकाल दिया है। तुम्हारा एहसान मैं ज़िन्दगी भर नहीं भूलूँगी।"

केयर टेकर दरवाज़े की ओर बढ़ा ताकि उससे आज़ाद हो सके। उन्होंने उसे रोक लिया।

"तुम कहते हो उसने तीन साल पैश्त में नौकरी की है! यह कैसे हुआ कि मैंने उसे कभी तुम्हारे घर में देखा तक नहीं?"

"मालकिन भगवान आपका भला करे, वह इसी प्रकार का जीव है। वह कहीं आती जाती नहीं। न कोई उसे देखता है न सुनता है। वह बेहद चुपचाप रहती है।'

'आशा करती हूँ कि उसमें दम तो है। क्या वह इन चार कमरों को सँभाल लेगी?"

"वह! अरे वह तो आठ कमरे भी सँभाल लेगी। वह गाँव की लड़की ठहरी।

"और वह विश्वास के योग्य है?"

'वह तो आप स्वयं ही देख लेंगी मैडम। मैं उसके बारे में कोई भाषण तो दूँगा नहीं, मैं तो बस इतना ही कह सकता हूँ..." वह कुछ हिचकिचाया।

"क्या भला?"

"कि मैडम को उससे कोई शिकायत नहीं होगी।"

केयर टेकर दोपहर को खुशी से भरा वापिस लौटा। उसने लड़की से बात कर ली थी, वह यहाँ नौकरी करने को तैयार थी। वह कल आयेगी सब चीज़ों के बारे में फ़ैसला करने।

परन्तु अगले दिन वह नहीं आ सकी, हालात ही कुछ ऐसे बदल गये थे। बुदापैश्त पूरी तरह से क़ैद हो चुका था—एलाइड फ़ौजों द्वारा नहीं जैसा कि गाबोर तॉतार और विज़ी ने भविष्यवाणी की थी—बल्कि रोमानियनों द्वारा जो तीसा नदी पारकर के, सब बड़ी-बड़ी ताक़तों की अवहेलना करके शहर में घुस आये थे और उस पर क़ब्जा कर चुके थे। वे अपनी यूनीफ़ार्म में शहर में यूँ चहल क़दमी कर रहे थे मानो वे यहाँ के सम्मानित मेहमान हों और किसी ख़ास बुलावे से यहाँ आये हों। थोड़ी-थोड़ी देर में अपने बिगुल आकाश की ओर उठा-उठाकर बजा रहे थे, इतनी ज़ोर

से कि लगता था कान के पर्दे फट जायेंगे, यूँ प्रतीत हो रहा था मानो सम्राट त्रॉयान की रोमन फ़ौज़ सब को ध्वस्त करती आगे बढ़ रही है, हक्का-बक्का से बने लोग अपनी मातृभूमि की बेइज़्ज़ती होते देख रहे थे।

यह तो कुछ ऐसा घट रहा था जिसकी कल्पना ना तो कभी रोमानियन लोगों ने की थी न किसी हंगारी ने। वे दोनों ही एकदूसरे को हतप्रभ से बस देख रहे थे और इस अनहोनी पर आश्चर्य कर रहे थे। सब कुछ बड़ा अविश्वसनीय-सा था। अपनी खिड़कियों पर खड़े हंगारी लोग रोमानियाई गाड़ियों को सड़कों पर भागता देख रहे थे मगर उस पर यक़ीन न कर पा रहे थे। रोमानियाई लोग भी इस पर विश्वास नहीं कर सक रहे थे। हैड वेटर्स उन्हें झुक कर सलाम क़र रहे थे, लिफ़्ट चलाने वाले लड़के उन्हें आदर से लिफ़्ट में ऊपर नीचे ले जा रहे थे, वे जहाँ चाहते थे जा सकते थे। बड़ा हैरत-अंगेज सा दिख रहा था सब कुछ। लगता था कोई स्वप्न हो। रोमानियाई फ़ौज को लग रहा था कि वह अचानक स्वर्ग में आ गयी हो। शुरू-शुरू में तो उन्हें यह भी समझ में नहीं आ रहा था कि वे आख़िर माँगे क्या, बच्चों की तरह तड़कीली-भड़कीली चीज़ों की ओर ही लपक रहे थे बजाय क़ीमती चीजों की ओर।

उन्होंने सबसे पहले प्राइवेट फ्लैटों में से टेलिफ़ोन उठाने शुरू किये। दो गाड़ियाँ भरकर क्रिस्टीना सर्कल से गुज़रे, तारे यहाँ-वहाँ लटकाये। फिर वे स्टोर में दिखाई देने लगे, उसके बाद फैक्टरियों में फिर अस्पतालों में। एक अस्पताल में उनका सामना बड़ी उम्र के एक डायरेक्टर से हुआ जिसने टूटी-फूटी फ्रैंच में उन्हें समझाने की कोशिश की कि एलाइड फ़ोर्स ने इसकी इजाज़त नहीं दी है मगर रोमानियाई अफ़सर ने उसकी एक ना सुनी : दरवाज़ा खोला, और सारी मशीनें, सारा सामान, यहाँ तक कि रोगियों के पहनने के कपड़े और बिस्तर भी, उठाकर ले चले, भरपाई के तौर पर।

परन्तु सिविल सिक्योरिटी की ओर उनका रवैया बिल्कुल अलग था। वे लूटपाट और बदतमीज़ी के लिए अपनी फ़ौज को सज़ा भी दे रहे थे। वे घर-घर जाकर ऐसे लोगों को पकड़ रहे थे और उन्हें हथकड़ियाँ पहनाकर ले जा रहे थे। आतंकवादियों के चेहरे यूँ ले जाते हुए लटके हुए थे। जैसी फ़िचोर ने भविष्यवाणी की थी कुछ वैसा ही घट रहा था।

श्रीमान विज़ी के घर में इन दिनों काफ़ी हलचल थी, इन ऐतिहासिक दिनों में। सबसे पहले बड़े स्मार्ट से दिखने वाले वकील साहब, जिनका नाम द्रूमा था, सीढ़ियाँ तेज़ी से चढ़ते, अपना ब्रीफ़केस लहराते ज़ोर से बोलते हुए आये कि कनज़रवेटिव्स ने सरकार सँभाल ली थी और सोशल डेमोक्रेट्स का तख़्ता पलट दिया गया था। फिर श्रीमती द्रूमा चिल्लाती हुई भागती आयीं, बच्चा गोद में चिपकाये क्योंकि बाहर सड़क पर कुछ गड़बड़ मच गयी थी। फिर ऐतैल ने ऐलान किया कि

एक कम्युनिस्ट को इजाज़त मिल गयी है कि वह अपने पद पर बना रहे। वे मरीज़ जो डॉक्टर मोविस्तर के क्लीनिक से निकल रहे थे, वे भी राजनीतिक परिस्थितियों की ही समीक्षा कर रहे थे। अगले दिन स्टैफ़ी, जो द्रूमा परिवार की क्रान्ति विरोधी नौकरानी थी और जो सब रैलियों में भाग लिया करती थी, गुस्से से लाल मुँह किये घर में घुसी चिल्लाती हुई कि हर लाल कम्युनिस्ट को फाँसी पर लटका देना चाहिए।

कभीकभार जब श्रीमती विज़ी घर से बाहर क़दम रखतीं तो सीढ़ियों के ख़त्म होने की जगह पर बैठे फ़िचोर को पकड़ लेतीं।

'सुनो, इस लड़की का धर्म क्या है?'

'कैथलिक, मैडम।'

श्रीमती विज़ी ने खुशी जतायी। कैथलिक लड़कियाँ अच्छी थीं, वे ज़्यादा सुशील, कम अकड़, और कम में खुश रहने वाली होती थीं। यह ज़रूर है कि ज़रा अधिक लापरवाह भी होती थीं, हर वक़्त गाना गुनगुनाती रहती थीं और जल्दी ही फुसलायी जा सकती थी। अगर उनका गिरना शुरू होता तो बस कहीं थमने का नाम तक न लेता : वे स्वर्ग से सीधे नर्क में जाने की क्षमता रखती थीं।

एक दिन उन्होंने फ़िचोर को क्रिस्तीना स्क्वेयर में पकड़ लिया। "वह पैदा कहाँ हुई थी?

'कॉयार में। वह मेरे साले की लड़की है। मैंने आपको बताया तो था कि वह बॉलॉतोन* के पास के गाँव की है।'

यह तो अच्छी ख़बर थी। एक बार गर्मियों में, जब उनकी अपनी बच्ची ज़िन्दा थी, वे छुट्टियाँ बिताने बॉलॉतोन फ्यूरैद गये थे। उस समय की बड़ी अच्छी-अच्छी यादें थीं उनके ज़हन में, झील के किनारे पानी की कलकल, बच्चों की किलकारियाँ और जिप्सी संगीत। उन्हें यह भी याद पड़ता था कि कोई उस वक़्त बता रहा था कि बॉलॉतोन की लड़कियाँ बहुत अच्छी होती हैं।

बाज़ार में उनकी मुलाक़ात फ़िचोर की पत्नी से हो गयी।

"उसका नाम क्या है?"

"अरे", हैरान होते उसने पूछा "आप क्या यह कहना चाह रही हैं कि आपको उसका नाम मालूम नहीं है? उसका नाम है ऑन्ना।'

"ऑन्ना," श्रीमती विज़ी ने नाम दोहराया और इस नर्म से नाम से आकृष्ट हुईं, बड़ा लड़कियों जैसा नाम था और चूँकि अभी तक उनकी किसी नौकरानी का नाम ऑन्ना नहीं था, यह नाम उनके दिमाग़ में कोई हलचल नहीं मचायेगा। उन्होंने फिर से ज़ोर से पुकारा 'ऑन्ना' और शब्द के स्वर उनके हृदय को अच्छे लगे मानों उन्हें सांत्वना दे रहे हों। उन्हें लगा अमृत उनके कानों में उँडेला जा रहा था।

फ़िचोर ने पूरा ज़ोर लगा डाला अपनी इस रिश्तेदार लड़की को पुराना काम

---

* बॉलोतॉन--मध्य यूरोप की सबसे बड़ी झील जिसके चारों ओर छोटे-छोटे गाँव बसे हैं।

छुड़वाने में। वह और उसकी पत्नी कई बार आरोक गली के उस घर के चक्कर लगाने लगे जहाँ ऑन्ना काम करती थी। फ़िचोर जानता था इस पर उसकी नौकरी टिकी है। हर सुबह वह देखता था कि कम्युनिस्ट काम पर से निकाले जा रहे हैं। कहीं-कहीं तो इससे भी अधिक घट रहा था। अभी कुछ ही दिन पहले एक युवा कम्युनिस्ट गेट के बाहर गिर पड़ा था; उसके माथे पर से ख़ून बह रहा था। ऐसे दृश्यों को देख फ़िचोर ने नौकरानी लाने की प्रक्रिया तेज़ कर दी थी पर अभी तक कोई काम नहीं बना था। अभी तक वह बस इतना करने में कामयाब हुआ था कि उसने रैवेन्यु इंस्पेक्टर के घर में रहती श्रीमती सिफ़का, जो श्रीमती बॉरतोश की भाभी थीं, से बात कर ली थी। इंस्पेक्टर केवल एक शर्त पर नौकरानी को जाने की इजाज़त दे सकते थे, अगर फ़िचोर उनके लिए किसी दूसरी लड़की का इन्तज़ाम करे। वह ऑन्ना को भी समझाने में नाकाम रहा था। उसने भी बड़ी आनाकानी की। वह स्थिति को समझ ही नहीं पा रही थी। उसे इस घर में बच्चों से बहुत प्यार हो गया था और अगर उसने नौकरी छोड़ दी तो बच्चों का क्या होगा इस बात से वह चिन्तित थी। एक बार उसने वायदा भी किया कि वह फ़ोन करके जवाब देगी मगर उसने फ़ोन नहीं किया। बाद में बोली कि उसे लगा यह ठीक नहीं था।

उधर श्रीमती विज़ी फ़िचोर की जान आफ़त में किये हुई थीं।

"तुम अभी तक उसे लाये क्यों नहीं? मैं कम से कम उसे देखना तो चाहूँगी।"

"आज उसका धुलाई का दिन है।"

"तुम्हारा मतलब वह धुलाई भी करती है?"

"जी हाँ, धुलाई भी और प्रेस भी। वह तो हीरा है।"

अगली बार पूछने पर दूसरा बहाना दिया गया। "वह बच्चों को घुमाने ले जा रही है।"

"तुम्हारा मतलब है छोटे बॉन्दी को?" उन्होंने पूछा, क्योंकि अब तक इस घर के बारे में उन्होंने सब जानकारी एकत्रित कर ली थी।

"जी हाँ वह चार साल का बच्चा।"

"देखो अब मुझे भुलावे में मत रखो। सच-सच बताओ क्या मैं उसका इन्तज़ार कर सकती हूँ।"

"हाँ मैडम। मैं पूरे निश्चय से यह कह सकता हूँ।"

कुछ समय के लिए केयर टेकर ग़ायब रहा। वह डाकखाने में ओवरटाइम नौकरी करने लगा था और घर पर चन्द मिनट ही बिताता था। श्रीमती फ़िचोर से पूछने पर हमेशा एक ही जवाब मिलता कि वह नौकरानी को लाने गया है। महीने का अन्त तेज़ी से नज़दीक आ रहा था। श्रीमती विज़ी ने फिर से कॉतित्सा को रखने का सोचना शुरू कर दिया था क्योंकि जब से उसे नोटिस दिया गया था—शायद दोनों के बीच का बंधन ढीला हो जाने की वजह से—वह इतनी बुरी भी नहीं दिखती थी।

कॉतित्सा ने मगर एक कैमिस्ट के यहाँ नौकरी पक्की कर ली थी और वह पन्द्रह तारीख़ से वहाँ काम पर जाने वाली थी। अब तो यही लगने लगा था कि सर्दी के शुरू होने से पहले, और इस राजनीतिक उथल-पुथल के बीच, वे बगैर नौकरानी के ही रहेंगी, उनके पति इस वजह से दुखी रहा करेंगे क्योंकि राजनीतिक हाल बदल जाने से अब उनके यहाँ आना-जाना फिर शुरू होने जा रहा था; उन्हें उस वक़्त का ध्यान करके बड़ी घबराहट हो रही थी जब इसी प्रकार लुईजा हेरिंग के नौकरी छोड़ जाने के बाद उन्हें दो महीने बिना नौकरानी के गुज़ारने पड़े थे। आज भी उन दिनों को याद करके उनके बदन में सिहरन होने लगती थी।

अब तो ऐसा प्रतीत होने लगा था कि उन्हें ऑन्ना का ख़्याल दिल से निकाल देना पड़ेगा। मगर वे यूँ हथियार डालने को तैयार नहीं थीं। उनके दिवंगत पिता फ़ौज में कर्नल थे, और नाना, दादा भी फ़ौजी रहे थे। उन्होंने लड़ने की प्रकृति विरासत में पायी थी : हालाँकि इनमें से कुछ तो बरसों पहले गुज़र चुके थे मगर अब भी वे इन्हें ताक़त दिया करते थे। वे पूरे शहर से लड़ने की ताक़त रखती थीं। वे पूरा दिन इधर से उधर भागती रहीं। पूरी तरह से भुलाये जा चुके लोगों के पास जाकर भी बैठने लगीं ताकि कोई नौकरानी जुटा सकें। सब लोग बड़ी मुस्कुराहट के साथ उनके साथ हमदर्दी जताते। अपने लक्ष्य को पाने के लिए वह हर रास्ते को तलाश कर रहीं थीं।

जीवन में पहली बार वे पुलिस के पास भी जा पहुँचीं, मगर पुलिस के पास तो पहले से ही बहुत सिरदर्दियाँ थीं। उनकी गाड़ियाँ लगातार, इस्तेमाल में लायी जा रही थीं, उनमें कीमती सामान ढोया जा रहा था, इधर-उधर लोग ले जाये जा रहे थे। पुलिसस्टेशनों के बेंचों पर वे सब लोग बैठे दिखाई पड़ते थे जो शक के घेरे में हों—हर उम्र के कम्युनिस्ट बच्चे, बूढ़े और जवान—कोई बढ़िया सिल्क में कोई चिथड़ों में, उनकी आँखें रो-रोकर लाल, सब के सब अपने भाग्य का इन्तज़ार करते। श्रीमती विज़ी ने उस अफ़सर के पास अपना कार्ड छोड़ दिया जो नौकरों को काम पर रखवाने का काम करता था।

वह जानता था कि वे क्या चाहती हैं अतः बिना किसी पूर्व सूचना के उसने उन्हें अन्दर आने दिया। उसने उनकी ओर यूँ देखा मानो कोई मनोचिकित्सक अपने उस मरीज़ को देख रहा हो जिसका रोग लाइलाज हो। उसने उन्हें पूरा दिलासा दिया और एक एजेन्सी के पास जाने की सलाह दी जो नौकर दिलवाने में मदद कर सकती थी।

और इस प्रकार, बिना किसी खास उम्मीद के, उन्होंने फिर सड़क की ओर रुख़ कर दिया। और कुछ नहीं तो एजेन्सी से कम से कम कोई सूचना तो मिलेगी लाल, नीले, हरे टीन की तख़्तियों पर विज्ञापन छपे थे जो रसोइया, नौकरानी, धाय और हर प्रकार के नौकर रखवाने का दावा कर रहे थे। नैसर्गिक उपलब्धि का प्रलोभन देते यह विज्ञापन वैसे ही थे जैसे ख़ाली रेस्तराँ में बाहर शीशों में बड़े-बड़े सुनहरी

अक्षरों में लिखा हो "ताज़ा स्वादिष्ट भोजन—रात और दिन", या तम्बाकू की उन दुकानों पर जिन पर "देसी और विदेशी ब्राण्ड" का पोस्टर तो लगा हो मगर दुकान में सिर्फ़ सिगरेट होल्डर ही मिलते हों।

पूरे बुदा* में कोई नौकरानी नहीं थी। उन्होंने एक के बाद एक सब डिस्ट्रिक्ट खोज डाले। केवल पैश्त की तरफ़, फ़ैरेन्त्स वारोश में उन्हें एक दो नौकरानी नज़र आयी। एजेन्ट ने उन्हें झुक कर सलाम किया। वे उसे अच्छी तरह जानती थीं जैसे बाक़ी सभी एजेन्टों को। वह एक बदमाश-सा लगता, लोमड़ी की-सी शक्ल का व्यक्ति था, जिसकी वास्कट में से घड़ी की चाँदी की चेन लटक रही थी। वह हर ग्राहक से बड़ी गर्मजोशी से मिलता था और अपने बिज़नेस की भलाई के लिए नौकरानियों को 'महिलाएँ' कहकर पुकारता था। जब वह किसी नौकरानी का सौदा करता तो बड़ी दवी ज़बान में बात करता था।

बिना काम-काज की लड़कियाँ दीवार से सटी लाइन से बैठी हुई थीं जैसे मानों वे बिकाऊ सामान हों। जैसे ही श्रीमती विज़ी अन्दर आईं सब की सब चुप हो गयीं। कोशिश कर रही थीं कि इन मैडम को ऊपर से नीचे देखकर परखें क्योंकि सौदा तो दोनों तरफ़ मंजूर होना चाहिए ना, वे अपनी आँखें इस महिला पर से हटा नहीं पा रही थीं जिस पर उनका आने वाला समय निर्भर था, और वे सभी उन्हें अचरज और तिरस्कार पूर्ण दृष्टि से देख रही थीं।

श्रीमती विज़ी एक नज़र में ही पहचान गयी कि यह सब तड़कीला-भड़कीला सामान है जिसमें कोई तथ्य नहीं है। ऐसा सामान जो सब ख़रीददारों ने रिजेक्ट कर दिया हो। आख़िर सोचने की बात है कि आज के दौर में कौन भलामानुस अपनी लड़कियों को नौकरी के लिए भेजेगा जब कि पैसे का कोई मोल ही न रह गया हो, जब किसान तो मज़े से चुपड़ी रोटी खा रहा हो और अपने बच्चों को प्यानो बजाना सिखवा रहा हो! फिर भी उन्होंने प्रयत्न किया कि एक दो लड़कियों से प्रश्न पूछें। पहली तो अपनी सीट पर ही बैठी रही पालथी मार कर। दूसरी उठी तो मगर उसके चेहरे पर नौकरानी जैसा तो कोई भाव ही नहीं था; उसने अपनी एंप्लायमेण्ट किताब वापिस माँगी और इस पर बाक़ी लड़कियाँ ठिठोली करने लगी, एक दूसरे को कोहनियाँ मार, और उसने अपनी किताब श्रीमती विज़ी के हाथ से लगभग खींच ही ली।

इन में से केवल एक उनके साथ जाने को तैयार हुई। सफेद बालों वाली साठ साल की खाना पकाने वाली, जिसकी आँखें ज़हरीली थीं और जो एजेण्ट के अनुसार, शहर के बढ़िया से बढ़िया रेस्तोराँ में कामकर चुकी थी और जो सफ़ाई करने को भी तैयार हो जाती अगर वह इतनी दुर्बल न होती और अगर उसने अपनी ताक़त इन सब जगहों पर काम करने में न गँवा दी होती।

---

* बुदा—बुदापैश्त का पहाड़ी भाग। दूना नदी के एक किनारे पर बुदा है दूसरे पर पैश्त। बुदा अधिक फ़ैशनेबल क्षेत्र है।

ऐसी औरत की क्या ज़रूरत थी? वे फटी-फटी आँखों से उसकी ओर देखती रहीं। कमरे में इतनी नौकरानियों की मिली-जुली गन्ध से काफ़ी घुटन-सी महसूस होने लगी थी।

शाम होते-होते तक श्रीमती विज़ी के सिर में दर्द होना शुरू हो चला था—माइग्रेन का एक ओर का दर्द। बहुत अरसे बाद उन्हें इस पीड़ा ने सताया था। उन्होंने सिर पर तौलियाँ बाँधा और अँधेरे कमरे में स्वयं को बन्द कर लिया, सोचने लगीं कि क्यों वे अपने आप को इतना परेशान कर रही हैं। उन्हें अपने मकसद में फ़ेल होने का दुख नहीं था, वे तो इसके लिए तैयार ही थीं, उन्हें तो एक प्रकार की ग़ल्ती का-सा एहसास हो रहा था, उन्हें लगा वे ऑन्ना के साथ विश्वासघात कर रही थीं, और नौकरानियों की तलाश करना एक प्रकार से उसको धोखा देना था, और उन्होंने ठान लिया कि बस अब तो वे किसी भी तरह से उसे हासिल करके ही रहेंगी।

5
मंत्रालय और रहस्य

श्रीमती विज़ी यह लड़ाई अकेली ही लड़ रही थीं। उन्होंने अपने पति तक को न बताया था कि उन्होंने कॉतित्सा को निकाल दिया है। वे चुपचाप इस कोशिश में लगी थीं कि द्रुमा से बात करें, क्योंकि वह क्रान्ति-विरोधी थे अतः प्रताड़ित कम्युनिस्ट अपने मुक़दमे उनके हाथ में सौंपने, काफ़ी अधिक संख्या में आ रहे थे।

इस युवा वकील का चेहरा हमेशा चमकता रहता था पर अब तो ऐतिहासिक परिस्थितियों ने उसकी चमक और बढ़ा दी थी। अगर उसके बस में होता तो अब तक तो वह फ़िचोर को कम से कम पाँच साल की क़ैद में भेज देता, पर कानूनी तौर पर ऐसा कर न पाया था। मगर उसने एक पत्र टाइप करवाकर बॉरतोश परिवार को ज़रूर भिजवा दिया था कि क़ानून के हिसाब से उन्हें अपने घर में काम कर रही लड़की को रिहा करना होगा।

श्रीमान विज़ी तो शायद ही कभी घर पर होते थे, बस केवल रात का खाना खाने ही घर आते थे। उस वक़्त वे बहुत बेचैन परेशान और चुप-चाप से दिखते। पत्नी की हिम्मत ही न होती थी कि ऐसे वक़्त उन्हें घर की इस मामूली-सी परेशानी से तंग करें। जब भी वे उनसे पूछतीं कि वे कहाँ जा रहे थे तो वे धीरे से बुदा-बुदा देते कि मन्त्रालय मानो यह कोई बड़ा भारी रहस्य हो। 'मिनिस्टरी' शब्द सदा 'मिस्टरी' सुनायी पड़ता था। राजनीति का विशाल क्षेत्र उनके लिए एक रहस्यवादी क्षेत्र जैसा ही था, उसके बाहर की हर बात उनके लिए गौण थी, जिसके लिए उनके पास कोई समय नहीं था।

पुरानी पीली-सी बिल्डिंग जिसमें मन्त्रालय था वहाँ हर बात रहस्य से भरी थी। जब भी विज़ी अन्दर घुसते, उनका मन वहाँ की फुसफुसाहट से बाग़-बाग़ हो जाता, जब वे वहाँ सीढ़ियाँ चढ़ते तो एक प्रकार की आत्मविश्वास की मुस्कान उनके चेहरे

पर फैल जाती, उन्हें लगता यही उनकी अपनी जगह है, यहाँ हर चीज़ का सम्बन्ध जनता से है मगर वे यहाँ के मालिक हैं, उन्हें घर से ज़्यादा यहाँ अपनापन महसूस होता। आज फिर दरबान ने उन्हें सलाम किया। उनका स्मार्ट सेक्रेटरी उनसे हॉल में मिला एक लम्बी सूची उन लोगों के लिए जो उनसे मिलना चाह रहे थे। उन्होंने तेज़ी से लिस्ट पर नज़र डाली और बताया कि वे किस से कब मिलना पसन्द करेंगे। जो लोग पहले से ही उनके कमरे में उनका इन्तज़ार कर रहे थे, विज़ी साहब ने उनसे माफ़ी माँगी और बैठने को कहा। फिर अपने बहुत व्यस्त होने की बात करने लगे और बोले कि आजकल तो उनके पास मौत के फ़रिश्ते से भी मिलने का वक़्त नहीं है। अपने सामने पड़ी घण्टी को वे यूँ बजाने लगे मानो बहुत अच्छे प्यानो बजाने वाले हों। राजधानी के बाहर के क्षेत्रों से आये लोगों से बात करते समय उन्होंने अपना अफ़सरी रवैया अपना लिया था। किसी की फाइल पढ़ी, किसी से कोई जानकारी माँगी, फाइलें पढ़ते अपना सिर गम्भीरता से हिलाते, अपनी प्रभुता की ओर ध्यान दिलाते, आलोचना के स्वर में बात करते। उसके इसके बाद आगन्तुक को सिगार पेश करते, यदि वह ग्रहण कर लेता तो अपने पैन्ट की पीछे की जेब से चाभी निकालते, दराज़ खोलते, कोई जल्दी दिखाते नहीं, आराम से, और फिर ख़ुशी को दुगना करते चमकता हुआ लाइटर उसके सामने रख देते, सिगारों पर सरकारी रिबन लगे होते जो आने वाले को उनके पद की गरिमा का बोध कराते। और यूँ जब वे सिगार जला रहे होते तो मन ही मन सोच रहे होते कि अब एक सिगार कम हो गया है और फिर चुपचाप सिगार का डिब्बा दराज़ के हवाले करते।

यह क्रिया उन्हें बहुत पसन्द थी। और इस जगह से उन्हें बेहद प्यार था। दिन के बारह बजे मन्त्री जी के आगमन की घण्टी बजती। बिल्डिंग इस वक़्त एक मन्दिर में बदल जाती। आँगन में लगे पेड़ भी गर्व से लहराने लगते, अपने लोहे के जालों में जकड़े। क्या तुमने महामहिम को देखा है? आज क्या वे अच्छे मूड में हैं? मुझे उनसे कुछ पैसे चाहिए वो चेम्बर ऑफ़ कॉमर्स बनवाने के लिए। गुडमॉर्निंग महामहिम, गुडमॉर्निंग महामहिम मैं आपका तुच्छ सेवक हूँ। वे चारों ओर से दोस्तों से घिरे होते जो ऑस्ट्रिया के क्रान्ति-विरोधी सैल से छूटकर आये थे, साफसुथरे, नहायेधोये, कोलोन की ख़ुशबू से सराबोर, और इजिप्ट के तम्बाख़ू की गन्ध लिये। सब आपस में बग़लगीर होते, एकदूसरे की पीठ पर हाथ मारते, और इस बात की ख़ुशी मनाते कि वे वापिस आ गये हैं हालाँकि लोगों ने सुना था कि उन्हें ज़बरदस्ती पार्लियामेण्ट ले जाया गया था। और लोग भी अपनी-अपनी भोगी हुई परेशानियों का ज़िक्र करते कि कैसे उनका सब कुछ क्रान्तिकारियों ने लूट लिया था। पर सब इस बात से खुश थे कि वे सब ज़िन्दा थे आज का दिन देखने के लिए। वे सब एक ही परिवार की भाँति थे। सब के सब नये वातावरण में अपना सहयोग देने को तत्पर, मिलिटरी की भाँति एकदूसरे के पद को सम्मान देते हुए, सीमा में बद्ध, हर व्यक्ति

यह भली-भाँति जानता हुआ कि कल कोई भी उच्चतम पद तक पहुँच सकता है। यह श्रीमान विज़ी का संसार था, घर से कहीं ज़्यादा महत्वपूर्ण।

विज़ी साहब एक बहुत अच्छे ब्यूरोक्रैट थे, बहुत मेहनती और ईमानदार। इस तथ्य से उनके सीनियर और जूनियर सभी भली-भाँति परिचित थे। उनमें सामाजिक चेतना का भी अभाव नहीं था। अगर मुसीबत में कोई उनकी मदद माँगता तो वे फ़ौरन सम्बन्धित विभाग को चिट्ठी लिखते। वे परोक्ष रूप से, अपने ही तरीक़े से दान-पुण्य भी किया करते थे; उदाहरण स्वरूप अगर कोई सैनेटोरियम या अनाथालय की मदद का प्रश्न होता तो वे ज़रूर उसकी सहायता को आगे आते। बस व्यक्तिगत रूप से काम निकालने को आने वालों से उन्हें सख़्त नफ़रत थी। उनकी ईमानदारी पर कोई प्रश्न नहीं उठा सकता था। पाई-पाई का हिसाब साफ़ हुआ करता था। मगर वे उन लोगों की सहायता अवश्य तत्परता से करते जिनसे उन्हें सीधा आर्थिक लाभ नहीं मिलता था, जैसे उन व्यापारियों की जो ख़रीदारी करते वक़्त उनसे बिल अदा करने को मना कर दिया करते। ऐसे में वे बार-बार पैसे देने की गुहार तो लगाते और यह भी कहते कि भाई यह तो ठीक बात नहीं है मगर यदि यह सब उनके लिए न किया जाता तो उन्हें दुख ज़रूर पहुँचता। उनके जन्मदिन पर हर स्टोर, हर फ़ैक्टरी से उनके लिए ढेरों उपहार आते, मीट, केक, शराब और कभी-कभी अँगूठी और चाँदी की घड़ी भी जिसे पहनने में तो वे सकुचाते, वह घड़ी अधिकतर उनके शो केस में ही सजी रहती मगर जब कभी वे उदास होते तो ज़रूर उसे लगा कर देखते। हालाँकि इन उपहारों के बदले किये गये उपकार के आगे तो इनका कोई मूल्य नहीं था मगर फिर भी इनका सदा स्वागत था और इन्हें पाने से उनके आत्म-सम्मान की वृद्धि होती थी, और जीवन संगीतमय हो जाता था।

इन दोस्तियों को पनपाने के लिए इन्हें पार्टियों में जाना पड़ता, और चारों ओर अपने जाल फैलाने पड़ते। पिछले दस सालों से एक ही उपाधि पर सड़ते रहने के बाद यह सब काफ़ी अच्छा था।

एक शाम उन्हें सैक्रेटरी ऑफ स्टेट ने दावत पर बुलाया। ऐसे अवसरों पर विज़ी साहब की बातचीत, अपनी पत्नी से भी, बड़ी सहज हो जाती। अतः उस दिन पत्नी ने इसका फ़ायदा उठाते हुए नौकरानी के विषय में बात कर डाली। पार्टी से लौटते वक़्त वे उन्हें केयर-टेकर के फ्लैट में ले गयीं। इस बातचीत की ओर उनका नज़रिया पत्नी से बिल्कुल अलग था। वे पूरी तरह से तो इस विषय को बारीकी से समझते नहीं थे। उन्हें लग रहा था कि कोई फाइल बिना पूरी तैयारी के उनके सामने रख दी गयी है। पत्नी को उन पर गर्व था। वे अपने सीधे प्रश्नों से अपनी मर्दानगी जो जताते थे।

"हाँ बोलो, नौकरानी का क्या हुआ?"

"महामहिम उसने आने का वायदा किया था।"

"जी वो तो आ जाती पर उसके मालिक ने उसे आने नहीं दिया।"

"इसका क्या मतलब है? क्या नौकरानी ने उन्हें नोटिस नहीं दिया है? क्या उन्होंने उसे स्वीकार नहीं किया है? अगर हाँ तो वह क़ानूनन उसे रोक नहीं सकता। इस मालिक-नौकर के कॉन्ट्रैक्ट के मामले में तो क़ानून बिल्कुल साफ़ है। उसके पास कोई विकल्प ही नहीं है 'दी ज्यूर' इसे मानने के सिवा।

"जी साहब" फ़िचोर ने लेटिन शब्दों से प्रभावित होते हुए कहा।

"तो फिर ठीक है, अब इस पर ज़्यादा बहस नहीं है। अगर लड़की ने अपना वायदा नहीं निभाया तो मैं पुलिस से उसे पकड़कर बुलवा लूँगा। उसे मेरी तरफ़ से यह समझा देना। या तो वह खुद आ जाये या पुलिस के द्वारा लायी जाये।

अब तो फ़िचोर और उसकी पत्नी के पास कहने को कुछ बचा ही नहीं था। वे दोनों हतप्रभ से एकदूसरे की ओर देखने लगे। वे तो यूँ भी हर वक़्त कैदख़ाने से डरे बैठे थे। उन्होंने अपने हाथ उठाकर लापरवाही के आरोप का खण्डन किया था शायद हाथ उठाकर वे भाग्य के प्रकोप से बचने की चेष्टा कर रहे थे।

विज़ी अपनी बात कह चुके थे। उन्हें शर्म आ रही थी कि उन्होंने अपने इतने ऊँचे पद का प्रयोग इतनी मामूली-सी बात के लिए किया। उनकी आँखें बेसमेण्ट के इस कमरे में चारों ओर घुम गयीं। दीवारों पर चार-चार फुट तक सीलन थी, बड़े-बड़े चकत्ते बने हुए थे उन पर। हर तरफ़ सीलन की दुर्गन्ध थी जो भुनते हुए प्याज़ की गन्ध से मिलकर और भी असहनीय हो रही थी। खिड़कियाँ इतनी नीची थीं कि ऊपर सड़क पर आतेजाते लोगों के घुटने ही दिख पाते थे। इसी जगह पर विज़ी साहब ने घण्टों बैठकर इन्तज़ार किया था जब उनकी पत्नी को पार्लियामेन्ट हाउस तक उठाकर ले जाया गया था, वे इसी कुर्सी पर बैठे थे जिसे आज झाड़पोंछकर उनके लिए रखा गया था। पर आज उन्होंने इस पर बैठने से इनकार कर दिया था। वह गन्दी थी। उन्हें अपने सूट ख़राब होने का डर था।

उन्हें याद आया कि यहाँ रसोई अच्छी हुआ करती थी। वे वहाँ की शान्ति से बड़े प्रभावित हुए थे। यहाँ एक सैटी भी हुआ करती थी जिस पर उस दिन वे लेटना भी चाह रहे थे। क्या यह वही सैटी थी जो आज उन्हें गुरबत की हालत में दिख रही थी। एक मग, चीनी मिट्टी का, एक कोने में, एक टोकरी के पास रखा हुआ था जो ट्रेन के फ़र्स्ट क्लास कम्पार्टमेन्ट की सीटों पर लगे मखमल से बनायी गयी थी, और क्रान्ति के बाद यह मखमल हर मज़दूर और कारीगर के घर में देखा जा सकता था भिन्न-भिन्न रूप में, कभी-कभी तो बच्चों के पतलूनों के रूप में भी। विज़ी साहब इस कमरे की ग़रीबी को देख भौंचक्के हो रहे थे। उन्होंने अपना रुमाल अपनी नाक पर लगाया और एक बेचैन नज़र अपनी पत्नी पर डाली, उन्हें यह कहने को कि ज़रा जल्दी करें मगर वे थीं कि लगी हुई थीं बातचीत में, सौदेबाज़ी करते, लक्ष्यहीन और घुमाव-फिराव से बातें करतीं जैसा केवल औरतें ही कर सकती हैं।

"तो फ़िचोर, तुम उससे बात करोगे ना और प्लीज़ उसे ज़रूरी बता देना कि

वह जल्दी ही निश्चय कर ले। शायद तुम उसे वेतन की बढ़ोतरी का प्रलोभन भी दे सकते हो।

"उससे कोई फ़ायदा नहीं होगा। उसे पैसे की कोई परवाह नहीं है।"

"वाकई?" श्रीमती विज़ी की आँखों में चमक जागी "तो फिर उसे किस चीज़ से मतलब है? क्या उसे प्रेमी रखने का शौक है?"

"उसे?" फ़िचोर सब तमीज़ लिहाज भूल अपनी पत्नी की पसली में हाथ गड़ाता बोला "सुनती हो? ऑन्ना और प्रेमी!"

श्रीमती फ़्रिचोर ने अपने पीले दाँत निपोरे और ज़ोर से हँस पड़ीं इस विचार कि ऑन्ना का कोई प्रेमी है।

श्रीमती विज़ी का कौतूहल बढ़ा।

"क्या उसे खाने का बहुत शौक़ है?"

"वह तो चिड़िया जितना खाती है।"

"तो फिर उसे किस बात का शौक है?"

"काम का, मैडम", फ़िचोर बोला, "वह सिर्फ़ काम करना पसन्द करती है।"

"वह ऐसी लड़की है जिसके हाथों को सोने में मढ़वाना चाहिए" उसकी पत्नी बोली और इसकी कल्पना करती मुस्कुराने लगी।

श्रीमती विज़ी को समझ में नहीं आया कि वे किस बात से अधिक प्रभावित हुई : केयर टेकर के विश्वास दिलाने से या उसकी पत्नी की काव्यात्मक शैली से। दोनों ने ही बड़ी साधारण बात कही थी पर कई बार यही साधारण बातें बहुत बड़ा प्रभाव डालने में सफल हो जाती हैं क्योंकि यह कल्पना को स्वतन्त्र रूप से विचरण करने के लिए छोड़ देती हैं।

कॉतित्सा अभी भी उनके यहाँ काम कर रही थी, पर बस जैसे-तैसे ही कर रही थी। वह जो चाहती थी वही करती थी बस और अब वे लोग उसे ज़्यादा सफ़ाई वगैरह करने को कहते भी नहीं थे। श्रीमती विज़ी को तो मानो चारों ओर जमती धूल को देखना अब अच्छा लगने लगा था। जहाँ एक ओर कॉतित्सा गाय की तरह मुँह उठाये, जम्हाई लेते रसोईघर में लुढ़कती-पुढ़कती दिखाई देतीं वहीं वे अपनी कल्पना शक्ति से उस दूसरी नौकरानी को काम करते, करीने से चीज़ें जगाते, मशीन की भाँति काम करते देख पा रही थीं। क्योंकि उसे तो सिर्फ़ काम ही पसन्द है। और वे मन ही मन उन सब कामों के बारे में सोचने लगी थीं जो वे इस आने वाली नौकरानी से करवायेंगी। वे उससे किसी करिश्मे की अपेक्षा करने लगी थीं। अपनी आँखें बन्द करके वे उसके सोने में मढ़वाये जाने वाले हाथ बड़ी सफ़ाई से देख सकती थीं। वे सुनहरी हाथ रोशनी में चमकते हुए उन्हें दूर कहीं क्षितिज की ओर ले जा रहे थे।

फिर कुछ और घटा। रोमानियाई उनके घर के पास तक आ गये। जिन फ़ौजियों को वे शुरू-शुरू में देख कर आश्चर्य करती थीं वे अब बिल्कुल उनके घर

के सामने चक्कर काटने लगे थे। अब उन्हें इनकी इतनी आदत हो गयी थी कि कुछ भी अजीब नहीं लगता था। रविवार के दिन सैन्ट लगाये, दुबले-पतले, यूनीफार्म पहने जवान पहाड़ पर बने महल के चारों ओर चक्कर लगाते, साथ में होती नवजवान लड़कियाँ, पिकनिक करते और रंगरलियाँ मचाते। रेस्तोराँ में जिप्सी बैण्ड उनके आदर में उनकी जानीपहचानी ट्रॉस सिल्वैनियायी धुन बजाता जो वे अपने बचपन में ज़रूर सुनते आये होंगे।

साधारण फौज़ वेरमैज़ो के मैदान में थी। रात को एक बड़े से बर्तन में फ़ौजी खाना बनाते और उनकी मदद को तैयार रहतीं आस-पास की सभी नौकरानियाँ जिन्होंने काफ़ी समय से सचमुच के फ़ौजी देखे नहीं थे, बस छोटे-मोटे लाल फ़ौज के लड़के देखे थे। लायोश, जो कॉतित्सा का प्रेमी था, उसका नाम चोरी करने वालों की सूची में काफ़ी अरसे से दर्ज था और उसे अब क़ैद हो गयी थी, अतः अब कॉतित्सा ने अपने लिए एक रोमानियन ढूँढ लिया था, एक अठारह उन्नीस साल का गडरिया जो फ़ौज में भर्ती कर लिया गया था। टिन का हैल्मैट पहने इस 'फ़ौजी' ने कभी इतनी सुन्दर औरत देखी नहीं थी। उसने उसकी कमर में बाँहें डालीं और उसका हाथ अपने हाथ में ले वह वेरमैज़ों के मैदान में चारों ओर घुमाने लगा, उसके होंठों की तारीफ़ करता और उसके सुनहरे बालों को भी। वह उससे संकेतों से ही बात कर सकता था और उसी भाषा में उसने कॉतित्सा को समझा दिया कि वह उससे तभी शादी करेगा अगर वह रोमानिया जाने को तैयार होगी। हर रोज़ वह फूलों का गुलदस्ता लिए उसका इन्तज़ार करता, और कभी-कभी तो घर तक पहुँच जाता जिससे घर के सब लोग आश्चर्य में पड़ जाते। ऐतैल ने तो कॉतित्सा से बात तक करनी बन्द कर दी, उसकी निगाह में वह एक देशद्रोही थी। स्टैफ़ी ने कॉतित्सा को रोमानिया की जासूस क़रार दिया।

श्रीमती विज़ी मन मसोस कर रह गयी। इतना बड़ा कलंक! कितना शर्मशार करने वाला कृत्य! पर उनकी हिम्मत नहीं थी कुछ कहने की क्योंकि उन्हें डर था कि रोमानियायी फ़ौज कहीं उनसे बदला न ले। द्रूमा के लिखे पत्र का अभी तक कोई जवाब भी नहीं आया था।

पानी सिर से ऊपर पहुँच चुका था। उन्होंने अपनी छतरी उठायी और खुद ही कुछ करने का प्रयास किया। बाहर बादल छाये हुए थे मगर धूल भी थी। वे तॉबान क्वार्टर के ऊबड़-खाबड़ रास्ते पर निकल पड़ीं। गश्त लगाते संतरी, जानीपहचानी सड़कों को एक फ़ौजी मैदान की संज्ञा दे रहे थे।

वे लगभग जानती थीं कि घर कहाँ पर होगा क्योंकि केयर-टेकर ने कई बार उन्हें बताया था। वे जानती थीं कि दाई एलिज़बेथ कारवाई का घर कहाँ है, उन्हें मालूम था वह चिह्न, जिसमें एक शिशु टब में नहाता दिख रहा था, कहाँ लटक रहा था, उन्हें पता था कि घर का गेट लोहे का बना हुआ है, और वे यह भी जानती थीं

कि बॉरतोश परिवार के उस दरवाज़े पर, जो कोर्टयार्ड की ओर खुलता था, सेंट फ्लोरियन का चिन्ह बना हुआ है जिसके नीचे लाल बत्ती जल रही है।

आरोक ग़ली में लाइन से पुराने बड़े-बड़े घर थे जो अब इतनी बुरी हालत में थे कि सब एक जैसे ही लगने लगे थे। वे इनमें रास्ता भटक गयीं। एक दुबली पतली, बड़ी उम्र की औरत से, जो एक झोंपड़ी के आगे बैठी थी, रास्ता पूछा, पर बुढ़िया उनकी बात समझ ही न पा रही थी, खैर किसी तरह उन्होंने पता लगाया कि वे ज़रा आगे आ गयी हैं और उन्हें थोड़ा पीछे पलटना होगा। वह यूँ दबे पाँव चल रही थीं मानो कोई मुजरिम हों। लोग उन्हें सन्देह की दृष्टि से देखने लगे। उन्हें डर लगने लगा। आख़िरकार उन्हें वह बोर्ड दिखाई दे ही गया जिस पर टब में नहाता बच्चा बैठा था, उन्होंने एलिज़ाबेथ कारवाई का नाम पढ़ा और गेट के अन्दर घुस गयीं। घुसते ही उन्हें सेंट फ्लोरियान का चित्र और टिमटिमाती लाल बत्ती भी दिख गयी।

उनका प्लान कुछ यूँ था कि नौकरानी को बाहर बुलाकर दो चार शब्द कहेंगी और उसी वक़्त उसे यहाँ से ले जाने की कोशिश करेंगी, अगर नहीं मानी तो कम से कम उसे काम देखने के लिए तो बुला ही लेंगी। वे अपने बैग में कुछ सिक्के टटोलने लगीं ताकि किसी को टिप दे सकें लड़की को बुलाने के लिए। पर वहाँ तो दूर-दूर तक कोई था ही नहीं। जहाँ तक घर के आँगन का प्रश्न था तो वहाँ भी सन्नाटा था।

वे कुछ हिचकिचाई-सी, बाहर खड़ी घर के अन्दर से आती औरतों और बच्चों की आवाज़ें सुनने लगीं। कोई खिड़की तेज़ी से बन्द हुई। वे बिल्कुल दीवार से चिपक कर खड़ी हो गयीं और इन्तज़ार करने लगीं।

अचानक दरवाज़ा खुला और एक बच्चा नंगे पाँव आँगन में दौड़ता हुआ आया। यह बॉन्दी था। उनके दिल की धड़कन थम-सी गयी। जब उसके पीछे एक औरत भी बाहर निकली।

औरत उनके जितनी ही लम्बी थी मगर उसका बदन काफ़ी गठा हुआ था, उसका चेहरा सुनहरी ब्राउन रंग का था, घने बाल थे और काली घनी भंवे। बदरंगी सी जामनी रंग की ड्रेस पहने थी वो। वह लड़के के पीछे भाग रही थी जो उसके हाथ से बचकर इधर-उधर भाग रहा था। आख़िर उसने लड़के को पकड़ ही लिया, उसे डाँटा और फिर प्यार से अपनी बाँहों में भींच लिया और उसे ले घर के अन्दर चली गयी।

एक-आध मिनट बाद वह औरत फिर बाहर आयी एक टीन का बर्तन लिये, उसे उसने हैण्डपम्प से भरा और वह अन्दर चलने को ही थी कि उसकी नज़र श्रीमती विज़ी पर पड़ी और दोनों की आँखें चार हुईं।

श्रीमती विज़ी ने उसे इशारे से बुलाया, पहले छतरी के बाद में हाथ के इशारे से। लगा औरत ने या तो देखा नहीं या समझी नहीं, वह अन्दर चली गयी।

वह दोबारा वापिस नहीं आयी। अँधेरा हो चला था। एक आदमी गेट के अन्दर घुसा, ज़रूर घर का मालिक ही होगा। उसने उन्हें घूर कर देखा, सोचा होगा इतनी

संभ्रान्त महिला इस समय यहाँ क्या कर रही है। श्रीमती विज़ी ने अब यहाँ से जाना ही ठीक समझा।

जैसा उन्होंने सोचा था वैसा तो नहीं हुआ मगर उन्हें अपने इस प्लान ने निराश नहीं किया क्योंकि कम से कम उन्होंने अपनी आँखों से देख लिया था कि वह कितनी ताकतवर और मेहनती औरत थी। उन्हें जिस बात ने सबसे अधिक प्रभावित किया वह उसका बच्चे के साथ बर्ताव था। अब श्रीमती विज़ी की कल्पना को आधार मिल गया था। घर पहुँचकर उन्होंने बड़े गर्व से फ़िचोर को बताया कि उन्होंने उस नौकरानी को देख लिया था।

"मालकिन को लड़की कैसी लगी?"

"बड़ी स्मार्ट है।"

"उसका स्वभाव भी बहुत अच्छा है। आप उसे ज़रूर पसन्द करेंगी।"

"हाँ मगर कब?"

"अब किसी भी दिन। हमने उसकी जगह किसी और को भेजने का इन्तज़ाम कर दिया है। आज ही उसके मालिक ने बताया है कि वे उसकी जल्दी ही छुट्टी कर देंगे। अब आप बिल्कुल चिन्ता मत कीजिये।"

ऐतैल और स्टैफ़ी दूसरी मंजिल पर अण्डे फैंट रही थीं केक के लिए।

"उसका नाम ऑन्ना है।"

"वाकई?"

श्रीमती द्रूमाको, जिन्हें गप्पें हाँकने का बहुत शौक था, यह ख़बर सब ओर पहुँचाने में अधिक समय न लगा। यह नीरस और असंभ्रान्त महिला एक मामूली-सी नर्स हुआ करती थीं जिन्होंने युद्ध के दौरान अस्पताल में पड़े अपने पति को, जो बहुत जानेमाने व्यक्ति थे, फाँस लिया था। वे चूहे की भाँति ऊपर नीचे किया करती थीं। उनकी आवाज़ भी कुछ चूहे जैसी ही थी। एक बार उन्होंने नीचे आकर श्रीमती विज़ी को पकड़ ही लिया "हमें सब पता है। आप उसे क्या तनख्वाह देंगी?"

उनसे सारा विवरण श्रीमती मोविस्तर को पता चला। डॉक्टर की आकर्षक पत्नी फूलों वाला हैट लगाये थीं और एक परिचित से फ्री टिकट पाकर थियेटर जा रही थीं। हमेशा की तरह कोई उभरता साहित्यकार उनके साथ था। उनकी निगाह श्रीमती विज़ी पर पड़ी, किद्यो तेर पर, फ़ौरन उन्हें रोक कर बातचीत का रुख इस ओर मोड़ दिया।

"अरे क्या तुम सच कह रही हो! तुम्हारा मतलब उसने अभी काम शुरू नहीं किया है। सब लोग तो कह रहे हैं कि वह कल से काम पर आ चुकी हैं।"

श्रीमती विज़ी ने सिर हिला दिया। और यूँ दिन बीतते गये। ऑन्ना की हृष्ट-पुष्ट आकृति उनकी निगाहों के सामने धुँधलाने लगी। उन्हें लगने लगा यह सब उनकी कल्पना में ही हुआ होगा, शायद ऐसी नौकरानी वास्तव में है ही नहीं।

6

ऑन्ना

14 अगस्त का दिन था, गर्मी थी और खूब रोशनी थी, बहुत खूबसूरत दिन था। श्रीमान विज़ी म्यूनिसिपल असैम्बली हॉल में कॉफ़ी पीने चले गये थे। उनकी पत्नी इस पर विचार कर रही थीं कि उनके बनाये हुए खीर में से क्या बचा था। एक आध चावल का दाना ही बचा रह गया था, उन्होंने प्लेट खिसका दी। दाने गिने तो सात निकले।

यह चावल के दाने यहाँ कैसे पहुँचे? वे तो नहीं जानती थीं। उन्हें पूरा यक़ीन था कि वह उन्होंने नहीं गिराये थे, उन्होंने तो खाते समय अपनी प्लेट ज़रा भी नहीं खिसकायी थी। फिर वे गिनती के बारे में सोचने लगीं। सात ही दाने क्यों? क्या यह किसी ख़ास बात का सूचक है! छोटी से छोटी बात का भी ऊपर के संसार में कोई न कोई अर्थ होता है और वह किसी ख़ास ओर संकेत करता है। वे चूँकि अक्सर अपनी मृत बच्ची को देखा और सुना करती थीं, अतः उन्हें इस बात पर कोई सन्देह नहीं था।

उन्होंने तीन गोलियाँ अपनी जबान पर रखीं, वाइन से उन्हें अन्दर सटका ओर सोचने लगीं कि यह सात-चावल के दाने किस खुशख़बरी का संकेत दे रहे हैं। तभी दरवाज़े पर हल्की-सी दस्तक सुनायी दी, और इससे पहले कि वे उठतीं फ़िचोर का सिर अन्दर आता दिखाई दिया।

"क्या हम इन्तज़ार करें मैडम?"

"तुम्हारे साथ कौन है?"

"ऑन्ना। क्या हम अन्दर आ सकते हैं?"

"हाँ, आओ। नहीं। ज़रा इन्तज़ार करो।"

सिर दरवाज़े से ग़ायब हो गया। श्रीमती विज़ी ने मेज़ का किनारा कस के पकड़ लिया। यह अचानक परिस्थिति बदलने से उनका सिर घूमने लगा था। वे

केवल स्लिपर पहनी थी, उनके पाँव नंगे थे और वे पुराना लाइलैक फ्रॉक पहने थीं जो वे उन दिनों पहना करती थीं जब उन्हें अपने आप को मज़दूर वर्ग की सदस्या दिखाना होता था।

वे अलमारी की ओर बढ़ीं और सफ़ेद फ्रॉक निकाल कर पहना; शैम्पेन के रंग के मोज़े पहने और ब्राउन रंग के जूते। एक एक्ट्रेस की भाँति जो स्टेज पर क़दम रखने से पहले अपने को ठीक-ठीक कर लेती है। उन्होंने शीशे में स्वयं को निहारा। चेहरा थका हुआ-सा था। उन्होंने मुस्कान लाने की कोशिश की मगर वह बनावटी लगी। फिर उन्होंने गम्भीरता चेहरे पर लाने का प्रयत्न किया पर अन्ततः दोनों के बीच का भाव ही उन्हें ठीक लगा। उन्होंने चेहरे पर हल्का-सा पाउडर लगाया और फिर कुछ सोच एक सोने का ब्रेसलेट भी हाथ पर पहन लिया।

फिर पंजों के बल चलती डाइनिंग रूम में आयीं। पति का हाउस कोट दीवान पर पड़ा था अस्त-व्यस्त। उन्होंने उसे तह किया, पर अब भी कई चीज़ें उन्हें परेशान कर रही थीं। मेजपोश पूरी तरह से मेज़ पर ढका हुआ नहीं था, चिकनी प्लेटें अभी भी वहाँ पड़ी थीं, बची हुई खीर के पास और चीनी-दानी पर मक्खियाँ बैठी हुई थीं। वे यह सब ठीक करना चाह रही थीं मगर अब वक़्त ही कहाँ था। उन्हें डर था कि अगर ज़्यादा देर की तो कॉतित्सा इस नयी नौकरानी को ज़रूर भगा देगी।

बस वे केवल मेज़पोश को खींच कर सीधा कर पायीं और बोतल में एल्यूमीनियम का कॉर्क लगा पायीं। फिर अपनी कुर्सी पर बैठ गयीं और कोहनी मेज़ पर यूँ टिका ली मानो देखने वाले को लगे कि वे वहाँ काफ़ी देर से बैठी, संभ्रान्त महिलाओं की भाँति कुछ विचार कर रही थीं।

"अन्दर आ जाओ" वे दबी आवाज़ में बोलीं।

फ़िचोर अन्दर आया। साथ में और कोई नहीं। अगले तीन, चार और पाँच सैकिन्ड तक भी नहीं।

"अरे?" वे बोलीं। उन्हें लगा फिर से उनके साथ छल किया गया है।

"वह यहीं है" केयरटेकर ने सांत्वना दी "यह रही।"

और तभी लड़की ने प्रवेश किया। वह सीधी उनके पास आयी, झुकी और उनका हाथ चूमा। इतने स्वाभाविक तौर पर कि लगा वह उन्हें काफ़ी समय से जानती है। श्रीमती विज़ी ने फ़ौरन ही अपना हाथ नहीं हटाया : उन्हें अपना हाथ चुमवाना अच्छा लगता था, उन्हें होंठों का गीला स्पर्श भाता था। फ़िचोर ने लड़की को कुछ करने का आदेश दिया मगर श्रीमती विज़ी उसे न सुन सकीं—उनके कानों में तो खून दौड़ रहा था और उनका ध्यान पूरी तरह से उस लड़की की ओर लगा हुआ था जो अब तक दरवाज़े तक पहुँच चुकी थी और एक साफ़ रूमाल में अपनी एम्प्लाइमेण्ट किताब पकड़े खड़ी थी, उसकी आँखें फ़र्श पर गड़ी थीं।

श्रीमती विज़ी ने अपना चश्मा ठीक किया : उनके चेहरे पर मिलेजुले भाव,

आश्चर्य और उदासी के थे। 'यह है क्या वो?' लड़की की ओर इशारा करते हुए उन्होंने पूछा।

"जी मालकिन', फ़िचोर ने पुष्टि की, उसकी समझ में कुछ नहीं आ रहा था।" यह ऑन्ना है", उसने दोहराया "क्या आप यही नहीं चाहती थीं?" उसने अपना सिर एक ओर झुलाया और एक आँख आधी बन्द कर उनकी ओर देखा।

"हाँ" वे बोलीं, पर अब भी उनके मन में सन्देह बना हुआ था, कुछ धुँधला-सा था आँखों के आगे। 'अच्छा तो यह है वो..."

मगर यह तो वह नहीं थी। कम से कम वह तो बिल्कुल नहीं जिसे उन्होंने आरोक गली में देखा था। जो औरत बच्चे के पीछे भाग रही थी, वह तो उससे लम्बी थी, इससे बेहतर गठा हुआ शरीर था उसका, चेहरा सुनहरे भूरे रंग का था, बाल और भँवें काले, काले कोयले की तरह। उन्हें यह सब बहुत अच्छी तरह से याद था। ज़रूर कहीं कोई ग़लतफ़हमी हुई है। उन्होंने ज़रूर किसी और औरत को ऑन्ना समझ लिया था, हो सकता है वह बॉरतोश परिवार की ही सदस्या हो जिसका ज़िक्र फ़िचोर ने पहले भी किया था एक दो बार।

हालाँकि अब सब कुछ साफ़ था, फिर भी उन्हें कुछ मिनट ज़रूर लगे उस औरत को अपने ज़हन से निकालने के लिए जो जामनी रंग की ड्रेस में थी और जिसे उन्होंने मन ही मन काम पर भी रख लिया था, जिसे उन्होंने अपना मान लिया था, कॉतित्सा के पलंग में उसके लिए जगह बना ली थी, सब कमरों की सफ़ाई का काम सौंप दिया था, अब तो उन सब अच्छाइयों को, जिनकी उन्होंने उस औरत में कल्पना कर ली थी, इस लड़की को सौंपना होंगा, अब यही उस सब की असली हकदार है, यह एकदम अजनबी, मामूली सी दिखने वाली लड़की जो अभी तक उनके सामने सहमी-सी खड़ी थी।

कुछ ही देर में उदासी और आश्चर्य उनके चेहरे से काफ़ूर हो गये और उनके हृदय में आशा जागी। उन्होंने फिर से उसे ऊपर से नीचे तक देखा। वह तो किसान की लड़की लगती ही नहीं थी। वह एरज़ी वॉर्गा जैसी लाल मुँह वाली और गिठमिठी-सी नहीं थी, वह तो बड़ी दुबली पतली नाज़ुक-सी लड़की थी, उसका चेहरा अण्डाकार, काठी खूबसूरत और नपी-तुली।

वह चैक का फ्रॉक पहने थी जिसके अन्दर से उसके उरोजों का उभार उसकी कम उम्र का बोध कर रहा था : बड़ा बेपरवाह-सा और एक खिलौने जैसा वक्षस्थल था उसका, मानो अन्दर दो छोटी रबर की, गेंदें रखी हों। लड़की में कुछ ऐसा था जिससे उसे प्यार करने को और नफ़रत दोनों ही करने का मन हुआ श्रीमती विज़ी को, पर कुल मिलाकर उन्हें आकर्षक ही लगी।

उन्होंने अपना चश्मा उतारा। वे जब उसकी ओर देख भी नहीं रही थीं, केवल उसकी मौजूदगी का एहसास ही कर रही थीं, उन्हें लगा यही वह लड़की थी जो वे

इतने समय से व्यर्थ ही तलाश करती रही थीं। उन्हें अपने अन्दर से एक आवाज़ सुनाई दे रही थी, वही आवाज़ जिसने हर पग पर उनका मार्ग-दर्शन किया था, वह आवाज़ उनसे आज कह रही थी कि फ़ौरन इस लड़की को रख लो और हमेशा रखे रहो। बहुत तीव्र इच्छा हुई उनकी कि उसे कस कर पकड़ लें। उन्होंने अपना हाथ बढ़ाया मानो उसे यूँ पकड़ लेंगी कि वह अब कभी जाने न पाये।

"मैडम, आप इसकी एम्प्लाइमेण्ट किताब चाहेंगी?" फ़िचोर ने पूछा।

"हाँ", अपने पर क़ाबू रखती, यह दिखाती कि हाथ केवल किताब के लिए ही बढ़ा था, बोली "हाँ दिखाओ तो जरा किताब।"

उन्होंने अपनी भँवें ऊँची कीं।

"तुम्हारा नाम एदैश है? एदैश यानी मीठा?

"जी हाँ यही इसका नाम है। ऑन्ना एदैश"।

श्रीमती विज़ी किताब पढ़ने लगीं।

ऑन्ना एदैश बॉलॉतोन फ़ोकौयार नामक गाँव में जन्मी, जो हंगरी के एनयिंग क्षेत्र में पड़ता है, वैसप्रेम काउंटी के अन्तर्गत।

व्यक्ति विशेष जानकारी

जन्म का वर्ष–1900

धर्म–रोमन कैथलिक

क़द–साधारण

चेहरा–गोल

आँखें–नीली

भँवें–सुनहरी

नाक–साधारण

मुँह–साधारण

बाल–सुनहरी

दाँत–मज़बूत

दाढ़ी–नहीं है

टीका–लगा है

हस्ताक्षर–ऑन्ना एदैश

'हम्म', वे बोलीं और ज़रा मुस्कुरायीं, शायद इसलिए कि या तो नाम बहुत प्यारा था या फिर इसलिए कि वे ऑन्ना की कल्पना दाढ़ी के साथ नहीं कर सकती थीं। उन्होंने पहले किताब की ओर देखा फिर ऑन्ना की ओर। किताब में जो लिखा था वह पूरी तरह से लड़की का वर्णन नहीं करता था। उसके बाल, उदाहरणस्वरूप, कोई ख़ास बने नहीं थे और कसकर पीछे की ओर खींच कर बाँधे गये थे, उनका रंग सुनहरी नहीं बल्कि भूरे और सुनहरी के बीच का था। उसकी नाक साधारण नहीं

थी, बल्कि काफ़ी आकर्षक थी, नथुने बड़े थे; कुछ ख़ास जैसी थी नाक वह साधारण से ऊँचे कद की थी, मगर बहुत दुबलीपतली नाज़ुक, जैसे मानो पूरी तरह से विकसित न हो पायी हो, उसमें कुछ लड़कों जैसी झलक आती थी। होंठ ज़र्द थे और फटे हुए थे। हाथ उसी तरह खुरदरे थे जैसे नौकरों के होते हैं, नाखून कटे हुए थे।

"तुम्हारी उम्र कितनी है?" श्रीमती विजी ने पूछा।

"उन्नीस मैडम", फ़िचोर ने उसके बदले जवाब दिया "ठीक कह रहा हूँ ना ऑन्ना?"

"तुम क्या खुद नहीं बोल सकतीं?" श्रीमती विज़ी ने ऑन्ना की ओर मुख़ातिब होकर पूछा।

उन्होंने अब तक ऑन्ना की आँखें नहीं देखी थीं। "यह मेरी ओर आँख उठाकर देखती क्यों नहीं है?" पूछा।

"वह डरी हुई है।"

"किससे? मुझसे? मुझसे डरने की तो कोई ज़रूरत नहीं है।

लड़की ने धीरे से अपनी पलकें ऊँची कीं, पर इससे पहले कि मैडम उसकी आँखें ठीक से देख पातीं, उसने उन्हें नीचे गिरा लिया।

श्रीमती विज़ी फिर से किताब में उसके हस्ताक्षर देखने लगीं, कितने ध्यान से उसने पुलिस के डेस्क पर बैठकर हस्ताक्षर किये थे। उन्होंने उसके पुराने मालिकों की लिखी हुई टिप्पणियाँ भी पढ़ीं। अब तक उसने केवल दो ही जगह काम किया था। पहला 1916 में, जिस साल वह बुदायैश्त आयी थी, श्रीमान वाइल्ड के यहाँ जो वेयर हाउस के मैनेजर थे, और फिर बॉरतोश के यहाँ जो राजस्व इंस्पैक्टर थे। दोनों के साथ ही उसने डेढ़-डेढ़ साल गुज़ारा था।

"वहाँ क्या काम करती थीं?"

"बच्चों की आया का।"

"तुम्हारा तात्पर्य है नर्सरी मेड?"

दोनों मालिकों की टिप्पणियाँ काफ़ी सन्तोषजनक थीं। वह एक 'भरोसेमन्द' लड़की थी, उसका चाल-चलन "अपेक्षा से अधिक अच्छा" था और दोनों ने ही लिखा था कि नौकरी छोड़ते समय वह पूर्ण रूप से स्वस्थ थी। श्रीमती वाइल्ड ने यह भी लिखा था कि उसका काम 'बेहतरीन क्वॉलिटी' का नहीं होता और "अभी उसे बहुत कुछ सीखने की आवश्यकता है।

"अभी बहुत कुछ सीखने की आवश्यकता है" श्रीमती विज़ी ने ज़ोर डालकर ऊँचे स्वर में पढ़ा। ज़ाहिर है..."

"मैडम सब कुछ बहुत जल्दी सीख जायेगी", फ़िचोर ने दिलासा दिलाया।

"वह कोई इतनी बड़ी बात नहीं हैं। मुख्य बात यह है कि अपनी कमियों को सुधारने की कोशिश करें।"

"बहुत मेहनती है। जल्दी ही कर लेगी।"

"क्या खाना पका सकती है?"

"थोड़ा बहुत' फ़िचोर ने फिर लड़की की ओर से बोलते हुए कहा।

"थोड़ा बहुत? ज़्यादा अच्छा होता अगर तुम कहते कि बिल्कुल नहीं। मैं सब अच्छी तरह जानती हूँ। जब नौकरी के लिए अर्ज़ी देती हैं तो हमेशा ऐसे ही कहती हैं, मगर जैसे ही गैस के पास जाकर खड़ी होती हैं, पता चलता है कि खाना बनाने का ज़रा भी ज्ञान नहीं है। तुम्हें याद है ना मॉर्गित मैन्थैई? वह कहती थी उसे खाना बनाना आता है। और लिदी भी। याद है ना फ्रिचोर?

फ़िचोर को दोनों याद थीं उसने सिर हिला दिया।

"कोई बात नहीं मैं सब सिखा लूँगी। पर क्या सफ़ाई से चीज़ें रखना जानती हैं? क्या धुलाई कर सकती है? क्या झाड़ू-पोंछा कर सकती है?

"बिल्कुल मैडम", गारण्टी देते हुए फ़िचोर ने हाथ हिलाया।

"तो फिर इस हिसाब से", गिनाते हुए बोली, "यह सब काम कर सकती है जिनकी घर में ज़रूरत होती है, यह ख़रीदारी कर सकती है, कोयला ला सकती है, मोज़े रफ़ू कर सकती है, खाली समय में कपड़ों को थोड़ा बहुतसी सकती है वग़ैरह-वग़ैरह।"

"यह नख़रीली नहीं है मैडम। क्यों ऑन्ना?"

"बस ऐसा ही होना चाहिये। यहाँ तो तुम्हें काम करना होगा जब तक रहोगी। मुझे कोई साथी की ज़रूरत तो है नहीं। मुझे तो काम करनेवाली नौकरानी की ज़रूरत है। घर बिल्कुल चमकता हुआ रहना चाहिए।"

ऑन्ना ने इस पूरे दौरान एक बार भी उनकी ओर आँख उठाकर नहीं देखा था, वह तो बस फ़र्श पर ही आँखें गड़ाये खड़ी थी। जो आवाज़ वह सुन पा रही थी वह काफ़ी कड़क थी बिल्कुल अफ़सरों जैसी। वह कभी एक पैर पर खड़ी होती कभी दूसरे पर। जब से वह इस घर में घुसी थी उसे मतली हो रही थी; इतनी तबियत ख़राब हो रही थी कि डरती थी बेहोश हो जायेगी; घर में एक अजीब तरह की दुर्गन्ध थी जो वह समझ नहीं पा रही थी, कुछ ऐसी जैसी कैमिस्ट की दुकान से आती है, इस दुर्गन्ध को वह सहन न कर पा रही थी। दरअसल श्रीमती विज़ी प्यानो पर एक कर्पूर का टुकड़ा रखती थीं। उसे फफुँद से बचाने को। ऑन्ना को पता नहीं था कि यह कैमिस्ट वाली दुर्गन्ध कहाँ से आ रही है, वह तो बस इसे बर्दाश्त नहीं कर सक रही थी, और फ़ौरन यहाँ से भागना चाह रही थी। अगर वह अपनी इच्छा का पालन करती तो अभी तक यहाँ से भाग खड़ी होती, सीढ़ियों से होती हुई सड़क तक, और तब तक न रुकती जब तक अपने गाँव न पहुँच गयी होती। पर उसके फूफा उसके पास खड़े थे, उसकी जुर्रत नहीं हुई हाथ तक हिलाने की।

अगर उसने इस बीच आँख उठायी भी तो बस श्रीमती विज़ी के जूते, मोज़े,

और उनके पीछे की दीवार पर टँगी पेन्ड्यूलम वाली घड़ी तक ही उसकी नज़र गयी थी, घड़ी की टिक्-टिक् कमरे के वातावरण को और भी रौबीला बना रही थी। उसने ड्राइंग रूम में भी देख लिया था। वहाँ पर लगा शीशा काफ़ी रंग-बिरंगा दिख रहा था क्योंकि चारों ओर लगी पेन्टिंगों का अक्स उस पर पड़ रहा था, उसके नीचे एक दीवान रखा था जिस पर एक क़ालीन विछा हुआ था। उसने इस तरह की चीज़ें न तो श्रीमान वाइल्ड के यहाँ देखी थीं न श्रीमान बारतोश के यहाँ। वह यह सब देख चकित हो रही थी। बार-बार उसकी नज़र इन चीज़ों पर पड़ती। घर तो अच्छा ख़ासा महल-सा लग रहा था।

"प्रश्न यह है", श्रीमती विज़ी बोलीं, "कि यह यहाँ काम करना पसन्द करेगी? क्यों? करोगी काम?"

लड़की चुप रही। बस उसने हल्के से कन्धे झाड़ दिये। अधिक साफ़ संकेत नहीं था यह।

श्रीमती विज़ी का चेहरा मुरझा गया। उस ख़ामोशी में वे आज्ञा की अवहेलना का स्वर सुन सकती थीं, और उस पल उन्हें लगा उनकी सब आशाओं और मेहनत पर मानो पानी फिर गया हो। उन्होंने निश्चय कर लिया कि अब समय कठोरता का था, उसका दिमाग़ अभी ही ठीक करना होगा।

"क्या कहा तुमने?" उन्होंने व्यंग्य से पूछा," मुझे इस तरह से जवाब सुनने की आदत नहीं है। अगर तुम्हें यह नौकरी नहीं चाहिए तो यह लो अपनी किताब", और यह कर उन्होंने किताब ज़ोर से मेज़ पर दे मारी "तुम जा सकती हो।"

"ऑन्ना कोई बेअदबी नहीं करना चाह रही थी मैडम", फ़िचोर उसकी रक्षा में आगे बढ़ा "तुम्हें यहाँ नौकरी चाहिए ना ऑन्ना?"

"वह चाहती है या नहीं?"

दोनों उत्तर का इन्तज़ार करते रहे। फिर चुप्पी।

"हाँ", ऑन्ना का स्वर बहुत ही धीमा था। उसकी आवाज़ लड़खड़ा रही थी। उसके कन्धे झाड़ने का अर्थ केवल यह कहना था कि उसे यहाँ काम करने से इनकार नहीं है। वह कहीं भी जाती उसे काम ही करना था।

"वो अलग बात है। जब भी बात करो तो ऐसे कि सुनायी पड़े, जैसा कि सभ्य घरों का चलन होता है। अगर तुम तमीज़ से रहोगी तो तुम जानोगी कि तुम्हारे लिए यह घर कितना अच्छा है।

"यहाँ बहुत अच्छा रहेगा", फ़िचोर ने फुर्ती से मैडम की बात को दोहराया। दोनों के ज़ोर देने पर बात ज़रूर बन जायेगी, यह सोच।

"यहाँ हम केवल दो प्राणी हैं, मैं और मेरे पति। बच्चे कोई नहीं हैं" और यह कह उन्होंने एक उड़ती-सी नज़र दीवार पर लगी फ़ोटो पर डाली, साथ ही अपना जूड़ा यूँ ठीक करने लगी मानो वह उनकी गर्दन पर कोई बड़ा बोझ डाल रहा हो। "इसके

अलावा मैं कुछ मामलों में बहुत उदार हृदय हूँ। यहाँ तुम्हे खाने के पैसे नहीं देने होंगे—तुम जितना चाहे खा सकती हो। मुझे मालूम है कि अपनी पिछली नौकरी की जगह तुम्हें सुबह के नाश्ते में भूरा सूप मिला करता था। यहाँ तुम्हें हर रोज़ कॉफ़ी मिला करेगी। गर्म कॉफ़ी। रविवार को पेस्ट्री मिलेगी और हफ़्ते में दो दिन मीट। अगर तुम्हारा काम तसल्ली बख़्श हुआ तो कभी-कभी जूते भी दिलवाये जायेंगे और ड्रैस भी।

"ज़रा सोचो ऑन्ना ड्रैस भी!" केयरटेकर लड़की की ओर देखकर मुस्कुराया।

"और हो सकता है कुछ समय बाद", यह श्रीमती विज़ी का तुरुप का पत्ता हुआ करता था "मैं तुम्हें सिलाई करना भी सिखवाऊँ।"

"तुम सुन रही हो ऑन्ना? तुम्हें सिलाई करना भी सिखवाया जायेगा।

मैडम तुम्हें सिलाई सिखाने के लिए टीचर रखेंगी। पर तुम मेहनत से काम करना। अब तुम बड़े लोगों के बीच रहने जा रही हो। यह घर बड़े लोगों का है। ऐसा घर तुम्हें नहीं मिलेगा पूरे क्रिस्टीना डिस्ट्रिक्ट में।"

"यह कब से काम पर आ सकती है?"

"फ़ौरन" फ़िचोर ने जवाब दिया।

इस जवाब से श्रीमती विज़ी जरा सकपकाईं। वे उससे अगले दिन से काम पर आने की अपेक्षा कर रही थीं।

"मैंने इसके पुराने मालिक से सब हिसाब साफ़ कर लिया है" गर्व से फ़िचोर बोला "मैं एक बार जब वायदा करता हूँ तो उसे पूरा करता हूँ।"

"इसका सामान कहाँ है?"

"नीचे, हमारे पास।"

"उसे ले आओ" उन्होंने कहा।

वे केयर टेकर के जाने का इन्तज़ार करती रहीं, फिर नौकरानी के पास बढ़ीं। इतनी पास आ गयी उसके कि लगता था दोनों के चेहरे एकदूसरे से टकरा ही जायेंगे। डर के मारे ऑन्ना ने अपनी बड़ी-बड़ी थकी हुई आँखें ऊपर उठायीं। उसकी आँखें नीली थीं मगर उनमें चमक नहीं थी, दूधिया नीले रंग की जो वायलेट जैसा दिखता था, जैसे बॉलॉतोन झील का पानी किसी गर्मी की सुबह।

पहली बार था जब उन आँखों ने श्रीमती विज़ी से नज़रें चार की थीं। एक लम्बी, ज़र्द, कठोर औरत उसकी ओर घूर रही थी, जिसने उसे एक अजीब से पक्षी की याद दिला दी जो भिन्न-भिन्न रंगों के पर चिपकाये हुए हो।

लड़की घबराकर दरवाज़े की ओर पलटी।

उसे ढाँढस बँधाने के लिए और इसलिए भी कि वे उसकी आवाज़ सुनना चाहती थीं—क्योंकि अभी तक उसने केवल एक शब्द ही बोला था 'हाँ'—उन्होंने अपना रवैया ज़रा नर्म करते हुए पूछा कि उसके पिता क्या करते थे।

"नौकर थे।"

"किस तरह के नौकर।"

"किराये पर काम करते थे एक ज़मींदार के यहाँ।"

"प्रतिदिन की धियाड़ी पर काम करते थे? क्या उनके पास कुछ पूँजी है? कोई घर? कुछ ज़मीन, कुछ सुअर आदि जानवर?"

"कुछ नहीं।"

"तब तो उन्हें गेहूँ मिलता होगा? तुम लोग तो हमसे अच्छे हो। और तुम्हारी माँ?"

"मामा..." उसने कहना शुरू किया। शब्द उसके गले में अटक गये थे।

"क्या हुआ?"

"वे मर चुकी हैं। मेरी सौतेली माँ हैं" उसने घुटती हुई आवाज़ में कहा।

"भाई या बहिन?"

"एक बड़ा भाई है।"

"वह भी खेत पर मज़दूरी करता है क्या?"

"अभी घर लौटा है।"

"लड़ाई से?"

"नहीं फ्रांसीसी सेना की क़ैद से" उसने फिर कन्धे झाड़े।

"तुम फिर वही कर रही हो। इस तरह जवाब नहीं देते हैं। तुम्हें सीधा जवाब देना चाहिये—हाँ या ना। कोई बात नहीं सीख जाओगी।"

सिखाने का समय बाद में आयेगा। वे फिर विषय पर लौटीं। बड़ी नर्म, कोमल आवाज़ में जैसे एक औरत दूसरी औरत से पूछ रही हो, बोलीं "तुम्हारा कोई प्रेमी है?"

ऑन्ना ने सिर हिला दिया। वह शर्म से लाल तो नहीं हुई मगर एक लाली-सी ज़रूर उसके माथे पर दौड़ गयी।

"सच बोलना। अगर है तो मना मत करना क्योंकि मैं पता तो लगा ही लूँगी। यह घर इज़्ज़तदार लोगों का है। यहाँ तुम किसी को ला नहीं सकती हो, न दिन को न रात को। वैसे भी चाभियाँ मेरे पास ही रहती हैं। तुम्हारा कोई मित्र, परिचित वग़ैरह नहीं है?"

"नहीं"

"किसी को तो जानती होगी?"

"मैं केवल फ़िचोर के परिवार को जानती हूँ"...फिर थोड़ा हिचकिचायी "और मैडम वाइल्ड को" फिर हिचकिचायी "और श्रीमती सिफ़का को जो श्रीमान बॉरतोश की साली हैं।"

"उनकी साली? वह लम्बी-सी ताक़तवर-सी दिखती औरत जो उनके घर में रहती है?"

"जी हाँ वही।"

"और किसी को नहीं?"

"जी नहीं।"

"ऐसा ही ठीक है। जान-पहचान वाले ही तुम्हें बरबाद कर देते हैं।

अगर तुम्हारे रिश्तेदार—जैसे तुम्हारे पिता या भाई—तुमसे मिलना चाहें तो तुम इजाज़त लेकर उनसे मिल सकती हो। वैसे भी तुम्हें महीने में हर दूसरे रविवार की छुट्टी मिलेगी दिन में तीन बजे से शाम के सात बजे तक। पर ठीक सात बजे तुम्हें घर लौटना होगा।"

फ़िचोर उसका सामान लेकर आ गया था जो एक चैक के कपड़े में बँधा था। श्रीमती विज़ी ने, चूँकि वे घर की मालकिन थी, उस सामान को खोलकर देखा। उनका अधिकार था। इस तरह सामान को देखकर वे यह जान सकती थीं कि नौकरानी को चोरी की आदत थी या नहीं।

उन्हें सामान में थोड़ी-सी ही चीज़ें दिखाई दीं। कुछ सूती रूमाल थे जिन पर कोई मोनोग्राम नहीं था अतः वे चुराये हुए नहीं थे, एक मोटे कपड़े की ड्रेस थी घिसी पिटी, कुछ स्कार्फ़ थे सिर पर बाँधने वाले, आदमियों के पहनने वाले, ख़स्ता हालत में जूते जो शायद ज़मींदार ने फेंक दिये होंगे या उपहार में उसके पिता को दिये होंगे, एक सस्ता-सा हाथ का शीशा था और एक स्टील का कंघा था जिसके दाँतों में कुछ बाल भी फँसे हुए थे। इसके अलावा एक डेन्ट पड़ा टीन का बिगुल था जिस पर लाल रिबन लटक रहे थे, बिल्कुल बच्चों के खेलने लायक। श्रीमती विज़ी ने उसे उठाकर देखा। उन्हें समझ में नहीं आया कि एक नौकर को इसकी क्या ज़रूरत हो सकती थी।

इसी समय कॉतित्सा मेज़ साफ़ करने अन्दर आयी, उसकी गर्दन तनी हुई थी और चेहरे पर एक आत्मविश्वास की मुस्कान थी, एक राजकुमारी की तरह दिख रही थी जिसका किसी ने अपमान कर दिया हो। श्रीमती विज़ी ने उसे मेज़ छूने से मना कर दिया, बाहर भेज दिया और फिर खुद भी उसके पीछे चली गयीं।

उनकी अनुपस्थिति का फ़ायदा उठा फ़िचोर ने अपनी भांजी से पूछा।

"तो?"

ऑन्ना ने कोई उत्तर नहीं दिया।

"यह अच्छी जगह है", केयरटेकर ने कहा। "फ़र्स्टक्लास। अमीर लोग हैं। यह इनका अपना घर है, पूरा का पूरा। साहब काउंसिलर हैं। यह बड़े लोग हैं।

बातचीत बस इतनी ही हुई। उनका ग़रीबी का बन्धज बस कुछ ऐसा ही था, ख़ून के रिश्तों का भी कोई मतलब नहीं होता अगर कुछ अच्छी यादें साथ-साथ गुज़ारें वक़्तों की ना हो; लोग चाहे साथ भी रह रहे हों, मगर यदि वे सुबह से शाम काम करते अपने ही संसार में जीते रहें तो आपस की दूरियाँ बहुत बढ़ जाती हैं।

श्रीमती विज़ी कॉतित्सा को घर से बाहर यूँ खदेड़ना चाह रही थीं जैसे अस्पताल अपने मृत रोगियों को ताकि वे स्वस्थ रोगियों को हानि न पहुँचाएँ। उन्होंने उसकी तनख़्वाह उसके हाथ में थमायी और उसे अपना बोरिया-बिस्तर बाँधने का आदेश दिया, और जब तक वह सामान बाँधती रहीं उस पर नज़र रखे रहीं ताकि कुछ चुरा कर न ले जा सके।

हालाँकि कॉतित्सा का सामान भी ऑन्ना के सामान से कुछ अधिक ज़्यादा नहीं था पर उसमें आत्म-विश्वास बहुत था। चलने से पहले उसने एक जम्पर, जो उसे श्रीमती विज़ी से उपहार में मिला था, उनकी ओर बढ़ाया। उसे भी डर था छूत लगने का—हर उस चीज़ से जो उसे इस घर की याद दिलाये जहाँ उसका इतना अपमान हुआ था। श्रीमती विज़ी ने जम्पर उसके हाथ से खींच लिया और दरवाज़ा जोर से पटक कर बन्द कर दिया उसके जाते ही। जब वे वापिस लौटीं तो उनका स्वर बिल्कुल बदल चुका था; अब से वे उससे इसी स्वर में बात करने वाली थीं।

"आओ ऑन्ना मैं तुम्हें घर दिखा दूँ।"

वे एक कमरे से दूसरे कमरे में चलते गये।

"यह पढ़ने का कमरा है। किताबों को हर रोज़ पोंछने की ज़रूरत होती है मगर डेस्क पर रखी चीज़ों को हिलाने की ज़रूरत नहीं है। मेरे पति को अपनी हर चीज़ जगह पर चाहिये होती है। तुम समझ रही हो ना? इस बात का तुम्हें बहुत ध्यान रखना होगा।"

भूसा भरा एक उल्लू अपनी पीली शीशे की आँखों से लड़की की ओर ताक रहा था। ऑन्ना श्रीमती विज़ी और फ़िचोर से दो क़दम पीछे चल रही थी।

"डाइनिंग रूम तो तुमने देख ही लिया है। यह धुलाई के कपड़ों की टोकरी है। वह अल्मारी यहाँ से हटा दी जायेगी।"

इसके बाद ड्रॉइंग रूम आया। "यहाँ भी अच्छी सफ़ाई की ज़रूरत है। पहले हमें यहाँ की चीज़ें सरकानी होंगी। पियानो को आगे खिसकाना होगा। काम की यहाँ कोई कमी नहीं होगी।"

दीवान पर लाल क़ालीन बिछा हुआ था। ऑन्ना उसके पास खड़ी हो गयी, उसका रंग, कर्पूर की तेज़ गन्ध के कारण, ज़र्द पड़ चुका था। फ़िचोर और श्रीमती विज़ी आगे बढ़कर बैडरूम की ओर बढ़ चुके थे। उसके कानों में श्रीमती विज़ी द्वारा स्वयं को बुलाने का स्वर पहुँच रहा था।

"यह आ क्यों नहीं रही है? अजीब लड़की है "वे फ़िचोर से बोलीं "शुरू-शुरू में इसके साथ हमें बहुत तकलीफ़ होगी।"

बैडरूम से एक दरवाज़ा, जिस पर गुलाबों वाला बॉल पेपर लगा था, बाथरूम के अँधेरे कमरे में ले जाता था जहाँ टूटे नलों से हर वक़्त पानी टपकता रहता था।

"बत्ती बुझा दो", उन्होंने ऑन्ना को आदेश दिया "आओ लड़की। ध्यान रखो

जब भी कमरे से बाहर निकलो बत्ती बुझा दो। कभी फ़िज़ूल बिजली ख़र्च न करो। न बरबादी करो न कमी होगी, जीना बहुत महँगा हो गया है। दरवाज़ा अपने पीछे हमेशा बन्द करो। उसमें कोई ज़्यादा मेहनत नहीं लगती।

वे रसोइघर पहुँचे। वहाँ अभी से वीरानापन लग रहा था, लगता था मानो कॉतित्सा वहाँ कभी रही ही नहीं।

"यह तुम्हारा..." श्रीमती विज़ी कहते-कहते रुक गयीं। "यह कोई बड़ा तो नहीं है पर अब तक सब नौकरानियों के लिए काफ़ी रहा है।"

"नहीं-नहीं वहाँ नहीं" वे चिल्लायी जब ऑन्ना अपना सामान मेज़ पर रखने लगी "मैं नहीं चाहती तुम्हारी जुएँ मेरे फ्लैट में आयें। तुम्हारा सिर क्या साफ़ है? कल तुम नहाओगी"।

उन्होंने उसे स्टोर दिखाया। "यहाँ हर वक़्त ताला बन्द रहता है। हर सुबह मैं तुम्हें आटा, घी और चीनी निकाल कर दूँगी। मैं नहीं चाहती कि कोई चीज़ भी ग़ायब हो जाये", चेतावनी देते हुए बोलीं।

फ़िचोर ने जाने की आज्ञा माँगी। वह दरवाज़े तक पहुँच ही चुका था कि अचानक उन्हें ध्यान आया।

"अरे इसकी तनख़्वाह..."

"मैडम आप जितना ठीक समझें दे दीजियेगा। आप पहले देख लीजिये कि इसका काम कैसा है"।

"ठीक है हम देख लेंगे"।

उन्होंने ऑन्ना को डाइनिंग रूम में आने को कहा। उसे डिनर मेज़ पर से उठाने का आदेश दिया और जब वह उठा रही थी उसके काम करने के तरीके को देखती रहीं। उसे बताती रहीं कि प्लेटें कैसे उठानी हैं, कैसे धोनी हैं, चम्मच छुरी कैसे लगाने हैं, पोंछ कर अल्मारी में कैसे रखने हैं।

शाम को सपर के लिए उन्होंने मिलकर मेज़ लगायी। मेज़ पर छुरी काँटे तरीके से लगाये। एक सफ़ेद डबलरोटी निकाली, क्योंकि अब ऐसी डबलरोटी ख़रीदना सम्भव था।

जब वे मिलकर बिस्तर लगा चुकीं तो उन्होंने उसे मक्के के आटे की बनी डबलरोटी खाने को दी जो स्लाइस में कटी हुई न थी।

"यह तुम्हारी रोटी है, और एक स्लाइस चीज़ का बढ़ाते हुए बोली "यह तुम्हारा सपर" और यह तुम्हारा तकिये का ग़िलाफ़ "कहकर उसके हाथ में लाल लाइनों वाला एक ग़िलाफ़ थमा दिया। "इसे चढ़ा लो, अपना सपर खाओ और सो जाओ।"

"शुभ रात्रि मैडम" लड़की ने उनके हाथ को चूमा।

"उसकी कोई ज़रूरत नहीं है "श्रीमती विज़ी बोलीं मगर लड़की ने फिर भी दोबारा चूमा।

7

नयी झाड़ू अच्छा साफ़ करती है

ऑन्ना, हैरान-सी, अजनबी रसोई को देखती रही।

उससे कहा गया था कि वह खाना खाकर सोने जाये।

उसने ब्रैड का एक स्लाइस काटा। उससे वह खाया नहीं गया। ब्रैड और चीज़ दोनों में से ही उसे वही फ्लैट वाली दुर्गन्ध आ रही थी। फ़ोल्डिंग पलंग से कुछ देर जूझती रही तब कहीं जाकर वह खुला, उसने तकिये पर साफ़ गिलाफ़ चढ़ाया और फिर उसी लिहाफ़ को अपने चारों ओर ढक लिया जिसमें कल तक कॉतित्सा सोती थी, मोमबत्ती बुझाई और लेट गयी।

"ऐ हमारे पिता...हमारे प्यारे पिता...मेरी आँखें...धीरे-धीरे बन्द हो रही हैं... तुम्हारी हालाँकि...सदा खुली हैं..."

इस प्रकार छोटा बॉन्दी प्रार्थना करता था, और पिश्ती भी और वाइल्ड साहब का बेटा द्यूरी भी उस ने ही इन बच्चों को प्रार्थना करना सिखाया था।

"मुझ पर नज़र रख...इससे पहले मैं उठूँ...मेरे माता-पिता को...मेरा रक्षक बन...हर विपत्ति से मुझे बचा...हे दयालु..."

इसके बाद बॉन्दी, जिसके पलंग के पास वाले सोफ़े पर वह सोया करती थी, हमेशा पक्षियों के बारे में कविताओं की किताब माँगा करता था और छोटे चाकू के लिए भी ज़िद करता था।

यह चाकू ख़ास था : जब आप इसको खोलते थे तो उस में से ढेर सारी रंग-बिरंगी चिड़ियाएँ निकलती थीं। बच्चा इस चाकू के बारे में सोचता हुआ सो जाता था और जब सुबह उठता था उसे याद रहता था कि सपने में उसने चिड़ियों और चाकू को देखा था। इस पर वह ख़ूब हँसने लगता था।

ऑन्ना ने प्रार्थना फिर से दोहरायी, और हालाँकि वह पूरी तरह से इसे समझ नहीं पाती थी, इसने उसकी आँखें बन्द होने में अवश्य उसकी सहायता की। मगर वह सोयी नहीं। हालाँकि पिछली रात बॉरतोश साहब के घर भी उसे नींद नहीं आयी थी।

क्या बना होगा? उसका पलंग ग़लत जगह पर था, खिड़की की दूसरी ओर की दीवार से सटा, थोड़ी ऊँचाई पर। वह आज से पहले कभी सड़क से ऊँचे स्थान पर सोयी नहीं थी। अपने सामने वह आस-पास के सब ब्लॉकों को देख पा रही थी। चौंधियाती हुई सड़क के लैम्पों की रोशनी उसकी आँखों पर पड़ रही थी। वहाँ रहने वाले लोग घरों में आ-जा रहे थे, घरों के अन्दर भी लोग स्टोर, बाथरूम वगैरह जाते हुए दिख रहे थे, बत्तियाँ घरों के अन्दर जल-बुझ रही थीं। कहीं पर कोई पियानो बजा रहा था। कोई औरत बहुत सुन्दर गाना गा रही पियानो की धुन पर। वह बार-बार गाना शुरू कर रही थी। दीवारों और खिड़कियों पर भी उसका स्वर थिरक रहा था, और पूरा घर संगीत की तरंगों पर उछल रहा था। कभी-कभी उसे अपने पलंग के नीचे से भी आवाज़ आती सुनायी पड़ती। बाद में उसे पता चला था कि पियानो उनके ऊपर की मंज़िल पर था, सीधा उसकी रसोई के ऊपर।

अन्ततः पियानो और आवाज़ दोनों ही चुप हो गये। चारों तरफ़ उसे सन्नाटे और अँधेरे ने घेर लिया। अब स्क्वेयर से आती रोशनी ने भी सामने वाली दीवार पर नृत्य करना बन्द कर दिया था। वह सुन्न पड़ गयी थी और विचलित भी हो रही थी। उसने अपनी आँखों से पुराने सोफ़े को देखना चाहा पर सब तरफ़ दीवार ही दिख रही थी। उसने अपनी उँगलियाँ फैलायीं मगर अँधेरे के अलावा कुछ हाथ नहीं लगा। उसे लगा रसोई घूम रही थी और वह अब जल्दी ही कहीं शून्य में विलीन हो जायेगी।

कहीं ऊँचाई पर, बाहर की दीवार के ऊपर, एक बत्ती अभी भी जल रही थी। लगता था यह दोनों ही पहरेदारी कर रहे थे। पहले उसे लगा कि यह कोई तारा है, पर वह तो तेल का लैम्प ही था। वह तारे से अधिक चमक रहा था। लैम्प हमेशा ही तारों से अधिक चमकते हैं।

रात के बारह बजे के बाद उसे बाहर ताले में चाभी घूमने की आवाज़ आयी। विज़ी साहब घर लौट रहे थे। उन्होंने रोमानियाइयों से रात का पास बनवा लिया था। वे अपनी पत्नी से कुछ फुसफुसा कर बात कर रहे थे। शीघ्र ही किसी ने रसोई का दरवाज़ा खोला। नंगे पैर और सफ़ेद ड्रेस में प्रेत जैसी दिखती, ऑन्ना की मालकिन थीं वह, वे उसके पास आकर झुकीं यह देखने को कि वह सो रही है या नहीं। वे पन्द्रह मिनट बाद फिर अन्दर आयी मगर तब ऑन्ना ने उन्हें नहीं देखा क्योंकि तब तक वह तकिये में मुँह छिपाकर सो चुकी थी।

श्रीमती विज़ी के लिए यह कोई छोटी बात नहीं थी। आज फिर एक अजनबी उनके घर की छत के नीचे साँस ले रहा था और फ्लैट की साँसों में अपनी साँसें मिला रहा था। एक अजनबी दिल उनकी छत के नीचे धड़क रहा था; कोई उनकी छत के

नीचे सुरक्षित महसूस कर रहा था, एक अजनबी जो दोस्त या दुश्मन, कुछ भी हो सकता था। एक रहस्यमयी अजनबी जो किसी भी घर में हो सकता है।

कॉतित्सा चाहे कितनी भी ख़राब क्यों न हो, कम से कम जानीपहचानी तो थी। इसे तो वे बिल्कुल नहीं जानतीं। अभी तो यह लड़की उनके लिए एक रहस्य ही थी।

जैसा उन्होंने आज से पहले कभी नहीं किया था वह किया, चाभी लगाकर वह दरवाज़ा बन्द किया जो रसोई से ड्राइंगरूम और बाथरूम तक जाता था।

"क्या तुम डर रही हो?" विज़ी ने पूछा।

"नहीं। मगर फिर भी। आज पहली रात है।"

अभी भोर भी न हुई थी कि उत्सुकता से उनकी आँख खुल गयी। अभी बस पौ ही फटी थी। जो उन्होंने देखा उसे देख वे हैरान रह गयीं।

नौकरानी ने सब कमरे साफ़ कर दिये थे। वह इतनी तड़के कैसे यह सब कर पायी थी? यह तो नामुमकिन था। इसके लिए तो वह चार बजे उठी होगी और इतना चुपचुपाते काम किया होगा कि कोई जाग न जाये। इस समय वह स्टडी में लिखने की मेज़ पर झुकी हुई थी, अपनी नीली ड्रेस और मर्दाने जूते पहने, वही जो उसके सामान में श्रीमती विज़ी ने देखे थे।

श्रीमती विज़ी ने केवल सिर हिलाया। वे जानती थीं कि अगर नौकर की एकदम तारीफ़ कर दी जाये तो वह बिगड़ जाता है। उन्होंने उसे थोड़ी कॉफ़ी पीसने को और दूध उबालने को कहा। फिर उसे नानबाई के यहाँ भेजा, लौटने पर नाश्ते के लिए मेज़ लगाने को कहा और फिर उसे साहब को नाश्ते वे लिए बुलाने भेजा।

वे शीशे के सामने खड़े शेव बना रहे थे, उनका चेहरा झाग से भरा हुआ था। बिल्कुल बर्फ के पुतले जैसे लग रहे थे। ऑन्ना धीरे से उनके पास पहुँची और उनके हाथ पर धीरे से थपथपाया।

"अरे सँभल के!" वे चिल्लाये बड़े गुस्से से, "मुझसे तुम्हारा हाथ ही कट जाता" कहते उन्होंने अपना हाथ अपने सिर के ऊपर उठा दिया।

"तुम ही नयी लड़की हो?" "तुम्हरा नाम क्या है?" "परिवार का नाम?" "पिता का नाम?" "यह तो हंगारी नाम लगता है, "विज़ी ने सोचा, हमेशा की तरह हर छोटी से छोटी बात को बड़े परिप्रेक्ष्य से जोड़ते, राजनीतिक सम्बन्ध जोड़ते "फार्म के मज़दूर। सही है ना!"

नाश्ता बहुत अच्छा था। उनकी आदतों से अनभिज्ञ, नयी लड़की ने साफ़ पीले रंग का मेज़पोश बिछाया था मेज़ पर जो वे लोग ख़ास मौक़ों पर ही निकाला करते थे। चाँदी के छोटे चम्मच कपों में खनक रहे थे। जब ऑन्ना दूध का बर्तन लेकर जा रही थी श्रीमती विज़ी की आँखें उसका पीछा कर रही थीं, "लड़की मज़बूत लगती है।"

विज़ी ने गुस्से का इज़हार किया। वे इतनी जल्दी विश्वास बनाने में यक़ीन नहीं रखते थे; क्योंकि जब भ्रम टूटता है तो कड़वाहट बहुत ज़्यादा होती है। हमेशा

ही क्या ऐसी शुरुआत नहीं हुई थी? उनकी पत्नी अपने आपको मनुष्य की सही परख करने वाली समझती थीं, हर नयो नौकरानी को फ़ौरन यही सर्टिफिकेट दे डालती थीं कि दमदार है, और हमेशा यही कहती थीं कि यह वाली पिछली वाली से ज़्यादा अच्छी है। नयी लड़की के लिए ऐसे-ऐसे विशेषण ढूँढ़ कर लाती थीं कि कवि तक शरमा जाये। फिर कुछ दिन बाद उन्हें धक्के लगने शुरू होते थे। दूसरे दिन 'दमदार' शब्द कोष से ग़ायब हो जाता था, चौथे दिन लड़की 'आलसी और सुस्त' हो जाती थी, या 'मग़रूर और अक्खड़'। अगले दिन उसमें हर बुरायी दिखने लगती थी। क्लाइमैक्स बड़ी तेज़ी से सामने आ जाता था। हफ़्ता बीतने तक वे पति को एक कोने में ले जाकर, हाथ हिला-हिलाकर, होंठों को गोल कर, फुसफुसा कर शब्द निकालती थीं "यह चोरी करती है...ज़रा सोचो तो, यह चोर है"। और आख़िर में अन्तिम फ़ैसला सुना दिया जाता "यह एक वेश्या है, बाक़ी सभी की तरह।"

हम अपने आप को भुलावे में क्यों रखें। चैन से सोओ। नयी झाड़ू हमेशा अच्छी सफायी करती हैं।

नयी झाड़ू वाक़ई अच्छा साफ़ कर रही थी। टोकरी उठाती बाज़ार की ओर निकल लेती, अपने बिना फ़ीते के जूतों में। उसके लौटने का किसी को इन्तज़ार नहीं करना पड़ता, वह कहीं रुकती नहीं थी, फ़ौरन ही सामान ख़रीद के वापिस आ जाती थी। मेज साफ़ हो जाती, मेज़ लग जाती। लगता था कोई जादुई मेज़ है परियों की कहानियों वाली। हर तरफ़ सलीक़ा था और सब कुछ एकदम शान्त।

वह डिस्ट्रिक्ट की सब दुकानों से परिचित हो गयी थी। शहर में रास्ता नहीं भूलती थी। उसे अगर ज़रा दूर, वामहाज़ करुत तक भी भेजते थे तो रास्ता नहीं भटकती थी, बोरारोश तेर से भी आसानी से घर पहुँच जाती थी। ऐसी गँवार नहीं थी जितनी वे उसे समझ रहे थे। तीन साल पैश्त में रहने से काफ़ी कुछ सीख गयी थी। उसकी चाल शान्त थी, नाक साफ़ करती थी तो बिना आवाज़ के, बातचीत करती थी तो सलीक़े से। केवल शब्दों का उच्चारण ही उसकी असलियत का बोध कराता था, और कभी-कभी यह भी कि वह श्रीमती विज़ी के लिए कुछ ज़्यादा ही आदरपूर्ण शब्दों का प्रयोग करती थी, जो माफ़ी के लायक़ था–'माई गुड लेडी' की जगह 'माई ग्रेशियस लेडी' उदाहरणस्वरूप।

पर उसमें एक बात बहुत ख़ास थी–वह खाती नहीं थी।

मक्की की डबलरोटी और चीज़ उसने पहले दिन नहीं खाया, वह दूसरे दिन भी उसे दिया गया, उसने फिर से उसे हाथ तक न लगाया। अपनी कॉफ़ी हिलायी मगर पिये बग़ैर ही परे खिसका दी। दो दिन तक कुछ भी उसके मुँह में नहीं गया। तीसरे दिन उसने फ़िचोर के यहाँ जाकर एक सेब खाया। कम से कम इसमें वह कर्पूर की दुर्गन्ध जो नहीं आ रही थी।

पूरी कोशिश करने के बावजूद भी वह इस गन्ध की आदी नहीं हो पा रही थी।

उसकी सूँघने की शक्ति बिल्कुल कुत्ते जैसी थी अतः वह इस गन्ध को बर्दाश्त नहीं कर रही थी। जैसे ही वह घर का नम्बर 238 ऑत्तिला उत्सा पढ़ती, उसे झुरझुरी उठ आती, दूर से ही देखकर। घर में और कोई ख़राबी नहीं थी। सुन्दर घर था। आख़िर कोरनेल विज़ी का मकान था। किसी महल से कम नहीं था। बाहर की दीवारों पर गुलाब बने हुए थे, बालकनियाँ लटकती हुई थी, बिल्कुल चिड़ियाओं के घोंसलों जैसी हल्की। ऊपर की दो बालकनी, जो द्रूमा और मोविस्तार की थीं, वो तो खुली थीं मगर विज़ी की बरामदे की तरह ढकी हुई थीं, जिसमें एक लैम्प झूलता हुआ लटका रहता था; वे लोग कभी-कभी वहाँ खाना भी खा सकते थे। इस घर में केवल यही तीन परिवार रहा करते थे जो सब ही प्रोफ़ेशनल लोगों के थे।

दो तख्तियाँ जो दीवार पर जड़ी थीं उन पर लिखा था "डॉक्टर सिलार्द द्रूमा, सौलिसिटर, कमर्शियल लॉ लिटिगेशन के एक्सपर्ट" और "डॉक्टर मिकलोश मोविस्तर, जनरल प्रैक्टिशनर, मिलने का समय 11-12 बजे दिन में और शाम के 3-7 बजे।

एक दिन, जब उसे मोविस्तर के घर अण्डे माँगने भेजा गया तब ऑन्ना को पता चला कि प्यानो की आवाज़ कहाँ से आती थी। डॉक्टर की ख़ूबसूरत पत्नी प्यानो के पास बैठी, काफ़ी नीचे गले के, रात को पहनने वाले गाउन में, हाथ में जवाहरातों से चमकती अँगूठियाँ पहनीं, प्यानो बजा रही थीं और ऊँचे स्वर में गा भी रही थीं।

तभी उसकी पहचान बाक़ी नौकरानियों से भी हुई। ऐतैल, जिसके एप्रिन पर चाभियों के गुच्छे लटक रहे थे, यूँ लगता था कि वह अपनी चमकदार रसोई में बैठी पूरे घर को चला रही है। यह रसोई उसके काम का केन्द्र थी। वहीं बैठकर वह सारे फ़ैसले किया करती कि क्या पकाना है। यहाँ बैठकर वह एक डिक्टेटर की तरह हो जाती थी और अपने मालिकों को भी गाली-गलौज दे देती थी, जो उससे हमेशा भयभीत रहा करते थे। हर दोपहर तीन बजे से साढ़े चार बजे तक वह सोती थी और उस दौरान मोविस्तर दम्पत्ति को बिल्कुल चूहों की तरह दबे पाँव घर में घूमने की इजाज़त थी, अगर इस बीच कोई रोगी आता तो भी डॉक्टर को ख़ुद ही जाकर दरवाज़ा खोलना होता था। एक बोतल बीयर उसको दिन के और रात के खाने के साथ ज़रुर चाहिए होती थी और अब तो वह इतनी मोटी हो गयी थी कि चलती भी लुढ़कती पुढ़कती ही थी, सारा दिन पैटीज़ जो खाती रहती थी। वह ऑन्ना को भी पैटीज खाने को देती।

द्रूमा परिवार की नौकरानियाँ शुरू में तो काफ़ी कोशिश करती रही कि अपना ऊँचा ओहदा बनाये रखे और इस तुच्छ नौकरानी से बातचीत न करे। स्टैफ़ी का पहला मालिक महल में ऊँचे पद पर था। बड़ी सोसायटी में काफ़ी देर रहने के बाद वह अपने लिए एक ख़ुद की जगह बनाना चाहती थी जहाँ शान्ति हो, जो उसे यहाँ वकील साहब के घर में मिल गयी थी। वह द्रूमा दम्पत्ति के बारे में ऐसे बातें करती

थी मानो वे उसकी नज़रों में कुछ ख़ास न हों, वह कहती थी कि यह लोग अभी जवान हैं, और अभी इतने अमीर नहीं हुए हैं कि अपने मकान को अच्छी तरह सजा सकें। सच तो यह है कि वह कभी-कभी उन्हें बड़े आदमियों के तौर-तरीकों के बारे में समझाया भी करती थी। वह मेहमानों के आने की सूचना ऊँचे स्वर में बड़े ख़ास अन्दाज़ में दिया करती, मक्खन को पेश करती तो क़ायदे से बड़ी ख़ूबसूरत प्यालियों में जो नेट जैसी होती थीं। वह हमेशा काली ड्रेस पर सफ़ेद एप्रिन बाँधे रहती और स्वयं को 'स्टाफ़' कहकर बुलाती। क्रिश्चियन पत्रिकाएँ पढ़ती, ऑफ़िस की लड़कियों से दोस्ती करती और ख़ासतौर पर ड्रूमा के सैक्रेटरी के साथ जिसके साथ हाथ में हाथ डालकर घूमती ताकि लोग उसे भी एक सैक्रेटरी ही समझें।

दोनों नौकरानियों ने ऑन्ना को विश्वास में ले लिया। उससे अनेक प्रश्न पूछ डाले विज़ी दम्पत्ति की ख़ुराक के बारे में, अगर अपना फ़ोन ख़राब होता तो नीचे उसके घर आ जातीं फ़ोन करने, ऑन्ना को दिन में ताश खेलने बुलातीं जो पैसों की जगह बीन्स और बादाम वगैरह के स्टेक से खेले जाते। वे दोनों ही श्रीमती विज़ी को बड़ी हिकारत की नज़र से देखती थीं। उन्हें कंजूस बुलाती थीं और आधी पागल जो मृत आत्माओं से बातें करती रहती थीं। वे हमेशा ऑन्ना से पूछतीं कि वह उस घर में ख़ुश है। ऑन्ना 'हाँ' में जवाब देती। आख़िर और कहती भी क्या। वह तो ख़ुद को भी नहीं बता सकती थी कि उसकी नफ़रत दिन ब दिन कैसे बढ़ती जा रही थी।

वह इस परिस्थिति में अपने को ढालना कठिन पा रही थी। उसने बिजली का इस्तेमाल करना सीख लिया था। उन्होंने उसे समझा दिया था। ऑन्ना भी उन्हीं की तरह बिजली जलानाबुझाना सीख गयी थी। न वे दोनों कोई बारीकी समझती थीं बिजली के बारे में न ऑन्ना। वह तो बस इतना जानती थी कि एक बटन दबाओ तो कमरे में उजाला हो जाता है मगर फिर भी चैक ज़रूर करती कि बल्ब जल रहा है। टेलिफ़ोन के साथ भी कुछ ऐसा ही था। शुरू में तो कुछ दिन उसने फ़ोन के रिसीवर वाले छोर से बात की, बाद में कहीं उसे अपनी ग़लती का एहसास हुआ। बस फिर तो वह उसके लिए साधारण-सा साथी बन गया। उसने अपने गाँव में भी कई अजीबो-गरीब चीज़ें देखी थीं। उसने यह मान लिया था कि ऐसी चीज़ें होती हैं बस।

उसे कुछ और चीज़ें भी परेशान करती थीं, जो, जैसे-जैसे वह वहाँ रहती गयी, उसे परेशान करती रहीं। बिल्कुल मामूली-सी बातें। उदाहरण के लिए एक सुबह जब उसने अचानक सुना कि मालिक का नाम 'कोरनेल है तो उसे लगा वह इस घर में ज़्यादा देर न रह सकेगी।

फ़र्नीचर तक उसे डराता था

स्टोव जिसकी वह कल्पना करती थी कि हरे रंग का होगा, वह सफ़ेद निकला।

ड्राइंग रूम की दीवार जो सफ़ेद होनी चाहिए थी वह हरी थी, मेज़ गोल नहीं बल्कि षटकोण थी और काफ़ी नीची भी, दरवाज़े का एक पाट अन्दर खुलता था तो दूसरा बाहर। यह छोटे-छोटे अचम्भे उसे पूरा हिलाकर रख देते। एक गुलदस्ता था जिसमें से मोर के लम्बे-लम्बे पंख निकले रहते जिससे वह सहम जाती। उसे लगता जब भी वह इसके पास से गुज़रती पंखों पर बनी आँखें उसे घूरतीं।

और जब वह आँख उठाती तो सामने मालकिन को खड़ा पाती, बाल बिखरे, सीधी तनी खड़ी जैसे बहुत ग़ुस्से में हों और उस पर सारा गुस्सा निकालने को तैयार हों। क्योंकि लकड़ी का फ़र्श चींचीं करता था अतः वह सब सुन पाती थी। श्रीमती विज़ी को अपने घर को नमी से बचाने का ख़ब्त था (जिससे उनके दाँतों और कानों में दर्द होने लगता था) और रोशनी से भी (जिससे उन्हें बेहद उलझन होती थी)। वे हर वक़्त ऑन्ना के पीछे पड़ी रहतीं, उसका पीछा एक पुलिस वाले की तरह करतीं। हर वक़्त उसे कठोर शब्दों में भाषण सुनाये जाते—"अरे उस तरह नहीं, लडकी...इस तरह...इसे मेज़ पर रखो...अरे किनारे पर नहीं जहाँ से लुढ़क जाएँ..." नतीजा यह था कि ऑन्ना हर चीज़ मेज़ के बीचों बीच रख देती। तब वे आतीं और सबको करीने से लगाकर दिखाती कि कैसे वे हमेशा सही होती हैं। चाहे वह कितना भी अच्छा काम क्यूँ न कर ले मालकिन को कुछ पसन्द ही नहीं आता था। अगर ऑन्ना चुप रहती तो पूछतीं चुप क्यों हो, और अगर वह बात करती कि बॉरतोश परिवार में उसे कैसा लगता था तो उसे फ़ौरन याद दिलाया जाता कि यहाँ इतना बोलने का चलन नहीं है, यहाँ उसे अक़्लमन्दी की बातें सिर्फ़ सुननी चाहिए।

ख़ासतौर पर ऑन्ना बच्चों को याद करती थी, जो उसके अच्छे साथी बन गये थे और उसके लिए खिलौनों की भाँति थे। उसको लगता था कि यहाँ भी कोई बच्चा होता तो कितना अच्छा होता, उसे कहानियाँ सुनाती, कविताएँ सुनाती। इन दो बड़े लोगों के बीच वह आख़िर करती क्या, वे दोनों तो अपने अपने संसार में सिमटे जी रहे थे और उसका अपना जीवन इनसे टकरा रहा था।

मुश्किल से पहला हफ़्ता ही बीता था कि बड़ी मुसीबत खड़ी हो गयी। वह बैडरूम की सफ़ाई कर रही थी और साथ-साथ मोविस्तर के घर से आती प्यानो की आवाज़ भी सुन रही थी कि तभी उसने अल्मारी पर एक छोटा-सा डॉल्स हाउस (गुड़िया घर) देखा। उसमें छोटा-छोटा लकड़ी का फ़र्नीचर रखा हुआ था, एक छोटा-सा शीशा था, छोटा-सा वॉश बेसिन, उसके पास एक शीशे की शैल्फ़ पर एक छोटा-सा जग रखा हुआ था, एक पलंग था जिस पर लाल सिल्क का लिहाफ़ रखा था, जिसके नीचे एक गुड़िया सोई हुई थी। जिसके असली बाल थे। वह कुर्सी पर चढ़ी ताकि शीशा पोंछ सके। अचानक उसके हाथ से छूटकर शीशा नीचे गिर पड़ा। उसके हज़ारों टुकड़े बिखर गये।

एकदम ही श्रीमती विज़ी वहाँ आ गयीं।

'क्या तोड़ डाला ओह!" वे चिल्लायीं "बेवकूफ़ लड़की।"

ऑन्ना कूद कर कुर्सी से नीचे उतरी और शीशे के टुकड़े बटोर कर उन्हें जोड़ने का प्रयास करने लगी। उन्होंने ज़ोर से उसके हाथ पर हाथ मारा।

"छोड़ो अब इसे। इसका तो काम हो गया "और चिल्ला कर रोने लगीं।

"मैं इसका हरजाना दे दूँगी।"

"हरजाना दे दोगी?" "क्या कोई इसका हरजाना दे संकता है? यह यादगार थी। मेरी बेटी की। जल्दी से झाड़ू लाओ।"

जब तक ऑन्ना झाड़ू लगाती रही वे उसके पीछे खड़ी लेक्चर देती रहीं।

"बहुत ही फूहड़ लड़की हो तुम। कॉतित्सा कभी कोई चीज़ नहीं तोड़ती थी। मैं तुम्हारी तनख़्वाह में से पैसे काटूँगी। ज़रूर काटूँगी। तभी तुम्हें सबक मिलेगा।"

बाकी का दिन श्रीमती विज़ी ने टूटे हुए शीशे का अर्थ निकालने में लगा दिया। मगर सात चावल के दानों का क्या अर्थ निकला था? वे दोनों में तारतम्य नहीं बैठा पा रही थीं। उन्हें श्रीमती वाइल्ड के शब्द याद आये कि लड़की का काम "सन्तोषजनक" नहीं था, और "अभी वह सब काम ठीक से सीखी नहीं थी"। तो यह चीज़ें तोड़ती है श्रीमती विज़ी ने सोचा।

उस शाम ऑन्ना फ़िचोर के घर गयी यह बताने कि वह यह काम छोड़ रही है। वह पहली तारीख़ को नोटिस दे देगी। केयरटेकर और उसकी पत्नी कारण जानने के उत्सुक थे पर उसने केवल कन्धे उचका दिये और बोली कि वह यहाँ रहने की आदी नहीं हो सकेगी।

फ़िचोर ने, जो सोफ़े पर पसरा हुआ था, अपना पाइप हुक पर से उतारा और उसको फटकारने लगा। धमकी देने लगा कि उसे उसकी सौतेली माँ के पास भेज देगा ठीक है सौतेली माँ तो उसे इतना प्यार करती हैं कि उसके लौटने पर ख़ुश हो जायेंगी। फिर वह उसके पीछे सीढ़ियों पर भी दौड़ा। इसके बाद ऑन्ना ने कभी काम छोड़ने का नहीं सोचा।

बस केवल रात को, जब वह बाहर की दीवार पर जलते लैम्प को देखती तो उसके दिल में दर्द सा उठता। वह कभी यहाँ ख़ुश नहीं रह पायेगी।

8

अद्भुत नज़ारा

अन्त में वह यहाँ रहने की आदी हो ही गयी। बड़ी धुलाई का दिन आ पहुँचा था। उसके सामने तगाड़ लगा था चद्दरों, कम्बलों, कमीज़ों और अण्डरवेयर का, क्रान्ति की गन्ध अभी तक उनमें से आ रही थी। भाप से उसका सिर काफ़ी हल्का होने लगा था।

उसने बर्तन में पानी उबाला। आस्तीन ऊपर करे, टबके पास घुटनों के बल बैठ गयी, उसकी उँगलियाँ गर्म साबुन के पानी में खेलने लगीं। वह बड़ी-बड़ी टोकरियाँ मैले कपड़ों की इधर से उधर लाती, कपड़े झाड़ती और टब में डाल देती। उसके धोए हुए मेज़पोश नरम रहते और उसके साफ़ किये हुए कॉलर चमकते हुए।

इसके बाद ज़ोरदार सफ़ाई हुई घर की जो तीन दिन तक चली। सारे दराज़ ख़ाली कर दिये गये। अचानक छिपी हुई चीजें इधर-उधर से बाहर निकलने लगीं उन जगहों से जहाँ उनकी कल्पना भी न की जा सकती थी। एक बक्से को उलटाया तो नौ सोने के सिक्के हँसते-इठलाते बाहर निकल पड़े। उन्हें इस खेल में पकड़ने के लिए उनके पीछे दौड़ना पड़ा। इसके अलावा भी कई चीज़ें निकलीं। दो दरवाजों के हैण्डिल एक डिब्बे के नीचे से निकले, एक किताब के पन्नों में से स्विस फ्रैंक (जो इसलिए छिपाकर रखे गये थे कि यदि देश छोड़कर भागना पड़ा तो काम आयेंगे), दही के टब के नीचे अख़बार के कागज़ में रखा एक लॉकिट मिला और कान का एक बुंदा भी। मालिक के डेस्क में रूसी चाय का एक पैकिट, एक किलो दाल एक पेपर बैग़ में, और दो टीन बैल्जियन सूखी मछली के मिले।

श्रीमती विज़ी ने, जिनको हर वक़्त यह डर सताता था कि वे अन्त में भीख माँगेंगी और भूख से मर जायेंगी, देखा कि उनके पास उससे कहीं ज़्यादा पूँजी थी जितनी वे समझती थीं। इसके अलावा और भी अचरज थे। उनकी एक अलमारी के

नीचे से ऑन्ना ने उनकी बहुत पहले खोयी हुई एक लम्बी नीली स्कर्ट निकाल कर दिखाई, और साथ ही एक गुलाबी रंग का सिल्क का ब्लाउज़ भी जो उनके ख़्याल से वे पिछली सफ़ाई के दौरान एक स्वाबियन औरत को दान में दे चुकी थीं। उन्होंने धागे की रीलें, बटन, तरह-तरह के चमड़े के टुकड़े, भी ढूँढ निकाले जो श्रीमती विज़ी रखकर भूल चुकी थीं। वे कोई अनोखी नहीं थी। पिछले दो ख़राब वर्षों ने उन्हें सिखाया था कि आदमी के जीवन का कोई मोल नहीं है। बस जो चीज़ें आपके पास थीं वहीं महत्वपूर्ण थीं। उन्होंने कहीं अख़बार में पढ़ लिया था कि ऑस्ट्रियन आर्मी के अनुसार मनुष्य का कुल मूल्य—दिल दिमाग़ सब मिलाकर—छत्तीस सोने की मोहर था, जो एक पूर्ण रूप से सुसज्जित घोड़े के मूल्य से काफ़ी कम था, तो फिर वे यह निष्कर्ष कैसे न निकालतीं कि असल में क्या ज़्यादा मूल्यवान था। चीज़ें अनश्वर हैं; सर्वशक्तिमान हैं; अतः वे चीज़ों की ओर पूरा ध्यान देती थीं। मन ही मन उन्होंने और भी कंजूसी बरतने की प्रण भी कर लिया था।

आँगन में लगे एल्डर पेड़ के नीचे खुदवा कर उन्होंने एक ताँबे का हमामदस्ता निकलवाया जो उन्होंने काफ़ी समय पहले वहाँ गड़वा कर छिपाया था। वे बड़ी मुश्किल से इसे बचा पायी थीं। उस शताब्दी के तूफ़ानों से इसे बचाया गया था, आज यह मानो अपनी कब्र से बाहर निकला था।

ऊपर के कमरे में भी सब ठीक-ठाक करना था। आलमारियाँ खिसकायी गयीं क्योंकि अभी तक उन्हें कई चीज़ें छिपाने के लिए लगाया गया था। हर तरफ़ ग़दर मचा हुआ था। फ़र्नीचर अस्त-व्यस्त पड़ा था। सीढ़ियाँ जहाँ ख़त्म होती थीं वहाँ मालूम नहीं कहाँ से घूमते-घामते एक आराम कुर्सी आ पड़ी थी और लगता था सीढ़ियों की ओर देख रही थी। दीवार की घड़ी उल्टी, फर्श पर पड़ी थी, उसका पेन्ड्यूलम बग़ैर हिले-डुले बन्द पड़ा था, घड़ी के अन्दर एक काँटे का टूटा भाग भी रखा थ। मेज़ें पिकनिक मनाने आँगन में चली गयी थीं जहाँ पहले से ही दीवान और कुर्सियाँ धूप सेक रहे थे, दीवान का लाल कपड़ा हटा हुआ था।

सुबह से रात तक ऑन्ना, धूल से भरी, काम करती रही। वह खाँसती तो क़ाला बलग़म निकलता और छींकती तो सिलेटी। उसने ज़ोर से पीट-पीटकर क़ालीन साफ़ किये, यूँ मानो उनसे उसकी कोई ज़ाती दुश्मनी हो। सौ बार ऊपर से नीचे भागती रही। खिड़कियों के शीशे पानी से धोए गये, मैला पानी बाल्टी में घूम रहा था, सफ़ाई के झाड़न इधरउधर डोल रहे थे। बाहर फट्टों पर बैठकर, ख़तरों का सामना करते उसने शीशे पोंछे। फिर वह फ़र्श पोंछने लगी, फिर उन पर पॉलिश लगाने लगी, पैरों के नीचे ब्रुश लगाकर लगता था मानो नृत्य कर रही हो। लकड़ी का फर्श चमकाते हुए, इधर से उधर फिसलते, कभी झुकते कभी घुटनों पर जैसे चर्च में बैठी हो। जंग खाये हुए तालों को एमरी पेपर से रगड़ती। वह छिपे क़ालीनों को भी एटिक से निकाल लायी, नैफ्थलिन की गोलियों से उन्हें आज़ाद किया और स्टैण्ड पर लटका कर उनकी

धूल निकालने लगी। फिर जल्दी से सारा फ़र्नीचर जगह पर लगाया : कुर्सी यहाँ, मेज़ वहाँ, पियानो कुछ दूर पर। फिर फ़ानूस को बड़े ध्यान से लगाया कि कहीं टूट न जाये, एक आध बल्ब, जो ख़राब हो गये थे, बदले और सबसे आख़िर में क्रीम रंग के पर्दे, सुनहरी डण्डों पर लटकाये और तब कहीं जाकर काम ख़त्म हुआ।

शाम तक सब काम पूरा हो चुका था। एक घण्टे के अन्दर, हॉल, जहाँ सब चीज़ें, सफ़ाई के दौरान भर दी गयी थीं, भी चमकने लगा था।

श्रीमती विज़ी ने अपने पति की बाँह पकड़ी और बडे सम्मान के साथ उन्हें फ्लैट दिखाने ले गयीं। "देखो।"

"मैं कहता हूँ।"

"क्या सोचते हो?"

"अब घर ठीक लग रहा है।"

"है ना?"

"अब लग रहा है कि घर हमें बुला रहा है।"

वाक़ई घर पूरी तरह से बदल चुका था, इतना कि पहचाना ही नहीं जा रहा था। बदरंग सा फ्लैट, जो कई सालों से ऐतिहासिक गर्द से भर चुका था, अचानक स्वस्थ हो चला था। स्टडी में विज़ी पर्शियन कालीन पर चले। आज उस पर बना डिज़ाइन, जिस पर चैरी के रंग की चिड़ियाएँ पेड़ों पर बैठी बनी हुई थीं, साफ़ दिखाई दे रहा था।

"यह कौन-सा क़ालीन है?"

"देखा तुम पहचान भी ना पाये। यह वही है जो तुम्हारे पलंग के पास बिछा रहता था। इसकी सफ़ाई उसने खट्टी बन्दगोभी से की"

लगता था मानो उन्हें कई नये उपहार मिल गये थे। ड्राइंग रूम एक खूब माल भरा बाज़ार लगने लगा था, वहाँ रखे गमले, और फूलदान चमक रहे थे, बरसों से चला आ रहा सब सामान नया-सा लग रहा था। शतरंज की मेज़ पर सिगार कटर लिशकने लगा था। सब की सब घड़ियाँ चलने लगी थीं, उनमें लगी मशीने पोर्सलीन के ख़रगोशों और काँसे के बने घोड़ों में छिपी टिक्-टिक् करने लगी थीं। पूर्वज अपने देश-निष्कासन से वापिस आ चुके थे। विज़ी के मृत पिता, अपने काले चोग़े और चाँदी के किनारों वाली टाई के साथ दीवार पर अपना स्थान फिर ग्रहण कर चुके थे, उनकी पत्नी के रिश्तेदारों के साथ, जिनमें बिशप कैमिलियो पॉतिकारियुस, अपनी बिशप की जामनी बैल्ट और पीली मुस्कान के साथ मौजूद थे, और श्रीमती विज़ी की एक दूर की आंटी तैरेज़िया पातिकारियुस, हाथ में हंस के परों का पंखा लिए खड़ी थीं जो पंखा वे बाल-रूम पार्टियों में लेकर जाया करती थीं।

विज़ी साहब ने तस्वीरें कुछ सीधी कीं। अपने हाथ मसले। उस रात वे घर पर ही रहे।

श्रीमती विज़ी ने अपनी उगली उठायी, "यह लड़की साफ़ बहुत है। यह एक

बात मुझे उसकी अच्छी लगती है, यह साफ़ भी है और होशियार भी।"

इस बात में कोई सन्देह नहीं था कि अपनी अब तक की सभी नौकरानियों से .ज्यादा वे ऑन्ना द्वारा अपने को जकड़ा महसूस कर रही थीं। उससे इस वक़्त ख़ुद को छुड़ा पाना उन्हें नामुमकिन लग रहा था। मगर यह भी सही था कि ऑन्ना की तुलना बाक़ी नौकरानियों से करना सम्भव ही नहीं था; वह तो हीरा थी, उसके साथ बस ज़रा और वक़्त गुज़ारना होगा, उसे सिखाना होगा, पॉलिश करना होगा ताकि उसमें तराशे हुए हीरे की चमक दिखने लगे। अब उसने खाना खाना भी शुरू कर दिया था। वह धीरे-धीरे युद्ध के जमाने के रखे हुए खाने के सामान को ठिकाने लगाने लगी थी, चिकोरी कॉफ़ी, सैकरिन, और मार्गरिन : वह कोई पेटू भी नहीं थी जो हमेशा ताज़ी ब्रेड माँगे; ज़रा भी हील-हुज्जत नहीं करती थी। सुबह तड़के साढ़ेचार बजे उठ जाती थी और रात को तब तक सोने न जाती जब तक सब काम ख़त्म न कर ले। न कभी जवाब देती न मुँह बनाती। आप उसे कभी नहीं देख सकते थे, उसका तो बस काम ही दिखता था। वह एक जादूगरनी या एक परी थी। इससे ज़्यादा कोई क्या चाह सकता था?

हर दिन एक नयी खोज का पता देता जो श्रीमती विज़ी दौड़कर पति को बतातीं। "यहाँ तो आओ ज़रा एक मिनट। बस सिर्फ़ एक मिनट। मैं तुम्हें कुछ दिखाना चाहती हूँ।"

ताँबे का हमामदस्ता अपनी पुरानी चमक-दमक से रसोई में एक लकड़ी के तख़्ते की शोभा बढ़ाने लगा था। दीवार पर चमकते हुए मीट के चाकू, केक के बर्तन, फेंटने के डोंगे, फ्राइंग फैन, बिस्किट कटर आदि सब करीने से लटके हुए थे।

कभी-कभी श्रीमती विज़ी गर्व से कोई खाने की चीज़ विज़ी की स्टडी में ले जाकर चुपचाप उनकी मेज़ पर रख देतीं।

"यह आलू बुख़ारे का जैम है। उसने अपने आप बनाया है। ज़रा देखो तो कितना ग़ज़ब का है। माणिक की तरह चमक रहा है। बहुत होशियार है वह। पाक शास्त्र में स्वाभाविक तौर पर निपुण।"

वे लोग अगले दिन सेब भरी पैटी खा रहे थे।

"बोलो तो तुम क्या सोचते हो? ऊपर का ख़ोल कितना नर्म है। मुँह में घुल रहा है बिल्कुल। फर्स्ट क्लास रसोइया है यह। यह लड़की अब बहुत अच्छी हो गयी है।"

विज़ी अब कुछ पिघलने तो लगे थे मगर पूरी तरह घुटने टेकने को अभी तैयार नहीं थे। यह बहुत अजीब था क्योंकि अब तक तो वे बुरी नौकरानियों की भी हिमायत करते थे ताकि पत्नी शान्त रहें। अब उन्होंने विरोधी पार्टी का रोल ले लिया था, जो सरकार पर शान्त मगर कड़ी नज़र रखती है। वे तारीफ़ को अपने कानों के अन्दर ही ज़ब्त कर लेते। छोटा-मोटा विरोध जताते। कहते अभी इसमें गरिमा की कमी है। अभी यह अच्छे मूड में दिखाई नहीं देती, कभी-कभी कड़वाहट दिखा देती

हैं, और बहुत कम बोलती है, वगैरह, वगैरह।

श्रीमती विज़ी उन्हें यक़ीन दिलातीं कि वे ग़लत थे। लड़की अक़्सर मुस्कुराती है। और वह क्या करे? उसके पास बहुत खुश होने का कोई कारण है क्या? जो नौकर सारा दिन काम कर रहा हो वह सिर्फ़ अपने काम से ही तो खुश रहता है। वह बस शर्मिली है। क्या हम चाहेंगे कि वह औरों की तरह मुँह ज़ोर बन जाये। परमात्मा न करे!

अब बाकी हर चीज़ का तो फ़ैसला हो चुका था। बस एक मसला बचा था, जो काफ़ी महत्वपूर्ण था और बड़ा नाज़ुक भी। चोरी। यह गुणों की पुतली क्या चोरी करती है? बड़ा मुश्किल काम था यह पता लगाना।

चोरी हमेशा छिपकर ही की जाती है। वो भी अधिकतर रात के अँधेरे में। कोई चीज़ बिल्कुल ग़ायब हो जाती है, कोई बिल्कुल मामूली चीज़। हो सकता है कहीं इधर-उधर हो गयी हो, आदमी सोचता है हम कहीं रखकर भूल गये होंगे, या कहीं खो गयी है पर सच यह नहीं होता, सच तो यह होता है कि वह वास्तव में ग़ायब हो गयी होती है। यह सच कितना भयावह होता है। इसके बाद आदमी बाक़ी चीज़ों के बारे में भी चिन्ता करना शुरू कर देता है, उनके बारे में भी जो उसके पास हैं। हर चाँदी का चम्मच, हर चीनी की क्यूब, हर रूमाल। अरे कितने थे मेरे पास? सब के सब कहाँ हैं? क्या मैंने उन्हें ताले में बन्द किया है? श्रीमती विज़ी हर चीज़ ताले में ही रखती थीं। मगर फिर भी बिना इम्तिहान लिए तो वे मानेंगी नहीं। उन्होंने बड़े वैज्ञानिक तरीक़े से यह काम किया।

एक शाम को उन्होंने एक रूसी सिक्का, पच्चीस रुपए का, मेज़ पर छोड़ दिया। सुबह होने पर सिक्का वहीं पाया गया। एक और दिन उन्होंने, यूँ जैसे उनके पर्स से गिर गया हो, एक नीले रंग का सौ रुपए का नोट ज़मीन पर रख दिया। अगले दिन वह नोट उनकी मेज़ पर था। दीवार पर अँगूठी छोड़ दी। ऑन्ना ने अगले रोज़ सफ़ाई करते वक़्त अँगूठी उनके हाथ में पकड़ायी।

फिर उन्होंने ऑन्ना की परीक्षा लेने के लिए अपनी अलमारी खुली छोड़ दी, इससे पहले अपने सब रूमाल अच्छी तरह से गिन लिये थे। एक भी रूमाल ग़ायब नहीं हुआ। फिर बारी आयी खाने के पदार्थों की—कॉफ़ी, चीनी आदि जो अधिकतर नौकर चुराते हैं। उन्होंने स्टोर का ताला बन्द नहीं किया। एक हफ़्ते तक खुला रहने दिया बग़ैर चैक करे। उसके बाद जब परीक्षण किया तो एक दाना भी किसी चीज़ का इधर से उधर नहीं हुआ था।

सो लड़की चोरी नहीं करती थी। उन्होंने अपने आप को यह समझाया मगर फिर भी उन्हें अविश्वास-सा हो रहा था। बाद में धीरे-धीरे उन्हें और उनके पति को विश्वास होने लगा, हालाँकि बोली वे कुछ नहीं। इस लड़की को कोई लालच नहीं था—न पैसों का, न जवाहरातों का, न खाने का।

"तुम जानते हो यह लड़की किस चीज़ पर जीती है? वे पति से पूछने लगीं

और फ़िचोर के शब्दों को दोहराकर उत्तर भी दे डाला "केवल काम और ख़ाली काम। मैंने अभी तक इसके जैसी कोई नहीं देखी।"

"तुम ठीक कहती हो" विज़ी ने सहमति जतायी, "किसी ने भी इसके जैसी कभी नहीं देखी है।"

दोनों ने बेहद चैन की साँस भरी। विज़ी अपने ऑफ़िस के काम में मिनिस्टरी में व्यस्त रहते थे अब भी, पर अब जब वे घर पर होते थे तो उनका वक्त शिकायत करने में न बीतता था। श्रीमती विज़ी अब बाहर जाने लगी थीं। सुबह सैर के लिए बुदा के चश्मों तक चली जाती थीं, या कभी-कभी उसके आगे इलिज़बथ पुल तक भी, एक गिलास चश्मे का गन्धक मिला पानी भी पीतीं जो पेट के लिए बहुत अच्छा होता है। वे दाँतों के डॉक्टर के पास जाकर अपने दाँत भी ठीक करवा आयीं। वे इसके अलावा कई ऐसी संस्थाओं से भी जुड़ गयीं जो परोपकार किया करती थीं, खास तौर पर क्रिस्टीना इंस्टीट्यूट से जो ग़रीब बच्चों को कपड़े बाँटा करता था।

इसके बाद भी उनके पास समय बचा रहता। वे ऊरी उत्सा जाकर तॉतार परिवार से भी मिल आतीं, जहाँ कई युवक तॉतार परिवार की दो ख़ूबसूरत लड़कियों के आगे पीछे घूमा करते थे। उनके अपने तो कोई मित्र थे नहीं, वे तो बस अपने पति के मित्रों की पत्नियों से ही मिल लिया करती थीं। उनके खुद के रिश्तेदार, पात्कारियुस परिवार ऐगैर (बुदापैश्त से लगभग दो सौ मील पर बसा शहर) में रहा करता था। उनके पति के रिश्तेदारों में केवल एक औरत थी शहर में जो जाली इजिप्शिन सिगरेटें बेचती थी, और लोगों को ख़ूब चूना लगाया करती थीं, लोगों से पैसे भी ऐंठा करतीं, विज़ी दम्पत्ति भी उससे बच नहीं पाते थे। उससे उनकी बरसों से मुलाक़ात नहीं हुई थी। विज़ी उसे अगर सड़क पर कहीं देख लेते तो कटकर निकल लेते।

अब उन्हें यह एहसास होने लगा था कि उनका कोई नहीं है, और दिन ख़ासे लम्बे हैं, अतः उन्होंने पिरोश्का की कब्र को ठीक करवाने का काम शुरू कर दिया और हर हफ़्ते उसके लिए क़ब्रिस्तान में फूल ले जाने लगीं, गुलदावरी के ताज़े फूल। बुधवार को उन्होंने अपने आध्यात्मिक ग्रूप में जाना शुरू कर दिया, जिसकी मीटिंग्स रोश़्ज़ादोम्ब पहाड़ पर आल्दाश उत्सा में हुआ करती थीं।

यह बड़ी प्रभावशाली जगह थी, ऊँचे दरवाज़े, दीवारों पर सिल्क के क़ालीन लटके, पुराने प्रसिद्ध पेन्टरों की कृतियाँ उनके साथ लगीं और कई खूबसूरत मूर्तियाँ, अच्छे मूर्तिकारों द्वारा बनायी हुई, यहाँ वहाँ लगीं। इसका मालिक एक अमीर बिज़नेस मैन था जो हाथ मिलाकर सबका स्वागत करता था। सब जानते थे कि उसके बेटे को पिछले सोलह साल से लकवा मार गया था और वह हर समय इसी महल जैसे घर के किसी कमरे में पड़ा रहता था।

पैदल फ़ौज (इन्फ़ैन्टरी) के एक जनरल इस आध्यात्मिक सर्कल के लीडर थे। वहाँ युद्ध में लड़ते-लड़ते वी गति प्राप्त किये सैनिकों की रुहें बुलायी जाती थी। उनके

माता-पिता उनके बारे में जानना चाहते थे। श्रीमती विज़ी के पास एक बीमार जज साहब बैठे थे और एक कैथलिक पादरी सादे कपड़ों में। मीडियम (जिसके ज़रिये रूहें आती थीं) एक पूरी तरह आवेश में आयी लड़की थी, जिसका सिर पीछे की ओर ढुलका हुआ था और जो जर्मन में बोल रही थी। भाँति-भाँति की रूहें हर तरफ़ से यहाँ आकर घूम रही थीं। पिरोश्का की रूह बृहस्पति ग्रह से आयी थी। मीडीयम के हाथ को प्रयोग कर, बच्चों वाली लिखाई में वह लिख रही थी "मामा" "मामा" कई पेपरों पर। एक बार तो वह मीडियम की छाती पर मँडराने लगी एक सफ़ेद धुएँ के रूप में।

जब बुधवार को श्रीमती विज़ी शाम को घर लौटतीं तो उनका दिल अब इस आशंका से धड़क नहीं रहा होता था कि घर पहुँचने पर घर किस अवस्था में मिलेगा, अलमारियों के ताले तो न टूटे होंगे, सब सामान इधर-उधर तो न बिखरा होगा। घर पर हर चीज़ तरतीब से लगी मिलती। अब तो वे पैसे भी बिना गिने रख दिया करतीं। वो दिन लद गये थे जब वे एक कमरे से दूसरे कमरे, हाथ पीछे रखे, यूँ मानो उन्हें हथकड़ी लगी हो, नौकरानी की निगरानी करने घूमा करती थीं।

ऑन्ना चुपचाप उनके बीच बनी रही। जब वह घर से बाहर होती तब भी बातचीत का केन्द्र उसी पर होता। अब सब के सब उसकी प्रशंसा के गुण गाते थे। सब मज़े में जो रह रहे थे। प्रशंसा कई बार तो भक्ति तक में बदल जाती, बिल्कुल मूर्ति पूजा में; उन्होंने बहुत अच्छा सौदा किया था जो ऐसी लड़की उन्हें मिली। वह उनकी थी और सिर्फ़ उनके पास थी। अपने बैडरूम के एकान्त में वे फुसफुसाकर दिन भर की बातों पर विचार करते, और उसकी निस्वार्थ सेवा के गुण गाते न थकते, उसकी अथक मेहनत पर हैरान रहते। वे एक-दूसरे से बढ़-चढ़कर उसकी तारीफ़ के पुल बाँधते, इस कोशिश में लगे रहते कि हम दूसरे से ज़्यादा अच्छे शब्दों में प्रशंसा कर सकें, कभी-कभी मज़ाक सा भी उड़ाते, उसकी नकल करते, सोचते कि क्या कोई इतनी निस्वार्थ भावना से इतना काम कर सकता है वो भी बिना किसी भी लालच के। इस पर वे हँसते भी थे, पहले धीमे-धीमे बाद में खुलकर। यह उनके लिए एक नैसर्गिक समय की शुरुआत थी, और वह इस बात को अच्छी तरह से जानते भी थे कि वे कितने खुशकिस्मत हैं। और यह कोई छलावा या भ्रम नहीं था। असम्भव वाकई सम्भव हो गया था। जिस वस्तु का सपना उन्होंने बहुत समय से देखा था वह आज सत्य बनकर प्रकट हो गया था।

कभी-कभी उनकी यह इच्छा होती कि उसे गले से लगा लें और तहेदिल से उसका शुक्रिया अदा करें, या कभी उसे चुपके से फ़ोटोग्राफ़र के यहाँ ले जायें और अपनी तीनों की एक फ़ोटो खिंचवायें, जैसे वे एक परिवार के ही हों, पर फिर वे फ़ौरन ही अपने आपको सँभाल लेते, इस मज़ाकिया ख़्याल से, जो कुछ पलों के लिए ही उनके मन में आता था, अपने को आज़ाद करा लेते; उन्हें फ़ौरन याद आ जाता था कि वे मालिक थे और वह लड़की केवल एक साधारण घरेलू नौकरानी।

9
वाद-विवाद एक छोटे केक, दया और बराबरी के बारे में

अब सब ठीक हो रहा था। यह सही था कि महँगाई बहुत बढ़ रही थी, कुछेक कठिनाइयाँ अभी भी थीं। लोग एकदूसरे को सन्देह की नज़रों से देखते थे। अभी भी काफ़ी घुटन का माहौल था। अपने पड़ोसियों की गुमनाम पत्रों द्वारा शिकायतें करना आम बात थी। वे लोग जो अपने दोस्तों को 'अच्छे कम्युनिस्ट' के रूप में स्वीकार नहीं करते थे, अब उन्हें यही नाम देकर सरकार को सौंपने में नहीं हिचकिचा रहे थे।

लगता था कि एक टिड्डी दल ने आकर सब कुछ तहस-नहस कर डाला है। और उनके द्वारा नष्ट कर दिया गया है। यह देश अब केवल एक कूड़े का ढेर बनकर रह गया है। पुराने शो-रूम में अब महँगे पोर्सलीन के शैल्फ अपनी चमक-दमक खो चुके थे। ट्रैमें जो कम्युनिस्ट निज़ाम में लाल पेण्ट कर दी गयी थीं अभी भी अपने क्रान्तिकारी नारे दर्शा रही थीं, और जैसे पागलखाने से भागे क़ैदी अपनी आत्महत्या के लिए भाग खड़े हुए हों यूँ भागती चली जा रही थीं।

मगर कुछ चिन्ह बेहतरी के भी दिखाई देते थे। मध्यम वर्गीय यात्री अब रौब जमाते कन्डक्टर को पलटकर जवाब देने में हिचकते नहीं थे। वे उसे यह जताने को सदा तत्पर रहते कि अब यह कोई बोल्शविक राज्य नहीं है। फिर से ट्रामों में पुरुष अपनी सीटें महिलाओं को देने लगे थे। भद्रता का राज्य फिर से स्थापित हो गया था।

वियातोरिस फिर से अपनी दुकान के सामने खड़ा होकर ग्राहकों का स्वागत करने लगा था। यह समय के अच्छे बदलाव का सूचक था। वियातोरिस सदा जानता था कि हवा का रुख़ क्या है। जब युद्ध छिड़ा था तो वह केवल सिर हिलाता था,

बाद में ग्राहक उसे सलाम करने लगे थे। वह इसे अपना हक समझने लगा था, फिर जब बोल्शविक राज्य आया तो उसने नोटिस ही नहीं किया, वह काम में इतना व्यस्त था। अब वह श्रीमती विज़ी के एक फ़ोन करने पर ही सामान घर भेजने लगा।

विज़ी का घर अब छोटी-छोटी पार्टियों का स्थल बन गया था। एक दोपहर तॉतार आये। द्रूमा भी अपनी पत्नी के साथ आ गये और मोविस्तार की पत्नी भी। एक-एक करके इस मृतप्रायः मिडिल-क्लास फ़ानूस की मानो बत्तियाँ जलने लगी थीं। शुरू में तो इसकी रोशनी ने कुछ पैबन्द दिखाये, कुछ कमियाँ उजागर कीं, मगर फिर भी इतने दिनों की तकलीफ़ों के बाद अच्छा लग रहा था फिर से पार्टियों का शुरू होना। लगता था अच्छे दिन फिर लौट आये हैं।

चाय पर तो कोई ख़ास हलचल नहीं हुई। श्रीमती तॉतार मेज़ के एक सिरे पर बैठी थीं, उनका लेस से सजा वक्षस्थल उनके सामने उभरा हुआ। सब ने वातावरण रोचक बनाने की कोशिश की, कुछ क्रान्ति-विरोधी चुटकुले सुनाकर, पर सब व्यर्थ रहा। द्रूमा ने अपनी जेब से एक संतरा निकाला, जो कोई क्लाइंट इटली से छिपा कर लाया था। बहुत दिनों से किसी ने संतरा देखा नहीं था अतः एक हाथ से दूसरे हाथ में उसे फिराया गया। वे फिर खाने की बात करने लगे, कि कहाँ से क्या चीज़ सस्ती मिल सकती है आलू आटा वग़ैरह। काउंसिलर तॉतार, जो बहुत अच्छा खाना पकाना जानते थे, बताने लगे कि कैसे वे अपने बचपन में बहुत बढ़िया मछली, लाल-मिर्च की, बनाया करते थे तीसा नदी के किनारे खुले आकाश के नीचे आग जलाकर। इतने मज़े ले लेकर वे इसका वर्णन कर रहे थे कि सुनने वालों के मुँह में यकायक पानी भर आया। फिर वे भी चुप हो गये और चबाने खाने लगे, खाना अपने गुलाबी होंठों के बीच से, जिन पर घनी मूंछें थीं, मुँह के अन्दर घुसाते हुए।

बातचीत एक दम बन्द हो गयी।

"अरे हाँ", श्रीमती द्रूमा ने इस चुप्पी को अचानक तोड़ते हुए कहा "मैं तो ऑन्ना को भूल ही गयी। वह है कहाँ? आज मैंने उसे देखा नहीं..."

"वह रसोई में है, चाय का इन्तज़ाम कर रही है।"

"यह क्या कोई नयी नौकरानी है? श्रीमती तॉतार ने पूछा। "क्या अच्छी लड़की हैं?" घर तो बड़ा साफ़ सुथरा रखा हुआ है। क्या विश्वास करने योग्य है? चोरी-वोरी तो नहीं करती ना?"

श्रीमती विज़ी का उत्तर देने का मन न हुआ, उन्होंने बस एक सीधी नज़र ही उन पर डाली।

"अरे तुम ऑन्ना को नहीं जानतीं?" बाकी दोनों औरतों ने एक स्वर से पूछा।

"नहीं, मेरा सौभाग्य कहाँ हुआ है उससे मिलने का। हमें अभी मिलवाया कहाँ गया है उससे", श्रीमती तॉतार ने मज़ाक में कहा, वे जानती थीं कि वे एक संभ्रान्त महिला हैं।

सब हँसने लगे। श्रीमती विज़ी ने अपने पति की ओर देखा और घण्टी बजायी।

ऑन्ना अपनी नीली ड्रेस में हाथ में ट्रे लेकर आयी जिसमें छोटे-छोटे अखरोट के केक रखे हुए थे। उसे कपड़े बदलने का समय तो मिला ही नहीं था। पैरों में वही मर्दाने जूते चढ़े हुए थे। 'वह हड़बड़ी में आगे बढ़ी, मेज़ पर ट्रे रखी। उसे लगा उसे सब के हाथ चूमने चाहिए, मगर वहाँ इतने सारे लोग थे कि उसे समझ में ही नहीं आया कि कहाँ से शुरुआत करे। उसके चारों ओर मुस्कुराते हुए चेहरे थे। यहाँ तक कि तॉतार ने भी खाना रोक दिया था, और मोटी गर्दन उचकाकर उसी की ओर देखने लगे थे। श्रीमती विज़ी बड़ी खुश होकर यह दृश्य देखती रहीं, फिर उन्होंने इशारे से उसे अपने पास बुलाया और बड़े गर्व से उसका परिचय सबसे कराती हुई बोलीं, "हाँ यह है ऑन्ना। मेरी ऑन्ना"।

जब ऑन्ना ने अपने पीछे दरवाज़ा बन्द किया तो उसे ठहाकों की आवाज़ आयी। उसे लगा अभी-अभी वह स्टेज पर एक मज़ाकिया पात्र का चित्रण करके आयी है। दर्शकों को यह नहीं मालूम था कि वे क्यों हँस रहे थे, बस यूँ ही हँस रहे थे। पूरा नज़ारा ही हँसाने वाला था, अपने से बड़े नाप के जूते, परिचय कराने का तरीक़ा इत्यादि। अब समाँ और रंगीन हो चला था। सिगार और सिगरेट सुलगा लिए गए थे। विज़ी ने ऑन्ना के बारे में कोई बात बतायी, कोई किस्सा सुनाया जिस पर सब ज़ोरों से हँस पड़े।

इस मस्ती के माहौल में डॉक्टर मोविस्तार अन्दर तशरीफ़ लाये। उन्होंने सर्जरी के बाद अपने अन्तिम मरीज़ को भी विदा कर दिया था। वहाँ उन्होंने अपनी पत्नी को भी बैठा पाया। वे अपने मरीज़ों में आज बहुत व्यस्त रहे थे, ढेरों मरीज़ आये थे दिखाने। एक बार अपनी जवानी के दिनों में वे एक दिल के सर्जन के असिस्टैंट रह चुके थे बर्लिन में। हंगरी लौटकर उन्होंने प्राइवेट ट्यूटर की नौकरी के लिए अर्ज़ी डाली, मगर युनीवर्सिटी में उन्हें नहीं लिया गया। अब उन्हें अच्छी तरह गुज़ारा तो करना ही था। उनकी सर्जरी दिन में दस घण्टे खुली रहती और वे एक मशीन की भाँति उन सैकड़ों मरीज़ों को देखने लगे जो अधिकतर जनरल अस्पतालों के चक्कर काटते रहते हैं, या फिर इनश्योरैंस एजेंटों के यहाँ। वे अपने थके हुए शरीर को किसी प्रकार एक छड़ी के सहारे घसीटते थे। जब वे मुस्कुराते तो अपने ढीले हो गये दाँत दिखाते और साथ ही सूजे हुए मसूड़े भी। उनके सिर पर कहीं-कहीं कुछ बाल बाक़ी बचे रह गये थे। वे अपने हर मरीज़ से अधिक बीमार थे। उनकी मधुमेह की बीमारी अपनी चरम सीमा पर थी। साथियों और क्लिनिकों, दोनों ने ही उन्हें खोया हुआ करार दे दिया था।

विज़ी तेज़ी से उठ खड़े हुए उनके स्वागत में, उन्हें विश्वास दिलाने लगे कि वे आज पहले से काफ़ी बेहतर लग रहे थे। मोविस्तर ने उन्हें व्यंगात्मक रूप से

धन्यवाद दिया। बाक़ी लोगों की ओर देख, जो अब तक सिगरेट के धुएँ से घिरे हुए थे, उन्होंने आँखें झपकायीं। उन्हें लगा कि वह बग़ैर जाने बूझे स्टेज पर, एक नाटक के बीच में, जो अधिक परिचित भी नहीं था, घुस आये थे। उन्हें समझ में नहीं आया कि आख़िर इस मस्ती का कारण क्या था। बाक़ी लोगों को उन्हें समझाना पड़ा कि वे लोग ऑन्ना की बातें कर रहे थे, प्रसिद्ध ऑन्ना के बारे में। विज़ी से ज़िद की गयी कि वे वह वाक्य फिर सुनायें।

मोविस्तर ने खाने को हाथ तक न लगाया। वे आदमियों के साथ स्टडी में चले गये। उन्होंने कुछ पीने से भी इनकार कर दिया, बस खाली गिलास ही सबके साथ खड़का लिया जब सबने टोस्ट किया। बाद में सब आदमी भी फिर से औरतों के पास डाइनिंग रूम में आ गये, हाथों में सिगरेट, सिगार लिए, और वाइन की गर्माई से लाल हुए चेहरों के साथ। तॉतार दरवाज़े पर झुके खड़े रहे और बातचीत सुनते रहे।

"अभी भी नौकरों की बातें ही हो रही हैं।" उन्होंने आश्चर्यचकित होते, अपना सीना अपनी सफ़ेद सिल्क की वास्कट के नीचे फुलाते, कहा "यह औरतों के बस यही काम हैं। यह लोग और किसी विषय पर बात ही नहीं कर सकतीं।"

मगर आदमियों को भी इस विषय में मज़ा आ रहा था और वे भी अपने कान उधर ही लगाये हुए थे। विज़ी वाइन फिर से यहाँ ले आये। मोविस्तर रॉकिट चेयर पर बैठ गये, आँखें बन्द करके झूलते हुए धीरे-धीरे।

विषय अभी तक ऑन्ना ही थी।

"तुम्हें पता है", श्रीमती ड्रूमा कह रही थीं "वह सुन्दर भी है। उसका चेहरा बहुत प्यारा है। उसका डील-डौल भी सुन्दर है। दुबला-पतला काफ़ी लुभावनी है वह।"

"हाँ" श्रीमती तॉतार ने बड़े गम्भीर स्वर में कहा, "यह गाँवों की लड़कियाँ पैश्त आते ही बड़ी तेज़ी से खिल जाती हैं।" मेरी बश्ज़ी का भी यही हाल है। मैं पिछले साल उसे गाँव से लायी थी। वह उस वक्त लकड़ी जैसी सूखी थी और कौओं को डराने वाला बॉस लगती थी। मैंने जल्दी ही उसे खिला-पिलाकर मोटा कर दिया और उसके लिए अच्छे कपड़े भी बनवा दिये। एक सफ़ेद रूई भरी पोशाक भी सिलवा दी है उसके लिए..." इस बिन्दु पर उन्होंने गला खखारा मानो कोई भाषण शुरू करने वाली हो "पिछले रविवार को मेरी लड़कियों ने एक पार्टी दी थी। बश्ज़ी ने मेहमानों के लिए दरवाज़ा ख़ोला। एरविन अन्दर घुसा, एरविन गैलोव्सकी, जो अभी रूस के युद्ध-बन्दियों वाले कैम्प से वापिस लौटा है। ज़रा सोचो तो क्या हुआ? यह लड़का," और इस पर वे खुद ही मुस्कुराने लगीं "इस लड़के ने मेरा हाथ चुमा फिर बश्ज़ी के सामने जाकर खड़ा हुआ, अपना परिचय दियां और अपना हाथ हिलाने के लिए आगे बढ़ा दिया।"

"नौकरानी को?" श्रीमती विज़ी ने आश्चर्य जताया।

"नौकरानी को। अगर मैंने उसे इशारा न कर दिया होता तो वह हाथ मिला ही लिया होता!" उनका दमे का सीना हँसने से ज़ोर-ज़ोर से हिलने लगा और उन्हें इससे खाँसी का ठसका लग गया। "उसने सोचा", फिर से घुटी-सी आवाज़ में बोलने लगीं "कि वह मेरी बेटियों इलोन्का या मॉर्गित्का में से एक है या फिर उनकी कोई मित्र।"

"और नौकरानी ने क्या किया?"

"यूँ लगा उसके चेहरे के नीचे किसी ने आग जला दी हो। उसने अपने हाथ अपने पीछे छिपा लिए—और क्या तुम लोग यकीन करोगे!—रोने लगी। उसके आँसू पूरे दिन बहते रहे थे। उस दिन उसने किसी भी क़ीमत पर खाना परोसने से इनकार कर दिया। लड़कियों ने एरविन को भी बहुत सताया इस बात पर।"

तॉतार ने पत्नी को कुछ और भी बताने का इशारा किया" वो बिल्ली की बात भी तो बताओ।"

"अरे हाँ, वह बिल्ली!" श्रीमती तॉतार बोलीं, "जब वह शुरू में हमारे पास आयी तो हमारे पास एक दो महीने की बिल्ली थी जो इलोन्का की थी। उसका नाम सिरमोश था। एक दिन सबेरे क्या सुनती हूँ कि बश्ज़ी दूध का कटोरा हाथ में लिये उसे पुकार रही है, "मास्टर सिरमोश, यहाँ आइये आपका नाश्ता इधर है", वह बिल्ली को भी यूँ बुला रही थी जैसे वह उसका मालिक हो। काफ़ी समय लगा उसे बिल्ली को अपने बराबर समझने में। देखा तुमने! ऐसी होती है यह शुरू में। बदक़िस्मती से ऐसा ज्यादा दिन नहीं चलता, इनकी मासूमियत जल्दी ही ख़त्म हो जाती है। अब तो वह हर बहाने से बार-बार गाँव भागना चाहती है—कभी कोई मर जाता है, कभी कोई शादी है तो कभी फ़सल करनी है। ढेर सारे रिश्तेदारों से निबटना पड़ता है मुझे।"

श्रीमती द्रूमा बोलीं, "मेरी नौकरानी को सिनेमा और राजनीति का बड़ा शौक़ है। वह बहुत धार्मिक प्रवृत्ति की भी है।"

"और मेरी", श्रीमती मोविस्तर बोलीं, "वो तो डिक्टेटर है। उसे तो बस आदेश देने की आदत है। वह कहती है कि वह हमें नहीं निकालेगी अगर हम वही करते रहें जो वह कहे।"

"मेरी", श्रीमती विज़ी कहने लगीं और सब का ध्यान उन्हीं पर केन्द्रित हो गया क्योंकि अभी तक वे सब की परेशानियों के बारे में ध्यान से सुन रही थीं और मन ही मन खुश भी हो रही थीं, "मेरी तो न सिनेमा में रुचि रखती है न थियेटर में। वह तो गाती तक नहीं है। उसका कोई प्रेमी नहीं है। मैं आज तक उसके परिवार के किसी भी सदस्य से मिली तक नहीं हूँ। वह बिल्कुल अनाथ है। वह कहीं बाहर नहीं जाती। आज तक उसने एक रविवार तक की छुट्टी नहीं ली है।"

"हाँ यह ऑन्ना तो वाक़ई अद्‌भुत है" सब यूँ एक स्वर में बोल उठे कि श्रीमती विज़ी को लगा कि वे शायद ज़रूरत से .ज्यादा ही बोल गयी थीं, और अब जबकि वह सबकी आँखों में चढ़ गयी थी उन्हें लगा उन्हें इससे बाहर निकलना चाहिए।

"मगर याद रखो, हम से कोई जलने की ज़रूरत नहीं है। यह भी शुरू में कोई ऐसी नहीं थी। मुझे इस के साथ काफ़ी मेहनत करनी पड़ी। और अभी भी इसमें काफ़ी कमियाँ हैं।"

"क्या?", विज़ी चिल्लाये बड़े आहत होकर, "ज़रा बताना तो इसमें क्या कमियाँ दिखती हैं तुम्हें?"

श्रीमती विज़ी व्यर्थ ही ख़ामियाँ ढूँढती रहीं। आख़िर जब ख़ामी हो ही नहीं तो कहाँ से बतायी जाये। वे कोई उत्तर न दे सकीं।

सब हाँ में हाँ मिलाने लगे थे जिस पर अचानक ही रोक लग गयी क्योंकि तभी विषय का केन्द्र ऑन्ना ने वहाँ प्रवेश किया।

ऑन्ना ने मेज़ पर से सामान उठाना शुरू कर दिया। अब सब लोग और भी नज़रें गड़ाये उसे देख रहे थे, उसकी हर हरकत को ध्यान से देखते। बड़े हल्के क़दमों से वह मेज़ से साइड बोर्ड पर सामान रखती गयी। लगता था कोई रोबोट काम कर रहा है चुपचाप। वह एक मशीन की भाँति है, सभी ऐसा सोच रहे थे।

जब उसने छोटे केक की ट्रे साइडबोर्ड पर रखी, तो श्रीमती विज़ी ने उसे पुकारा ऐसे मानो अभी-अभी एक अच्छा विचार उनके मन में आया हो। "इसे यहाँ लाना ऑन्ना।"

मेहमान श्रीमती विज़ी के चारों ओर खड़े हो गये, अपनी-अपनी जगहों पर एक झाँकी की तरह जड़ बने, सबकी आँखें नौकरानी पर जमी। मोविस्तर की रॉकिन्ग चेयर भी रुक गयी और वे भी आगे की ओर झुक आये।

श्रीमती विज़ी ने दो केक उठाये और उन्हें ऑन्ना को देते हुए बोलीं "यह तुम्हारे लिए हैं।"

मेहमान मुस्कुराने लगे। उन्हें लगा वे भी एक ऐसे कृत्य के भागीदार बन रहे हैं जिसमें बड़ा दान-पुण्य किया जा रहा है ग़रीबों के लिए। पर लड़की को जैसे ही वे केक पकड़ाने लगीं उसने इनकार कर दिया।

"जी नहीं, धन्यवाद।"

"क्या बात है? क्या तुम्हें पसन्द नहीं है?"

"जी नहीं, धन्यवाद, मुझे पसन्द नहीं है।"

इसके बाद गहरी चुप्पी छा गयी। श्रीमती विज़ी की कड़क आवाज़ ने चुप्पी भंग की "तो फिर लड़की ट्रे वहीं रख दो। मैं तुम्हारे साथ ज़बदरस्ती नहीं करूँगी। किसी क़ीमत पर भी नहीं। अब तुम जा सकती हो।"

मेहमान उसी प्रकार एक घेरे में खड़े रहे, वही दया से भरे चेहरे लिए, मगर

इस गड़बड़ी से ज़रा हड़बड़ाये। उनके यूँ भौंचक्के रह जाने से माहौल कुछ सन्नाटे में सा आ गया लगता था।

"क्या उसने तुम्हें ठुकरा दिया?" श्रीमती तॉतार ने आश्चर्य जताया।

"ज़रा भी नहीं", श्रीमती विज़ी ने समझाया, "वह इसी तरह की है। वह कोई पकवान खाती ही नहीं। खुबानी का जैम तक छोड़ देती है। ज़रा कल्पना करो रात को क्या खाती है तुम कभी कल्पना नहीं कर सकतीं। वह सुबह कॉफ़ी पीती है और एक चम्मच सूप लंच में। बस उसके बाद कुछ खाती ही नहीं। जहाँ तक छोटे केक का सवाल है, लगता है वह उन्हें पसन्द ही नहीं करती।

"या हो सकता है वह उन्हें बेहद पसन्द करती हो", मोविस्तार बोले, जो अभी भी रॉक़िन्ग चेयर से लटके हुए थे।

"आपने क्या कहा डॉक्टर?"

"मैंने कहा उसे शायद केक कुछ ज़्यादा ही पसन्द हो।"

"मगर उसने स्वयं ही कहा कि वह पसन्द नहीं करती।"

"इसीलिए तो।"

"माफ़ कीजिये मैं कुछ समझी नहीं।"

"नौकर जो पसन्द करते हैं उसे पसन्द है' कहने से डरते हैं, अतः अपने आप को समझा लेते हैं कि अच्छी चीज़ें अच्छी नहीं हैं। यह उनका स्वरक्षा का तरीका होता है। शायद यही उन्हें अधिक तकलीफ़ से बचाता है। वे ऐसी चीज़ों की इच्छा ही क्यों रखें जो कभी उनकी हो ही नहीं सकतीं? वे सही भी हैं। उनके पास जीने का और कोई तरीक़ा तो होता नहीं।"

"तो हम उसके साथ क्या करें?"

"आप उसे केक रोज़ खाने के लिए देने का प्रयत्न कीजिए।"

"केक, रोज़?"

"हाँ खूब सारा, इतने पीस कि वह उन्हें खा तक न सके। तब आप देखेंगी कि वह उन्हें कितना पसन्द करती है। वह उन्हें बेहद पसन्द करने लगेगी।"

"मगर क्यों? वह कोई बीमार तो है नहीं। ऐसे नर्म केक तो बीमारों को दिये जाते हैं।"

"क्या बात कही है आपने भी" श्रीमती तॉतार बोलीं "इतने बढ़िया केक क्या नौकरों के फूहड़ स्वाद के लिए हैं। यह तो केक का निरादर होगा।"

"यह तुम्हारा एक अजीब-सा विचार है मिकलोश", द्रूमा डॉक्टर को लताड़ते हुए बोले जो अब तक आँखें बन्द करके अपनी कुर्सी पर झूलने लगे थे।

श्रीमती मोविस्तर ने सिगरेट जलाई, ड्रॉइंग रूम में गयी और प्यानो पर एक धुन बजाने लगीं। बाक़ी औरतें उनके पीछे-पीछे पहुँचीं। श्रीमान विज़ी ने सबके गिलास भरे। आदमी सब बैठ गये और बातों की कड़वाहट को मदिरा से धोकर पीने लगे।

अपनी भीगी मूँछें पोंछकर, तॉतार फिर से केक के विषय पर आ गये जो अभी भी उन्हें परेशान कर रहा था। वे मोविस्तार की ओर मुख़ातिब हुए "मगर तुम जानते हो डॉक्टर यह लोग हमसे बिल्कुल अलग होते हैं। इनकी पाचन शक्ति में भी फ़र्क़ है और इनकी आत्माएँ भी। यह लोग नौकर हैं और हमेशा नौकर ही रहेंगे। यह खुद भी यही चाहते हैं कि हम इनसे नौकरों जैसा ही व्यवहार करें। अभी एक दिन, उदाहरणस्वरूप, मैंने अपने एक मित्र को फ़ोन किया था। उधर से अपरिचित-सी आवाज़ आयी। मैंने पूछा "क्या तुम यहाँ के कार्य कर्त्ता हो?" "नहीं" उधर से जवाब आया "मैं यहाँ का नौकर हूँ"। स्वर में काफ़ी धृष्टता भी थी। काश आप लोग उसको सुन सकते मुझे इतना आश्चर्य हुआ कि मैं बता नहीं सकता। मैं काफ़ी देर तक रिसीवर को पकड़े खड़ा रहा, और यह आवाज़ अधिक से अधिक कठोर और कड़क होती गयी। यह लोग वाकई अपने आप को नौकर कहकर ही बुलाना पसन्द करते हैं ताकि हम परेशान हों और यह हमें शर्मिन्दा कर सकें।"

उन्होंने वाइन की एक चुस्की भरीं और कहते रहे।

"लोगों ने कई बार उन्हें प्यार से भी रखना चाहा है। मेरा एक दोस्त था, बेचारा अब इस दुनिया में नहीं है, कॉर्ची ज़ैलान्दी, परमात्मा उसकी आत्मा को शान्ति दे। वह अच्छा आदमी था। थोड़ा हिला हुआ ज़रूर था। उसके दिमाग़ में हर समय थियोरीज़ घूमती रहती थीं। वह शाकाहारी था, और जूते तक कपड़े के पहनता था, एक बार वह टॉल्सटॉय से मिलने उसके गाँव यास्नाया-पोल्याना भी गया था। जब वहाँ से लौटा तो यह नौकरों का प्रश्न जड़ से समझने की और हल करने की कोशिश करने लगा। उसने एक नौकरानी रखी और उससे कहा कि वह पूरी तरह से उनके बराबर थी। कोई मालिक नहीं था, कोई नौकर नहीं, वे बारी-बारी से एकदूसरे को खाना परोसेंगे। पहला मौका मिलते ही उसे अपनी पत्नी, और बच्चों के साथ खाना खाने मेज़ पर बिठाया। इस बारे में बाद में उसने मुझे सब हाल सुनाया। बहुत दुखद घटना रही यही। बेचारी लड़की बहुत ही घबरा गयी इतना आदर-सत्कार पाकर। वह दुखी होती रही वहाँ बैठी, अपने दाग़ लगे स्कर्ट जिसमें से मसालों की बू आ रही थी, और अपने हाथ मेज़ के नीचे छिपाती रही और खाने के दौरान एक शब्द भी न बोल पायी। वह थकी हुई भी बेहद थी, भोर सुबह से खाना पकाती रही थी। ग़रज कि उसने खाना ख़त्म हो जाने के बाद अपने कपड़े बदले और घोषणा कर दी कि वह इस तरह की जगह एक पल भी नहीं रहेगी। और वह उसी पल वहाँ से चली गयी।

डॉक्टर से ज़्यादा खुद से बात कर रहे थे वे, पर मुख़ातिक डॉक्टर की तरफ़ ही थे "अब मेरा प्रश्न यह है कि वह चली क्यों गयी?" उन्होंने एक उँगली से अपनी नाक दबाते हुए कहा इतनी ज़ोर से कि नाक उस जगह धँस सी गयी। "मैं इसलिए पूछ रहा हूँ क्योंकि उन लोगों ने उससे जाने का कारण बहुत बार पूछा मगर वह कुछ न बोली। ख़ैर मैं बताता हूँ आपको वह इसलिए चली गयी क्योंकि उसके पास

मालिक से ज़्यादा अक़्ल थी। वह इसलिए चली गयी क्योंकि वह समझ सकती थी कि यह स्थिति नॉरमल नहीं थी। इसमें सच्चाई नहीं थी। अगर सच्चाई होती, अगर वे सचमुच उसे परिवार का एक सदस्य समझ रहे थे तो उसे घर में, जायदाद में, पशु-धन में सब में हिस्सेदारी मिलनी चाहिए थी। यह सहज साधारण लोग पूर्णता में जीते हैं। इनके पास हमसे अधिक कल्पना शक्ति होती है। यह अधूरेपन को कभी पसन्द नहीं करते। या यह पूर्णरुप से मालिक बनना चाहते हैं या पूर्णरुप से सेवक़। बाक़ी सब तो इन्हें मज़ाक लगता है। रोमन लोगों ने भी कुछ ऐसा ही किया था। वे भी मज़ाक करते थे मगर साल में केवल एक बार। मुझे त्योहार का नाम याद नहीं आ रहा मगर पैट्रीशियन लोग उस दिन गुलामों की तरह कपड़े पहनते और गुलामों को अपनी मेज़ों पर बिठाकर बढ़िया-बढ़िया खाने खिलाते। वे कहते थे कि यह त्योहार उन दिनों की याद में मनाया जाता है जब सब लोग बराबर हुआ करते थे, उस स्वर्ण युग की याद में। मगर कब था यह स्वर्ण युग? यह सब कहानियों की बाते हैं। उन्हें खुद को भी यह याद नहीं था। इसके अलावा हमारे हाथ भी अलग तरह के हैं "और यह कह वे अपने गुदगुदे हाथ दिखाने लगे जो वाक़ई किसी और के हाथों से न मिलते थे। "डॉक्टर, लोगों में व्यक्तिगत असमानताएँ ही होती हैं बस। मालिक और गुलाम हमेशा हुए हैं और हमेशा रहेंगे भी। यही सत्य है। एक ऐसा सत्य जिसे हम बदल नहीं सकते। तो अच्छा है हम इन्हें नौकर ही रहने दों।"

उन्होंने चारों ओर नज़र घुमाई। उनके भाषण को सबका समर्थन प्राप्त था। जिस समूह की वे पैरवी कर रहे थे वह उनकी ओर कृतज्ञता का भाव दिखा रहा था। वे अपनी बात कह चुके थे मगर फिर डॉक्टर की ओर मुड़े और बोले "कोई विकल्प है ही नहीं।"

"मगर है" मोविस्तार ने जवाब दिया, गले में लटकी चेन पर माँ मरियम की तस्वीर वाले पैन्डैन्ट से खेलते हुए।

"मैं जानने को इच्छुक हूँ। क्या विकल्प सुझा सकते हो?"

"दया"

"दया?" तॉतार ने दोहराया, खुश होकर कि बहस का रुख बदल गया था।

"है एक ऐसी जगह जहाँ हर व्यक्ति स्वयं ही मालिक है और सेवक भी, जहाँ हर व्यक्ति बराबर है, साल के हर दिन।"

"यह कौन-सी जगह है?"

"यीशु का राज्य।"

"पर वह तो स्वर्ग में है।"

"वह आत्मा में है।"

"ठीक है, ज़रा उसे यहाँ पाने की कोशिश तो करो इन बोल्शविक और इनके कॉमरेडों के साथ।"

"आदर्श को पाना थोड़ी होता है", मोविस्तार ने गुस्से से कहा क्योंकि उनकी बीमारी उन्हें चिड़चिड़ा बना रही थी। "इसकी कोई ज़रूरत नहीं है। कम्युनिस्टों के साथ भी तो यही कठिनाई थी : उन्होंने आदर्श को पाने की कोशिश की थी। कभी भी आदर्शों को हासिल करने की चेष्टा नहीं करनी चाहिए। किसी भी आदर्श को। जहाँ आपने यह कोशिश की वहीं वे ख़त्म। आदर्शों को ऊपर आसमान में ही रहने देना चाहिए। तभी वे प्रभावशाली रहते हैं और बने रहते हैं।"

"माफ़ कीजियेगा डॉक्टर, क्या आप अपने नौकर को अपने साथ मेज़ पर बिठा कर खाना खिलायेंगे?"

"नहीं"

"क्यों"

"शायद इसलिए कि वह इसकी अपेक्षा नहीं करती। यह वैसा ही मज़ाक बन जायेगा जिसकी आपने अभी चर्चा की। कम से कम इस पृथ्वी पर तो ज़रूर।

"तो फिर हम दोनों एक ही नाव के सवार रहे ना!"

"नहीं काउंसिलर। क्योंकि मेरी आत्मा में नौकरानी हर वक़्त मेरे साथ ही मेज़ पर बैठी है।"

"यह ठीक है।", तॉतार ने अपनी भँवें उचकाते हुए कहा "क्यों नहीं। मगर मैं एक बात आपको बता दूँ आपकी नौकरानी कभी आपको अपने साथ मेज़ पर नहीं बिठायेगी, कभी भी नहीं। इन्हें आप ज़रा-सी शह दीजिये, ज़रा से अधिकार दीजिये यह इतने बड़े तानाशाह बन जायेंगे कि पूछिए मत। मैंने इनको अच्छी तरह देखा है। पहली चीज़, ताक़त आते ही जो करेंगीं, वह है अपने लिए नौकर रखना और अपने नौकरों के साथ यह इतने कठोर, इतने हृदयहीन होते हैं कि जिसका कोई अन्त नहीं। भगवान बचाये पुलिस बन गये जरायम पेशाओं से। नौकर का नौकर बनने से अधिक दुखदायी और कुछ नहीं है। इनमें दया होती ही नहीं तब।

"इस सब का इस केस से कोई लेना-देना नहीं है।"

"माफ़ कीजियेगा" तॉतार बात को दूसरी ओर मोड़ते हुए बोले "मुझे आशा है आप अपने आप को मानवतावादी समझते हैं।"

"मैं? मैं तो ऐसा नहीं कहता।"

"क्या कहा?"

"मुझे मानवता ज़रा भी पसन्द नहीं है, क्योंकि मैंने उसे देखा ही नहीं है, मैं उसे जानता ही नहीं हूँ। मानवता का सिद्धान्त एकदम खोखला है। याद रखिये काउंसिलर, हर विश्वास को छलने वाला मानवतावादी है। जो लालची हैं, जो दूसरे की रोटी भी खींचकर खा जायेंगे, जो सबसे बड़े बदमाश हैं उन सबके पास मानवतावादी आदर्श हैं। वे लोगों को सूली पर टाँगते हैं, मारते हैं फिर भी मानवतावादी हैं। वे लोगों के घर उजाड़ते हैं, उनकी पत्नियों को ठोकर मारकर बाहर

निकालते हैं, अपने माँ-बाप और बच्चों की अवहेलना करते हैं और क्या हैं वे? मानवतावादी। इससे अच्छी स्थिति और क्या हो सकती है? आपका फ़र्ज़ तो कुछ है ही नहीं। कोई व्यक्ति आज तक मेरे पास यह कहने नहीं आया है कि मैं मानवता हूँ। मानवता को न खाने की ज़रूरत होती है, न कपड़ों की, वह तो दूर खड़ी रहती है कहीं पीछे की ओर, अपने चारों ओर एक चमक सिमेटे। कोई पीटर है कोई पॉल है। सब के सब लोग हैं। मानवता कहाँ है!"

"और देशभक्ति क्या है?"

"वही चीज़ है", मोविस्तर कहने लगे, बड़े ठीक शब्दों को टटोलते, "जैसा आप जानते हैं बड़ा अच्छा विचार है यह। काफ़ी विस्तृत सा। ज़रा सोचिए तो इसके नाम पर कितने पाप किये गये हैं।"

"तो फिर आप किसे और किस चीज़ को पसन्द करते हैं?"

"पादरियों को" ड्रूमा ने उन्हें छेड़ा "मिकलोश पादरियों को पसन्द करते हैं या फिर शायद बोल्शविकों को। मैं निश्चित रूप से तो नहीं कर सकता पर मुझे विश्वास है मिकलोश कि तुम अन्दर से एक कम्युनिस्ट हो। अब देखो इनकार मत करना प्यारे मिकलोश!" और यह कह उन्होंने मिकलोश को इतनी ज़ोर से लिपटाया कि उनकी हड्डियाँ कड़कड़ाने लगीं।

"नहीं। भगवान तुम्हारा भला करे। तुम पुराने बोल्शविक! आओ एक पैग लगाओ" ड्रूमा ने फिर बताना शुरू किया कि कम्युनिस्टों ने एक साठ साल की औरत के साथ, जो उनके साथ ही क़ैद में थी, कैसा व्यवहार किया था। हर रात ठीक बारह बजे वे उसे आँगन में ले जाते थे गोली मारने के लिए, उसे घुटनों के बल बिठा देते, बन्दूक की नली उसके सिर पर तान देते और कई मिनट तक यूँ ही खड़े रहते। विज़ी ने कहा कि उनसे भी उनका डाइनिंग रूम और ड्रॉइंग रूम ज़बरदस्ती छीन लिया गया था।

"यही तो वे लोग चाहते हैं", तॉतार ने गुस्से से उबलते हुए कहा, "एक ऐतिहासिक रद्दोबदल। वे चाहते हैं कि आप तहखाने में बन्द कर दिये जायें और आपका केयरटेकर आपके मकान में बिठा दिया जाये। एक मैरी-गो-राउन्ड की तरह। एक बाल्टी नीचे तो दूसरी ऊपर आती है। जहाँ तक मेरा प्रश्न है मैं बिल्कुल सन्देह नहीं करता इस बात पर कि केयरटेकरों से भी संभ्रान्त व्यक्ति बनाये जा सकते हैं। मगर इसमें तीन सौ साल लगेंगे। पहले इन्हें खिलाकर इतना मोटा करना होगा कि यह फटने लगें, फिर प्रतीक्षा करनी होगी कि वे उससे ऊब जायें। उनके बच्चों को हमारे बच्चों की तरह घुड़सवारी और तलवार चलाना सीखना होगा, उनकी रीढ़ की हड्डियों को ज़रा सीधा होना होगा, उनके पैर और हाथ ज़रा नाज़ुक बनने होंगे। और इस बीच हमें भी बेक्ड बीन्स और तहख़ाने के कमरे की आदत हो जायेगी। धीरे-धीरे हम उन्हीं की तरह खुरदुरे बन जायेंगे। मगर इसमें भी समय लगेगा। और इस सब

से हासिल क्या होगा? कुछ नहीं हासिल होगा।"

बातचीत अब राजनीति की ओर मुड़ चुकी थी। विज़ी अब तक चुप थे, क्योंकि वे किसी ओर अपना झुकाव दिखाना नहीं चाहते थे और उनका यह भी मानना था कि यूँ थियरी में वाद-विवाद का कोई निष्कर्ष तो निकलता नहीं। अब बातचीत की बागडोर उन्होंने सँभाल ली थी। वे ऑफिस के बारे में, समितिओं के बारे में और नये तरह से सरकार चलाये जाने के बारे में बताने लगे।

काश कि संसार उन्हें इस रूप में देख सकता! "अब हमारी बारी है", उन्होंने ऐलान किया, और अपना हाथ गाबोर तॉतार के कन्धे पर यूँ रख दिया मानों वे उनको भी अपने साथ शामिल कर रहे हों, और आगे आने वाली लड़ाइयों में उनके साथ की उन्हें ज़रूरत पड़ेगी। जैसी उनकी आदत थी, ऐसे पलों में उनकी आँखें एक ओर हो जातीं, और चेहरा एक ऐसा भाव दर्शाने लगता मानो वे फ़ौरन किसी एक्शन के लिए तैयार हों, पर कुछ ही क्षणों में वे अपने आपको सँभाल लेते और चेहरे के भाव को बदल डालते। तब यूँ दिखने लगता मानो वह सर्वहित के बारे में कुछ करने को उत्सुक हैं। अगर कोई उनसे पूछता कि राजनीति का उद्देश्य क्या था। या क्या चीज़ है जिसके होने की वे हर सरकार से अपेक्षा करते रहे हैं तो उनका उत्तर केवल एक वाक्य में यही होता कि "भ्रष्टाचार का अन्त"। वे इसे शुद्ध हंगारी भाषा में कहने से सदा हिचकते थे क्योंकि वह बहुत गौण लगता, और इसमें वैसी गरिमा न रहती जो केटो जैसे दार्शनिक की बात के साथ न्याय करती। वे उसे इसी प्रकार परतों में लिपटे रहने देना चाहते थे, और इस तथ्य से साक्षात्कार नहीं करना चाहते थे कि राजनीति केवल उन लोगों की लड़ाई है जो भूखे हैं और ग़रीबी से पीछा छुड़ाने में असफल, कि हर राजनीतिक व्यवस्था केवल इसीलिए ताक़त पाना चाहती है ताकि अपने मित्रों आदि को अच्छी-अच्छी पोज़ीशन दें, और अपने विरोधियों को पूरी तरह मिट्टी में मिला दे। भ्रष्टाचार उनके लिए हमेशा एक ऐसा शब्द था जो दूसरों से जुड़ा होता था, उन अफ़सरों से जो रोज नयी लड़कियाँ लेकर बड़ी-बड़ी सरकारी गाड़ियों में मस्ती मनाने जाते थे, और इस बात की वे इसलिए भी बहुत बुराई करते थे क्योंकि उन्हें याद था कि एक सुन्दर रात को वे भी सरकारी गाड़ी में एक लड़की को पार्क में घुमाने ले गये थे, वह सरकारी गाड़ी उन्होंने अपने दोस्त से माँगी थी, वे अब भी याद करते थे वह ख़ुशी जो उन्हें उस वक़्त मिली थी जब गाड़ी से उतरने पर पीक्ड कैप पहले ड्राइवर ने उन्हें सैल्यूट किया था; ऐसा तो वे किसी क़ीमत पर भी हासिल न कर सकते थे।

मोविस्तार बोर होने लगे थे। कुछ देर अपनी कुर्सी को झुलाते रहे, फिर ड्राइंगरूम में चले गये जहाँ औरतें शतरंज की मेज़ के किनारे बैठी हुई थीं। वे अब भी उसी विषय पर अटकी हुई थी जिसने आदमियों को वाद-विवाद का मौक़ा दिया था।

श्रीमती विज़ी एक लम्बा भाषण दिये चली जा रही थीं, "यह सही है कि वह बहुत मेहनत से काम करती है। मगर उसे जरूरत ही किस चीज़ की है? थोड़ा गुस्सा दिखाती बोलीं "खाना उसे मिलता है, सिर के ऊपर छत है, उसे कपड़े भी मिलते हैं, अपनी तनख़्वाह बैंक में जमा कर सकती है। आज के मुश्किल दौर में इससे ज़्यादा वह क्या चाह सकती है? उसे कठिनाई किस बात की है? उसे तो इस बड़े घर को चलाने की चिन्ता नहीं है, उसे अपना सिर नहीं खपाना पड़ता कि खाना क्या बनेगा, पैसा कहाँ से आयेगा, वह तो बिना किसी चिन्ता के बिना किसी परेशानी के आराम से रह सकती है। मैं तो आजकल सोचती हूँ कि आज के ज़माने में नौकर ही हैं जो अच्छी तरह से रह रहे हैं।"

बाक़ी औरतों ने भी ठण्डी साँसें भरीं मानो सभी यह सोच रही हों कि उन्होंने ग़लत व्यवसाय चुन लिया था, और अब हालात उन्हें कभी नौकरानियाँ नहीं बनने देंगे।

डॉक्टर ने अपनी पत्नी को इशारे से बुलाया। बोले कि वे थक रहे हैं। वे रात को दस बजे से पहले सो जाते थे क्योंकि सुबह सात बजे उन्हें भरी हुई ट्राम में हॉस्पिटल जाना होता था। श्रीमती मोविस्तार ने सिगरेट बुझायी। तॉतार दम्पत्ति भी उठ खड़ा हुआ। उन्हें भी अपना मुख्य गेट बन्द होने से पहले घर पहुँचना था श्रीमती द्रूमा हॉल में खड़ी थीं रसोई की ओर कान लगाकर।

"यह क्या कर रही है?"

"काम ही कर रही होगी", श्रीमती विज़ी बोलीं, "करने दो।"

मगर तब तक श्रीमती द्रूमा ने दरवाज़ा खोल ही दिया था। एक आकृति कूड़ेदान के पास खड़ी थी, उसके हाथ में आदमियों के पहनने का जूता था जिसे वह पॉलिश कर रही थी।

"गुड नाइट ऑन्ना, गुडबाय, परमात्मा तुम्हारी रक्षा करें।" कई आवाज़ें मिल जुलकर यही कहने लगीं। ऑन्ना कुछ बुदबुदायी।

"क्या कह रही है यह?"

"वह क्षमा माँग रही है आप सबसे", श्रीमती विज़ी ने अनुवाद किया, "कि वह आपके लिए दरवाज़ा नहीं खोल सकती क्योंकि उसके हाथ पेस्टी हैं।"

"यह 'पेस्टी' हाथ क्या होते हैं?"

"पैश्त की नौकरानियाँ गन्दे हाथों को पेस्टी हाथ ही कहकर बुलाती हैं। पेस्टी अर्थात् बूट पॉलिश।

"पेस्टी—द्रूमा ने शब्द दोहराया—देखो तो ज़रा यह भी नहीं जानता था मैं।

'पेस्टी'—और सीढ़ी से चढ़ते हुए, अपने घर जाते वक़्त वे इसी पर हँसते जा रहे थे।

10
मिसाल

विज़ी दम्पत्ति अभी तक अपनी पार्टी के बारे में बातें करते जा रहे थे। "तुमने सुना वह क्या कह रहा था? मैं अपनी नौकरानी को छोटे केक खिलाया करूँ। केक!"

"पागल कहीं के।"

"क्योंकि उसे वह बेहद पसन्द हैं। मैंने ऐसा तो पहले कहीं सुना नहीं।"

"और यही नहीं। इसके बाद उसका बेवकूफ़ी का तर्क! समझ रहे हो न मैं क्या कह रही हूँ। तॉतार ने उसकी बोलती बन्द कर दी।"

"मेरी कोई इच्छा नहीं है उसे महारानी बनाकर रखने की। बस अब इसी की तो कमी रह गयी है।"

"लगता है उसकी अक़्ल घास चरने चली गयी है। बीमार आदमी है। खुशकिस्मत होगा अगर दो महीने भी जी गया। अब तो उसका शुगर लैवल भी जाँच नहीं करते। तुमने देखा नहीं कैसे मक्खियाँ उसके चारों ओर भिनभिना रही थीं। लगातार वह उन्हें उड़ाता जा रहा था। बेचारा। बहुत जल्द ही दम तोड़ देगा। उसकी पत्नी बेचारी का क्या होगा?

"पर तुमने भी ग़ल्ती की। क्या ज़रूरत थी उसकी इतनी ज़्यादा तारीफ़ करने की, यूँ सबके सामने तारीफ़ों के पुल बाँधने की। वे लोग उसे हथियाने की कोशिश करने लगे तो!"

डॉक्टर ने श्रीमती विज़ी को गुस्सा दिला दिया था। अब उन्होंने ऑन्ना को और कसके रखना शुरू कर दिया। उन्होंने कभी किसी नौकरानी से केयर टेकर के असिस्टैंट का काम नहीं लिया था। मगर ऑन्ना को इस काम पर भी लगा दिया गया। हफ़्ते में एक दिन उसे सीढ़ियाँ साफ़ करने को कहा जाता, एटिक को साफ़

करना होता और अगर और कुछ काम न होता तो वह पूरा प्रयत्न करतीं कि वह फ़िचोर की मदद करे। अब यह ऑन्ना का काम हो गया था कि कूड़ा फेंके। जब कूड़े वाला घण्टी बजाता तो तीन परिवारों का कूड़ा वह ही उठाकर कूड़े की गाड़ी में डालती, बड़ी मुश्किल से भारी-भारी कूड़ेदान उठाती। एक टोकरी भर कर मोज़े उसे दे दिये जाते थे रफ़ू करने को ताकि वह अपने खाली समय में बोर न हो।

श्रीमती विज़ी अपनी ख़ुशी को कभी चेहरे पर ज़ाहिर न होने देती थीं। वे फ़िचोर से बस इतना ही कहतीं कि लड़की चलेगी। यह हालाँकि उनके लिए काफ़ी कठिन काम था क्योंकि मन ही मन तो लड्डू फूट रहे थे उनमें। बस किसी प्रकार अपने को कण्ट्रोल कर लेती थीं। वे बहुत कड़क चेहरा दिखातीं पर वह केवलएक नकाब था।

15 सितम्बर को महीना पूरा हुआ। उन्होंने ऑन्ना को उसकी तनख़्वाह दे दी। उतनी नहीं जितनी कॉतित्सा को देती थीं, क्योंकि उसको तो ज़रूरत से .ज्यादा मिलती थी, पर साथ में यह भी कह दिया कि कुछ समय बाद तनख़्वाह बढ़ा देंगी। और उन्होंने शीशे के टूटने के भी पूरे पैसे नहीं काटे। केवल आधे ही क़ाटे।

ऑन्ना को पैसे की कोई ज़रूरत नहीं थी तो उसने श्रीमती विज़ी से कहा कि या तो पैसे बैंक में जमा करा दें या उसके लिए कोई चीज़ खरीद दें। उन्होंने रोहाम उत्सा से उसके लिए एक सिर पर बाँधने का स्कार्फ़ ख़रीद दिया।

पाँचवें रविवार को उन्होंने ऑन्ना को शहर घूम आने को कहा। ऑन्ना ने अपना वही लाइनों वाला फ्रॉक पहना जो पहन कर आयी थी। रविवार की ख़ामोश रोशनी पटरियों पर पड़ रही थी। पहाड़-सा खाली दिन मुँह बाय उसकी ओर देख रहा था। वह हर गेट पर रुकती फिर आगे बढ़ती धीरे-धीरे कदम रखती लोगोदी उत्सा से होती हुई एक स्कवेयर तक पहुँची जहाँ एक चर्च और एक बड़ा-सा अस्पताल, इस स्क्वेयर पर काफ़ी हलचल थी। इतनी ज़ोर से चिल्लाने की आवाज़ें हर तरफ़ से आ रही थीं कि लगता था पतझड़ में ढेर सारे कौवे चिल्ला रहे हों। यह वो जगह थी जहाँ आमतौर पर नौकर-नौकरानियाँ सैर किया करते थे। स्वाबियन लड़कियाँ हाथों में हाथ डाले खिलखिला रही थीं, अपनी ना समझ में आने वाली भाषा में बातें करतीं, बिल्कुल वैसे जैसे अपने गाँवों में करती होंगी, ख़ूब ठहाके लगाकर हँसती हुईं। वे हाथ में हाथ डाले, चेन बनाये, ट्रेफ़िक के बीच में खड़ी हो जातीं, आनेजाने वालों के लिए दिक़्क़त पैदा करती। ट्राम के ड्राइवर को कम से कम दो बार घण्टी बजानी पड़ती तब कहीं जाकर वे हटतीं। ऑन्ना उनके बीच बहुत अकेली लग रही थी।

घर लौटते समय, वेरमैज़ो के पास एक रोमानियन सैनिक ने उसके वक्ष पर चुटकी काटी। वह भागकर एक घर के गेट के पीछे जाकर छिप गयी और इन्तज़ार करती रही उस सैनिक के वहाँ से चले जाने का। दक्षिणी टर्मिनल के पास उसने कुछ लॉलीपॉप ख़रीदे जो वह आरोक उत्सा में बॉन्दी के लिए ले जाना चाहती थी

उपहार स्वरूप नौकर जब अपने पुराने मालिकों के पास मिलने जाते हैं तो यही कहते हैं "कि यदि आप बुरा न मानें तो हम आपसे मिलने आये हैं"। और मालिक बुरा नहीं मानते। एक तो इससे कुछ नया पन आ जाता है उनकी दिनचर्या में और दूसरे जब वे पुराने नौकर को पहचान लेते हैं जो अब कुछ ज़्यादा मोटा या पतला हो गया होता है, कम से कम ज़्यादा उम्र को तो ज़रूर, तो वे भी अपने पुराने दिनों की यादों में लौट जाते हैं। वे अब नौकर का मेहमान की तरह स्वागत करते हैं। उसे, कभी यह कभी वो, खाने को देते हैं। मेहमान भी अपने साथ ढेरों यादें सँजोए आता है, उस कमरे में जहाँ की हर चीज़ से वह मालिक से अधिक परिचित है। उसके हाथ, जो यहाँ भारी काम करने के आदी थे वे अब ख़ाली लटक रहे होते हैं, अब वह उतनी बेतकल्लुफ़ी से पेश नहीं आ सकते जितने तब जब इस घर में काम किया करते थे और परिवार का एक हिस्सा हुआ करते थे। और इस पर नौकर को दुख भी होता है कि उसकी अनुपस्थिति में भी इस घर का जीवन पहले ही की तरह चल रहा है, उसके बग़ैर कोई काम रुका नहीं है। हरेक नौकर के साथ यही होता है, मगर ऑन्ना इसे कुछ अधिक ही महसूस करती है, उसे यह एहसास काफ़ी विचलित भी करता है, और जब चलने का समय होता है तो वह अचानक ही बहुत उदास हो जाती है ओर एक अजीब-सी उदासी लिए वहाँ से निकलती है।

वह बॉन्दी था जिसने उसे एक खिलौने वाला बिगुल दिया था यादगार के लिए। आज उसने उसे लॉलीपॉप दिये। बॉन्दी उसकी ओर अचम्भे से देखता रहा। उसके दिमाग़ में कुछ गड्ड्-मड्ड् सी यादें थीं। लॉलीपॉप ने ज़रूर अपना काम दिखाया। वह उसकी गोद में आकर बैठ गया। वह ही तो थी जिसे वह सबसे अधिक प्यार किया करता था, और जिसे वह, डेढ़ वर्ष की उम्र में ऑन्या (माँ) बुलाया करता था ऑन्ना नहीं। पर आज जब उसने उसे जादू की छुरी और उसमें से निकलने वाली चिड़ियों की बात बतायी तो वह सुन भी नहीं रहा था। वह जादू की छुरी को बिल्कुल भूल चुका था। ऑन्ना ने विदा ली और 238 ऑत्तिला उत्सा छः बजे से पहले ही पहुँच गयी।

सब कुछ देख समझकर घर पर ही सबसे अच्छा था।

श्रीमती विज़ी ने सुबह का समय रसोईघर में बिताया। अब नौकरानी पर नज़र रखना तो ज़रूरी नहीं था मगर रसोई से अधिक रोचक कोई जगह नहीं है, वो तो ज़िन्दगी की प्रयोगशाला है। यहाँ वे जान सकती थीं कि बाज़ार में क्या हुआ, मोविस्तर और द्रूमा के यहाँ क्या पक रहा है, या केवल ऑन्ना को काम करते ही देख सकती थीं। खाने का सामान पकने से पहले, अपनी कच्ची अवस्था में यहाँ-वहाँ बिखरा हुआ है, इससे पहले कि वह पकी हुई शक्ल में मेज़ तक पहुँचे। पानी, जो सूप में परिवर्तित हो जायेगा, चूल्हे पर चढ़ा उबल रहा है एक बड़े से लोहे के बर्तन में, गाज़र, हरा प्याज़, गाँठ गोभी, हरा धनिया, काली मिर्च सब उस नमकीन पानी

में उबल रहे हैं, सब्जियों की गन्दगी ऊपर सतह पर आ गयी है। छोटे बर्तन भी यहाँ वहाँ खड़क रहे हैं। नौकरानी जल्दी से ज़ाफ़रान और अदरक शैल्फ़ पर से उतारती हैं, प्याज के टुकड़े करती है, आँखों और नाक से पानी बह रहा है, गिरी पीसती है, ब्रैड को मसलती है, धनिया काटती है, अण्डे तोड़ती है, ज़र्दी को सफ़ेदी से अलग करती है, शलगम छीलती है, खरगोश के टुकड़े करती है, मीट को मैदे में लपेट गर्म तेज में डाल देती है।

बस एक काम था जो ऑन्ना नहीं कर सकती थी : वह ज़िन्दा मुर्गा नहीं मार सकती थी। वह ऊपर भाग जाती थी और ऐतैल्का को बुलाकर लाती थी यह साधारण सा क़त्ल करने के लिए। यह बड़ी उम्र की नौकरानी आराम से मुर्ग़ उठाती बाहर आँगन में ले जाती, एक सधे हुए हाथ से गर्दन मरोड़ती और बड़े से चाकू से बस धड़ अलग, खून उसकी कोहनियों तक आ जाता, कभी-कभी तो मुँह तक भी। ऑन्ना अपना मुँह दूसरी ओर कर लेती। श्रीमती विज़ी भी यह दृश्य नहीं देख पाती थीं। वह जानती थी कि यह ज़रूरी था पर वे ऐतैल्का से पूछती थीं कि वह कैसे यह कर लेती है। ऐतैल्का ज़ोर से हँसती और कहती जो करना है वो तो करना ही है।

श्रीमती विज़ी ने ऑन्ना को इस बात के लिए भी समझा दिया कि उन्हें अच्छा नहीं लगता था कि वह इन दोनों नौकरानियों से .ज्यादा मेल-जोल बढ़ाये। ऐतैल्का उसकी बराबर उम्र की नहीं थी, वह बहुत मुँहज़ोर और बदतमीज़ थी और स्तैफ़ी वह तो यूँ भी तुम्हारा अपमान कर देती है और तुम्हारे साथ दिखने में भी उसे शर्म आती है। यह दोनों तुम्हारे पीछे तुम्हारा मज़ाक उड़ाती हैं। एक दो बार तो उन्होंने इन दोनों से झूठ ही कह डाला कि ऑन्ना घर पर नहीं है। ऑन्ना को लगा मालकिन सही कह रही थीं। वह कोई ख़ास कोशिश नहीं करती थी अब इन दोनों से मिलने की। उसे क्या ज़रूरत थी उनका पीछा करने की?

इसके बजाये वह रसोई में ही कोई न कोई काम निकालकर करती रहती। एक मुर्गी का बच्चा उसके पैरों के पास बैठा खेलता रहता। वह खुद उसे ख़रीद कर लायी थी पालने के लिए। वह मुर्गी के बच्चों को उनके पंखों और उनकी आवाज़ से पहचान लेती थी। और गाँव की लड़कियों की तरह वह भी मुर्गी के बच्चों को बाक़ी परिन्दों जैसा ही समझती थी। वह उसे प्लेट में पानीपीने को देती, रोटी के टुकड़े खिलाती और उससे बात करती। रात को चूज़ा उसके बिस्तर में घुस जाता और उसके पैरों के पास सो जाता।

जब वे दोनों साथ होतीं तो श्रीमती विज़ी उसे पिरोश्का के बारे में बतातीं और ऑन्ना उन्हें अपनी सौतेली माँ के बारे में, उस मोटी ताज़ी औरत के बारे में जिसने एक सर्दी की रात उसे घर से बाहर निकाल दिया था। फ़िचोर ने उसके पिता इश्तवान एदैश को लिखा था उसके नये काम के बारे में, मगर पत्र का कोई जवाब नहीं आया। वे तो उससे तंग आ चुके थे। यह लड़की अब इसी घर को अपना

मानकर रहने लगी थी। अब वह अपने पिछले मालिकों की भी बात नहीं करती थी, बॉरतोश परिवार की भी नहीं, न ही अब उसे कॉतित्सा के बारे में सुनना पड़ता था। वह वक़्त अब बीत चुका था। अब तो उसे गर्व होता था यह देख कि उसके मालिक, द्रूमा और मोविस्तर से ज़्यादा रईस हैं। जब मालकिन उसे नया बेलन लाकर देतीं तो वह बहुत ख़ुश होती। छलनी के बारे में बात करती तो 'हमारी छलनी', कार्क स्क्रू की बात करती तो 'हमारा कार्क स्क्रू' कहकर बुलाती, और उसे अपने घर की चीज़ें दूसरे घरों की चीजों से ज़्यादा अच्छी लगतीं। वह श्रीमती विज़ी के कपड़ों को भी बहुत सराहती थी, ख़ासतौर पर उनकी काली ड्रैस सिल्क की जो वे बुधवार की दोपहर को पहन कर जाया करती थीं। श्रीमती विज़ी भी उससे मज़ाक़ करती थीं "देखो यह मैंने आज केवल तुम्हारे लिए पहनी है।"

श्रीमती विज़ी को नौकरानी का साथ अब बड़ा अच्छा लगने लगा था। नौकरानियाँ भी तो अपनी मालकिनों के लिए वही काम करती हैं जो वेश्याएँ उनके पतियों के साथ करती हैं। जब उनकी ज़रूरत न हो, उन्हें भगाया जा सकता है।

एक ख़ास शाम को, जब सारी राजनीतिक उथल-पुथल ख़त्म हो चुकी थी, और सब वाद-विवाद ख़त्म हो चुके थे, विज़ी रात के खाने का, स्टडी में बैठे। इन्तज़ार कर रहे थे। स्टडी में एकदम शान्ति थी : दवात, सील लगाने की लाख, कैंची, और भूसाभरा उल्लू, सब अपनी-अपनी जगह रखे थे। विज़ी अपने साले को ख़त लिख रहे थे, फैरैन्त्स पॉतिकारियुस को, जो ऐगैर में उनके अंगूर के खेतों की देखभाल करते थे। ख़त लिखना, काफ़ी मुश्किल हो रहा था। अपने सैक्रेटरी को डिक्टेशन देकर, मिनिस्टरी में सरकारी ख़त लिखवाना कितना आसान है, व्यक्तिगत पत्र लिखना कितना मुश्किल। वे रुके, फिर से पत्र पढ़ा, स्याही को सोखा, फिर दोबारा पढ़ा, इससे पहले कि होंठों से गीला कर के पत्र बन्द करते, और मोमबत्ती जलाकर, लाख लगाते और उस पर अपनी सिगरेट अगूँठी से सील करते। फिर उन्होंने ज़ोर की जम्हाई ली। उनका दिल, फेफड़े और जिगर सब सही काम करते थे, उनका पेट, सब कुछ जो उसमें डाला जाता, हज़म कर जाता मगर उन्हें यही लगता रहता था कि वे बहुत तकलीफ़ में थे। वे इस वक़्त उन अफ़सरशाहों की तरह बोर हो रहे थे जो अकेले पड़ जाने पर जानते नहीं कि आख़िर करें क्या। उन्होंने रसोई में झाँका ताकि ज़रा जल्दी करवा सकें। उनकी पत्नी ऑन्ना से बातचीत में लगी थीं, उसके पास गाँव की ताज़ी बातें बताने को जो थीं। विज़ी ख़ुद भी वहाँ बैठना चाहते थे और बातें करना चाहते थे। मगर उनकी पत्नी ने उन्हें बाहर खदेड़ दिया। उन्होंने कहा कि वे ऑन्ना को परेशान न करें, वह एक नौकरानी थी, टूरिस्टों के देखने की चीज़ नहीं थी।

मगर उनकी लाख कोशिशों के बावजूद भी, वे ऑन्ना की रोशनी को टोकरे से ढकने में कामयाब नहीं हुईं। लड़की रोज़ वियातोरिज़ की दुकान पर जाती थी। किराना स्टोर का यह मालिक इस नायाब नौकरानी को देखकर तबियत से आँख

मारता था। चूँकि उसकी दुकान पर आसपास की औरतें ख़रीददारी करने आती थीं यह गढ़ था दुनियाभर की चटपटी बातों के आदान-प्रदान का, अतः सब लोग ही उसके बारे में जानने लगे थे। नानबाई के यहाँ भी उसके चर्चे होते, धोबी के यहाँ भी, और तो और कब्रिस्तान में काम करने वाले अण्डरटेकर के यहाँ तक भी। वह मोटा पुलिसवाला, जो विज़ी दम्पत्ति को इज्ज़त से सैल्यूट करता था, उधर से गुज़रते वक़्त, वह भी ऑन्ना के बारे में जानता था।

उसकी कीर्ति चारों ओर फैलने लगी। शुरू में केवल ऑत्तिला उत्सा के आसपास के क्षेत्र में, जैसे क्रिस्तीना स्क्वेयर वग़ैरह, मगर जल्दी ही पौलर उत्सा, मिको उत्सा, लोगोदी उत्सा और ताबोर उत्सा में भी उसका नाम सुनायी पड़ने लगा। वहाँ से वार (महल) तक पहुँचने में एक हफ़्ता लगा, और फिर ऊरी उत्सा, जहाँ तॉतर रहते थे, बाश्त्या शेतान्य, फरदिनन्द स्क्वेयर, और वियना गेट स्क्वेर तक पहुँच गया। उसकी ख्याति लोगों के मन में घर करती जा रही थी और बढ़ती जा रही थी।

सब लोग इस आदर्श नौकरानी की बात करते थे। कइयों ने तो उसे अब तक देखा तक न था, उसे बस उसके नाम से ही जानते थे। उनकी कल्पना में अभी तक उसका कोई रूप भी न बना था। जो उसे जानते थे, उन्हें लगता था वो एक ऐसी सोसायटी के सदस्य हैं जो अन्धविश्वास में यक़ीन रखने वालों की है, जिसने एक चमत्कारी जड़ी-बूटी के बारे में सब जान लिया है; वे यह तो न समझते थे कि यह असाधारण ताक़त क्या है मगर उस पर यक़ीन ज़रूर रखते थे।

धीरे-धीरे ख़बर चारों तरफ़ से घूमतीफिरती विज़ी दम्पत्ति के पास ही आ पहुँची। एक दिन एक मित्र ने विज़ी को ऑफिस में फ़ोन किया यह पूछने के लिए कि क्या ऑन्ना की कोई बहिन या कोई आंटी थी क्योंकि उन्हें एक भरोसेमन्द नौकरानी की ज़रूरत थी।

श्रीमती विज़ी ग़रीबों के लिए, मारिया फ़ारमेसी में, दवाइयों के पैकिट बना रही थी। हमेशा की तरह असिस्टैंट कैमिस्ट उनसे बातें कर रही थीं, जब वे दवाइयाँ लिखवा रही थीं, अचानक उसने भी ऑन्ना के बारे में पूछा। उसने 'आपकी ऑन्ना' के बारे में बात की, बड़ी मुस्कान के साथ।

जब ऑन्ना बाज़ार जाती अपनी टोकरी अपनी बाँह पर टाँगे, तो सब्ज़ी वाले एकदूसरे से फुसफुसाकर कहते, "विज़ी। तुम जानते हो ना, काउंसिलर। वे मिनिस्टरी वाले"। जब विज़ी वहाँ दिखाई देते तो फुसफुसाहट यूँ होती "यह हैं वो; जिनके बारे में मैंने तुम्हें बताया था। आन्ना के मालिक।"

शाम को क्रिस्टीना के साहब लोग अपनीअपनी पत्नियों के साथ सैर को निकलते। एक औरत अचानक रुक गयी। उसने अपने पति की बात सुननी बंद कर दी और एक ओर आँख गड़ाकर देखने लगी जैसे मानो उसने कोई भूत देख लिया हो।

"देखो", धीरे से बोली, "यह है वो।"

"कौन?"

"ऑन्ना। जो विज़ी के यहाँ काम करती है। विज़ी की नौकरानी।"

पति ने गैस़ लाइट की मद्धम रोशनी में देखने का प्रयास किया मगर उन्हें कोई दिखाई नहीं दिया। जब तक वे देख पाते, नीली कैलिको की ड्रेस में एक साया, दीवार के किनारे चलता, हाथ में नानबाई से ताज़ी ब्रैड लेकर, कॉफी के रंग के घर के गेट के अन्दर घुस चुका था और अब तक सीढ़ियाँ चढ़नी भी शुरू कर चुका था। अब वह उनकी नज़रों से बहुत दूर था। उन्होंने कुछ देर वहीं खड़े रहकर इन्तज़ार किया, जैसे उनसे पहले भी कइयों ने किया था, फिर चुपचाप अपने ख़्यालों में खोये आगे बढ़ गये।

11
मास्टर यॉन्ची

सितम्बर की एक सुबह, मिनिस्टरी में काम करने वाला एक लड़का श्रीमती विज़ी के लिए एक टेलीग्राम लेकर आया, जिसे विज़ी पहले ही ख़ोलकर पढ़ चुके थे। उसमें एक छोटा-सा सन्देश था; "आज शाम को पहुँच रहा हूँ—यॉन्ची।"

विज़ी को लिखे अपने कई पत्रों में, फैरेन्त्स पॉतिकारियुस ने अपने 21 वर्ष के बेटे का कई बार ज़िक्र किया था जो अभी भी ऐगैर में आवारा घूम रहा था। चौदह वर्ष की आयु तक यॉन्ची मिलिटरी स्कूलन का विद्यार्थी था शॉन्क्तपाल्तेन में। जब उसके बड़े भाई शान्दोर की, कारपाथियन युद्ध में मृत्यु हो गयी तो पिता ने उसे इस स्कूल से निकाल लिया और घर के पास वाले स्कूल में उसका दाख़िल करवा दिया। वे चाहते थे कि अपने इस बचे हुए बेटे को पढ़ालिखाकर अच्छे व्यवसाय में लगाएँ। लड़के के अगले चार साल सपने की तरह बीते, बार-बार कोयले की तंगी से स्कूल अधिकतर बन्द ही रहता, पर इससे वह अनुशासन में बँधना न सीखा। वह अपने बड़ों और अपने टीचरों को युद्ध में जाते देखता, और अगले ही दिन उनके शहीद होने की ख़बर आ जाती। बाक़ी और लोगों की तरह से वह भी युद्ध के कारण, जल्दी ही बड़ा हो गया। स्कूल के अन्तिम वर्ष में उसे भी मिलिटरी ट्रेनिंग के लिए बुला लिया गया, उसे ट्रेनिंग भी मिली और वह युद्ध में बुलाये जाने का इन्तज़ार भी करता रहा। पर बुलावा आया ही नहीं। इसी बीच क्रान्ति छिड़ गयी, और बस वो किसी प्रकार अपनी मिलिटरी की परीक्षा ही पास कर सका।

अब, उसके पीछे ऑस्ट्रियन कैडेट स्कूल के सख़्त अनुशासन और उसके सामने एक अज्ञात भविष्य की स्वतन्त्रता ने उसे आवारा सा बना दिया था। वह पार्टियों में जाना पसन्द करने लगा था। रात-रात भर डांस करता था, आस-पास की

लड़कियों को फुसलाता था और जल्दी ही बातचीत में निपुण लड़के के रूप में उसने ख्याति प्राप्त कर ली। वह फिल्म-स्टार बनने के सपने भी देखने लगा था। और कोई व्यवसाय उसे जँचता ही नहीं था। दो साल तक वह यूँ ही टालता रहा। उसको कोई शौक़ नहीं था आगे पढ़ने का।

आख़िरकार पिता उसकी इन आदतों से परेशान हो चुके थे, उन्होंने अपने बहनोई से अपील की कि इस लड़के को आदमी बनाकर सही राह पर लाएँ, क्योंकि युद्ध के कारण इसकी ज़िन्दगी बुरी तरह बिगड़ चुकी थी। विज़ी की सलाह यह थी कि किसी भी हालत में वह छोटी-सी सरकारी नौकरी से काम शुरू न करे; बल्कि एक अच्छे मध्यम वर्गीय ईसाई की तरह कोई प्रैक्टिकल और फाइनेंशियल पोज़ीशन हासिल करे। फैरेन्त्स पॉतिकारियुस उनसे सहमत थे।

विज़ी ने एक परिचित बैंक मैनेजर को फ़ोन किया जिसने वायदा किया कि लड़के को तनख्वाह समेत ट्रेनिंग पर रख लेगा। बस अब उसके लिए एक फ़्लैट रहने को ढूँढ़ना था। इस वक़्त पैश्त में फ़्लैट मिलना इतना आसान नहीं था। श्रीमती विज़ी अपने फ़्लैट को बड़ी हिफ़ाज़त से रखती थीं, बड़ी मुश्किल से इस बात पर तैयार हो पायीं कि जब तक फ़्लैट का इन्तज़ाम न हो, भतीजे को अपने घर पर ही रख लें। उन्हें लगा आख़िर भाई के प्रति कोई तो फ़र्ज़ है उनका।

शाम को उन्होंने तीन लोगों के लिए मेज़ लगायी। यॉन्ची आया ही नहीं। इससे किसी को कोई खास हैरानी भी नहीं हुई : वह विश्वास के योग्य था ही नहीं।

टेलिग्राम मिलने के तीन दिन बाद, जब सब उसके बारे में क़रीब-क़रीब भूल ही चुके थे, सुबह लगभग ग्यारह बजे दरवाज़ा धड़ाम से खुलने की आवाज़ आयी। यॉन्ची एक तूफ़ान की तरह से अन्दर घुसा आया।

"आण्टी एंजेला।"

"यॉन्ची यॉन्ची!"

"मैं आपका हाथ चूमता हूँ।"

"हैलो, हैलो। अब आने का वक़्त हुआ है? क्या लड़का है। कब पहुँचा?"

"अभी-अभी। मुझे एक्सप्रैस ट्रेन मिल गयी थी। तीन घण्टे लेट थी।"

दोनों साथ-साथ ही बोलते जा रहे थे, चिल्लाते हुए एकदूसरे को लिपटा रहे थे। काफ़ी नाटकीय मिलन था, कुछ अधिक ही नाटकीय। श्रीमती विज़ी ने अपने को उससे अलग किया और अपने बाल ठीक किये जो उसने अपनी धूम-धड़ाम में काफ़ी ख़राब कर दिये थे। उन्होंने धीरे से उसे पीछे धकेला।

"ज़रा रुक तो, मुझे अच्छी तरह से देख तो लेने दे।"

उन्होंने भतीजे को ऊपर से नीचे तक देखा। देखने में यॉन्ची बिल्कुल वाइस एडमिरल जैसा दिखता था पूरी सफ़ेद पोशाक में। सफ़ेद फ़लालेन का पैन्ट, सफ़ेद जैकिट, और सफ़ेद स्पोर्टस के जूते। ख़राब समय ने मानो उसे छुआ तक नहीं था।

"तू कितना बड़ा हो गया है!" श्रीमती विज़ी ने आश्चर्य दिखाया। वे उसमें वही जल्दी बड़ा हो गया कैडेट देख रही थीं जो क्रिसमस की छुट्टी में कुछ दिन घर आने की इज़ाज़त पाने में सफल हो गया था और मेज़ पर अपने साइड में एक छोटी तलवार लगाये बैठा था। इतने साल बाद उसे देखकर वह हैरान-सी हो रही थीं।

अपने दूर रहने वाले परिचितों को हम एक बिन्दु पर संजोकर रखना चाहते हैं, एक पूर्व निश्चित स्थिति में, मानो वे मृत ही हों। उनको एक समय की परिधि में बाँध देते हैं। फिर जब वे मिलते हैं, तब यह छलावा समझ में आता है, और यह मुलाक़ात काफ़ी सुखद हुआ करती है।

श्रीमती विज़ी बकबक करती रहीं। वे दूर पीछे कहीं देखने लगीं और पिछली यादों को याद कर के मुस्कुराने लगीं।

"आ, मैं तुझे तेरा कमरा दिखा दूँ। जब तक चाहे यहाँ पर रह सकता है। इस दीवान पर सोना होगा तुझे।"

"फर्स्ट क्लास", और यह कह यॉन्ची धम्म से उस पर पसर गया। फिर खड़ा हुआ, कलाबाज़ी लगा अपने हाथों के बल खड़ा हो गया और यूँ कमरे का चक्कर लगाने लगा। उसका सफ़ेद चेहरा अब तक लाल हो चुका था, उसकी जैकिट उलटकर उसकी ज़ैफायर कमीज़ दिखा रही थी और उसकी जेब में उसका रूमाल जो एक फ़ख्ता की शक्ल में तह किया हुआ था।

"बेवकूफ़!" श्रीमती विज़ी उसे डाँटते हुए बोलीं "मेरे घर को यूँ उल्टा-पुल्टा करने की धृष्टता मत करना। तू तो अभी भी पहले जैसा पागल ही है।"

"वो तो मैं हूँ आण्टी एन्जेला", उसने ऐलान किया, एड़ियाँ ठकक् से जोड़ कर बुआ को झुकर कर सलाम करते।

फिर वह सीटी बजाने लगा।

श्रीमती विज़ी इस मस्त दरवेश को देखती रहीं। उसकी रंगरेलियों और मस्तियों की बातें उन्हें याद आने लगीं और उसकी पुरानी ज़ोरदार हँसी की आवाज़ उनके कानों में गूँजने लगी।

एक बिगड़ा हुआ बातूनी अपने रिश्तेदारों को अधिक प्रिय लगता है बनिस्वत अजनबियों को। उसकी उछल-कूद के बावजूद कुछ ऐसा था जो एक दूरी का आभास करा रहा था। उसके एकदम बढ़िया, सजे सँवरे कपड़े भी यही सन्देशा दे रहे थे। वह अच्छी माँस पेशियों वाला मज़बूत जवान था मगर उसका सीना चौड़ा नहीं था। उसके छोटे हाथ एकदम रूखे थे। चाहे कितनी भी गर्मी हो उसे पसीना नहीं आता था। उसके छोटे-छोटे खड़े हुए ताँबे के रंग के बाल उसके सुड़ौल सिर पर सफ़ाई से चिपके हुए थे जिसमें से उसके कान यूँ बाहर निकले दिखाई देते थे मानो काग़ज़ के कान लगा दिये गये हों। उसके पतले होंठ कड़े और कठोर थे। उसका चेहरा

जीवन-हीन, भाव-हीन और लकड़ी का बना लगता था। किसी क्यूबिस्ट शिल्पकार की अष्टावक्र कृति हो।

अचानक उसने सीटी बजाना बन्द कर दिया। उसका सामान ऊपर लाया जा रहा था, दो सूटकेस बढ़िया अँग्रेज़ी चमड़े के। वह गम्भीर होकर उनके ताले खोलने लगा। सब कुछ सही सलामत था। ग्यारह सूट, बढ़िया कमीज़ें, सिल्क के अन्डरवियर, कढ़ी हुई जुराबें, पॉलिश किये जूते, रोज़मर्रा के पहने जूते अलग, जिनकी लम्बी चमड़े की जीभें थीं, एक बैग में कई पर्फ़्यूम, ग्लिसरीन साबुन, सफ़ेद संगमर्मर की साबुनदानियाँ, क्योंकि ग्लिसरीन साबुन के अलावा वह कोई साबुन अपने बदन पर बर्दाश्त नहीं करता था। सबसे नीचे दो किताबें थीं, एक तो साहित्यिक पुस्तकों की पैरोडी की किताब, जो हास्य लेखक कॉरिन्थी की लिखी हई थी और दूसरी एक टेक्सट बुक जिसका शीर्षक था "How To Master English in an houe"।

आण्टी एन्जेला उसकी मदद करना चाहती थीं सामान निकालने में, मगर वह किसी को अपने कपड़े छूने की इजाज़त नहीं देता था। उसके पास किसी चीज़ की कमी नहीं थी। वह अपने साथ कपड़े झाड़ने का ब्रश तक लाया था। उसने अपनी जैकिटें निकालीं उन्हें ब्रश किया, कभी-कभी उँगलियों से भी धूल निकाली। अपने पतलून सीधे किये, क्रीज से लगाये और फिर सब कुछ उस अलमारी में टाँग दिया जो बुआ ने उसके लिए ख़ाली कर दी थी।

वह अपने साज-सिंगार के सामान को बाथरूम में ले गया और मुँह-हाथ धोने लगा। काफ़ी देर तक धुलाई चलती रही। उसने साबुन लगाकर शावर लिया, और यद्यपि घर से शेव करके चला था, फिर से दाढ़ी बनायी अपने तेज़ अमरीकन रेज़र से। बग़लों के नीचे पर्फ़्यूम छिड़का, अन्डरवियर बदला, गहरे नीले रंग का सूट पहना और रस्ट कलर की टाई और बिल्कुल दोबारा जन्म सा लेता डाइनिंग रूम में पहुँचा जहाँ अंकल कॉरनेल उसका इन्तज़ार कर रहे थे।

"हैलो", उसने अंकल का अँग्रेज़ी में अभिवादन किया "हैलो, हाऊ डू यू डू?"

"आओ गधेदास। तुम कैसे हो?" अंकल कॉरनेल ने उसे प्यार किया और जैसा परिवार का नियम था दोनों गालों पर थपथपाया।

"थैंक यू वैरी वैल।"

"तुम क्या समझते हो!" श्रीमती विज़ी बोलीं "बढ़िया इंगलिश बोलता है लड़का। यह अमरीका जाकर फ़िल्म एक्टर बनना चाहता है।"

"पहले यहाँ तो कुछ कमा लें।"

"तेरे अंकल ने बैंक में तेरे लिए नौकरी तलाश कर ली है।"

"यैस यैस" यॉन्ची ने गर्दन हिलायी।

"अब ज़रा ध्यान देकर सुनो तुम गधेदास! कल सुबह हम दोनों मैंनेजर से मिलने जायेंगे। तुम अपना परिचय देना"। वे काम के बारे में भी कुछ समझाने लगे

मगर यॉन्ची ध्यान नहीं दे रहा था। अंकल के चेहरे की बायीं ओर एक भूरे रंग का मस्सा था। वह उसे अच्छी तरह से याद था। अब जब अंकल बात कर रहे थे तो वह मस्सा ऊपर नीचे उछलता जा रहा था, यॉन्ची का मन अब भी वही कर रहा था जो बचपन में करता था, कि उठे और अपनी उँगलियों में मस्से को पकड़कर जड़ से उखाड़ दे और इस पर अंकल ज़ोर से चिल्ला पड़ें।

आण्टी एन्जेला ने नौकरानी को कुछ निर्देश दिये मेज़ लगाने को। अपनी सफ़ेद ड्रेस पहने, सुनहरी बाल चमकाये, आण्टी कमरे को यूँ चमका रही थीं मानो कोई लम्बी-सी मोमबत्ती अपनी रोशनी बरसा रही हो।

यॉन्ची ने दम्पत्ति को पैनी नज़रों से देखा। उसे लगा वे केवल पात्र थे जो कहीं से अपने मुखौटे पा गये थे, और इस वक़्त उनहोंने पहने थे क्योंकि ऐसा करना उन्हें अच्छा लग रहा था। उसके हिसाब से उसके अलावा किसी के जीवन का कोई मोल नहीं था सिवाय उसके अपने। उसे अपनी जवानी का बहुत घमण्ड था। यह बात कभी-कभी उसे परेशान भी करती और वह अपनी परेशानी को छिपाने की कोशिश भी करता। वह बोला कि उसका परिवार उत्सुकता से ऐगैर में उनकी प्रतीक्षा कर रहा था अतः उन्हें अवश्य एक बार वहाँ जाना चाहिए। और यह कहते वक़्त वह लगातार चम्मचछुरी से खेलता जा रहा था।

वे खाना खाने बैठे। उसने कॉर्नेल के सामने वाली सीट पर आसन जमाया और आँखें मेज़पोश पर गड़ा दीं, और सूप पीते हुए अंकल को बीच-बीच में देखता भी रहा। पर अधिक देर तक नहीं।

"यह क्या है?" वह यकायक चिल्ला उठा और अपने हाथ में चम्मच ऊपर उठाकर दिखाने लगा।

श्रीमती विज़ी ने आँखें फाड़कर उस अचम्भे को देखा। यह एक अमंगल का सूचक था। यॉन्ची जिस चम्मच से सूप पी रहा था वह टूट चुका था और उसके हाथ में केवल हैण्डिल भर बचा था।

"यह तूने किया है बदमाश? वे खींसें निपोरते भतीजे को देखकर बोलीं।

"है ना मज़ेदार?"

"बेवकूफ़ी। कहाँ से मिला तुझे यह?

"वियना में। पिछले महीने वहाँ घूमने गया था। वहाँ बाज़ार में मिला" और यह कहते हुए उसने अपनी जेब से वैसा ही एक चम्मच निकाल लिया।

अंकल कॉरनेल गुस्सा न हुए।

"इधर देख बदमाश लड़के," श्रीमती विज़ी ने ज़रा झाड़ते हुए कहा। "तू कब बड़ा होगा और कब तुझे अक़्ल आयेगी?"

यॉन्ची ने उन्हें एक पूरा सैट दिखाया ऐसी मज़ाहिया चीज़ों का जो एक ऑस्ट्रियन कम्पनी लोगों के मनोरंजन के लिए बनाती थी। उसके पास एक सिगरेट

केस था जिसमें से अगर एक सिगरेट निकालो तो उसमें से सब चीज़ें बाहर निकल आती थीं। एक ऐसी सिगरेट थी जो जलाने पर रॉकेट की तरह भड़क उठती थी, माचिस थी जो जलती ही नहीं थी, ब्रांडी का एक गिलास था जो पीले द्रव्य से भरा दिखता था पर पिया नहीं जा सकता था क्योंकि उसकी ऊपरी सतह जमी हुई थी, एक छोटी पिस्तौल थी जिसमें से म्याऊँ करके आवाज़ निकलती थी, और एक छपा हुआ ट्राम टिकट था जो आप किसी भी ट्राम लाइन पर प्रयोग में ला सकते थे।

आण्टी एन्जेला ने लड़के के कभी समझदार न हो पाने पर दुख जताया। वह जब छोटा था तब भी ऐसा ही था। एक बारे ऐगैर में उसने क्वायर के मास्टर के नीचे से कुर्सी खिसका दी थी। दूसरी बार जब वे लोग घर में पेन्ट कर रहे थे तो उनके सफ़ेद कुत्ते को हरा रँग डाला था और वह बेचारा मरने तक हरा ही बना रहा।

अंकल कॉरनेल ने ब्राण्डी के गिलास से पीने की कोशिश करी, म्याऊँ बोलती पिस्तौल को चलाया और इससे उसे चेतावनी भी दे दी कि बस अब और बेवकूफ़ी के मज़ाक नहीं अब कल से सीरियस काम शुरू करना है।

अगले दिन वे दोनों एक साथ बैंक गये। उन्होंने मैनेजर को पूछा मगर उन्हें किसी और अफ़सर के पास भेज दिया गया जो एक डिपार्टमेन्ट के हैड थे; फिर कुछ देर बाद उन्होंने, सही वेटिंग रूम तलाशा, जो ग्राहकों से भरा हुआ था। विज़ी ने मैंनेजर को सन्देशा भिजवाया तो अन्दर से जवाब आया कि अभी थोड़ा इन्तज़ार करें क्योंकि बुल्गारिया से कोई मिनिस्टिर आया हुआ है उसके साथ व्यस्त हूँ, अभी थोडी देर में आकर मिलता हूँ। चश्मा लगाये एक सेक्रेटरी ने उन्हें एक और कमरे में बिठा दिया जिसमें व्यक्तिगत रूप से मिलने आने वाले लोगों को छिपाकर बिठाया जाता था।

कुछ ही मिनट में मैनेजर, एक गिठमिठा सा यहूदी, साइड के दरवाज़े से अन्दर आया। उसके सूट पर सिलवटें पड़ी हुई थीं और वह होल्डर में लगाकर सिगार पी रहा था।

उसने विज़ी और यॉन्वी को बाँह से पकड़ा और एक खाली कमरे में ले गया जो शायद परामर्श करने का कमरा था। उसने कहा कि वह वाकई बहुत बिज़ी था, उसे दम मारने की भी फुर्सत नहीं थी। अब विज़ी ने उसे अपना वायदा याद दिलाया, जो वह इस बीच भूल चुका था, तो मैनेजर ने अपनी जेब से एक पैड निकाला और यॉन्वी से पेन्सिल माँगी—ज़रा सोचिये उसके अपने पास पेन्सिल तक नहीं थी—और फ़ौरन उस पर कुछ लिखा, साथ-साथ बातें करता रहा, और सिगार भी पीता रहा। सिगार की राख उसकी वास्कट पर पड़ती जा रही थी जिससे वह बेपरवाह था। जब लिख चुका तो उसने हाथ मिलाया दोनों से और दूसरी साइड के दरवाज़े से बाहर निकल गया दूसरे कमरे में जहाँ एक समिति उसकी प्रतीक्षा कर रही थी।

फिर एक स्मार्ट से दिखते नवयुवक ने कमरे में प्रवेश किया। उसे इन लोगों के बारे में पहले ही सूचना मिल चुकी थी। अतः उसने दोनों से हाथ मिलाया। मैनेजर

के हाथ की गर्माई अभी तक इन दोनों के हाथ पर थी। वह उन्हें लिफ़्ट तक लेकर गया, फिर नीचे तहख़ाने में जहाँ सेफ़्टी वॉल्ट था। यहाँ यॉन्ची को एक डेस्क पर बिठा दिया गया, उसका परिचय उसके साथियों से करवाया गया और उसे काम करने को दे दिया गया।

काम तो अद्‌भुत था। हर दिन यॉन्ची को ज़्यादा से ज़्यादा पसन्द आने लगा। स्क्वेयर के बीचोंबीच बनी यह इमारत इतनी ऊँची थी कि लगता था कोई चर्च है। बड़ी-बड़ी गाड़ियाँ इसके आगे आकर रुकतीं, पैदल यात्री जो इसके सामने से निकलते थे, बड़ी इज़्ज़त से उसके भीतर झाँकर देखते, अपनी आवाजें धीमे कर लेते और बस हैट उठाकर सलाम करना ही बाक़ी रह जाता। जो और किसी चीज़ में विश्वास नहीं रखते थे वे भी इस में तो ज़रूर विश्वास रखते थे; उन्हें तसल्ली होती यह सोचकर कि जीवन में कुछ तो महत्त्वपूर्ण है आख़िर।

चौकीदार भी, जो खूबसूरत कैप में दरबान बना खड़ा होता वह अपनी गरिमा से अनिभिज्ञ नहीं था; उसका ऑफिस एक ओर सड़क तक पहुँचता था और दूसरी ओर मुख्य हॉल में, वह चारों ओर आगन्तुकों से घिरा रहता, जो ज़िद करते रहते बिना अनुमति अन्दर जाने की। वही पहला व्यक्ति होता था जो यह फैसला करता था कि किसे अन्दर जाना है और किसे नहीं, और वह यह ज़िम्मेदारी बड़ी चतुराई से निभाता था, उसे कभी-कभी आवेश में आ गये मुफ़लिसों से भी सामना करना पड़ता था जैसे यीशु को चर्च में साहूकारों और पब्लिकनों से। यह चर्च भी विश्वास न रखने वालों के साथ अति कठोर था।

यॉन्ची को यहाँ हरे संगमरमर के कॉरिडोर में घूमना बहुत अच्छा लगता था जहाँ सूरज की किरणें रंगीन शीशों से होती हुई अन्दर आती थीं। दूर पर वह सीढ़ियाँ देख पाता था जो अलग-अलग कमरों में ले जाती थीं; जहाँ लकड़ी मढ़ी दीवारें थीं और स्वागत-कक्ष थे जिनमें आरामकुर्सियाँ और दीवान लगे हुए थे। हर जगह से बहुतायत और अमीरी का नज़ारा दिखता था। लिफ़्ट्स ऊपर नीचे भागती हुई, कैशियर हॉल में तीस टाइपराइटर खट्‌खट्‌ करते हुए, और सौ क्लर्क शीशों के केबिन पर अपने-अपने काम पर झुके हुए।

जहाँ वह काम करता था, वॉल्ट के अन्दर, वहाँ चौबीस घण्टे लैम्प जले रहते थे मानो भगवान की पूजा में रखे गये दीये हों। यह सैक्शन जहाँ स्टॉक्स एण्ड शेयर्स का काम होता था, बहुत सुरक्षित रखा जाता था। कमरे, लोहे के दरवाज़ों से, जो आधा मीटर की मोटाई के होते थे, विभाजित थे और ज़रा से छूते ही वहाँ अलार्म की घण्टियाँ बजनी शुरू हो जाती थीं। शाम का धुँधलका होने पर, सिक्योरिटी गार्ड अपनी बिजली की टॉर्च लेकर आ जाते थे। यहाँ क्लाइन्ट्स ट्रंक भर-भर के रुपए, सोना और जवाहरात ले लेकर आते थे और फिर छोटे-छोटे क्यूबिकल में जाने के लिए लाइन लगाते जहाँ पर उनकी आत्माओं का परीक्षण नहीं बल्कि उनके थैलों का परीक्षण

किया जाता था, जिसके बाद वे स्वयं अपना सामान सेफ़ में रखते थे। हवा में कई प्रकार की घण्टियों के बजने का शोर बसा रहता था, जिसके बजते ही छोटे-छोटे नौकरचाकर एक दरवाज़े से दूसरे दरवाज़े तक भागते।

उसके ऊपर की मंजिल पर, उस आदमी की उपस्थिति हर समय रहती थी जिससे वह एक बार ही मिला था, मैनेजर, जो कभी-कभी ही एक पल को दिखाई देता था, और जो अपनी कार में बैठा भी किसी अमरीकन कम्पनी के साथ व्यावसायिक बातें कर रहा होता। वह बिना किसी को दिखाई दिये लिफ़्ट में आ जाता था, बिना किसी को दिखाई दिये ऑफ़िस पहुँच जाता था और हर वक़्त चारों तरफ़ बजते हुए फ़ोनों से, तरह-तरह की लाइनों से, ढेर सारे टेलिग्रामों से, होशियार और चटक सैक्रेटरियों से, कम्पनी मैनेजरों से, डायरेक्टरों से, पादरियों से और मोटे बिशपों से घिरा रहता। इस प्रकार घिरे होने पर भी अन्ततः अपनी कोठरी में अकेला पहुँच ही जाता और वहाँ एक पल को उस भगवान पर नज़र डालता जिस पर बीसवीं शताब्दी सबसे अधिक विश्वास करती है—सोना।

यह सब कितना आकर्षक था, और कितना सुरक्षित। यॉन्ची को लगा वह एक लड़खड़ाते संसार के किसी स्थिर बिन्दु पर आकर खड़ा हो गया है; एक नये धर्म का एक अदना-सा पुजारी। सहसा ही उसे लगने लगा कि पहली बार एक स्वाधीन वयस्क हो गया है।

बाद में उसे पता लगा कि योज़ी ऐलैकेश भी यहीं काम करता था, दूसरी मंज़िल पर, करैन्सी विभाग में। वे एक-दूसरे से कॉरिडोर में मिले और लिपट गये, गाँव वालों की तरह से अपने जज़्बात खुलकर दिखाते। वहीं उन्होंने फ़ैसला कर लिया कि शाम को एक साथ पीने के लिए मिलेंगे। काफ़ी देर तक पीते पिलाते रहे। यॉन्ची अपने मित्र को छोड़ने वियना गेट तक गया जहाँ ऐलैकैश परिवार का अपना फ़्लैट था फिर ऐलैकैश उसे छोड़ने ऑत्तिला उत्सा तक आया और यह क्रम तब तक जारी रहा जब तक उनके पास अपने पसंदीदा विषय पर कुछ कहने को बाक़ी बचा। वह विषय था—औरतें पटाना।

ऐंगैर के स्कूल में ऐलैकैश उससे दो क्लास आगे था और अभी एक साल से यहीं बैंक में काम कर रहा था। वह अपने आप को बुदापैश्ती मानता था। उसके अनेकों मित्र थे। हर सुबह वह ऑफ़िस टेलिफ़ोन पर उनके मनोरंजन का सामान जुटाने में लगा रहता।

यॉन्ची की सबसे पहली आवश्यकता, शहर में अपने लिए एक लड़की तलाश करने की थी। उसके बग़ैर उसका काम ही नहीं चल सकता था। उसे हमेशा कोई लड़की चाहिए होती थी, कोई ऐसी जिसके बारे में सोचते हुए वह सो सके। कोई ऐसी जो उसके लिए जीवन का ध्येय हो। आजकल इस पद की दो उम्मीदवार थीं, ऐलैकैश की बहिन और इलोन्का तॉतार। अन्ततोगत्वा उसने दूसरी को चुना।

हर शाम तॉतार के घर तक़रीबन दस-पन्द्रह नवयुवक मँडारते दिखाई देते। चूँकि ऐलैकेश आजकल मॉगित्का के साथ घूम रहा था अतः यह भी एक वजह थी कि उसने उसी की बहन को पसन्द किया। इलोन्का अच्छी प्यारी लड़की थी, खूबसूरत मगर ज़रा मोटापे की ओर ढली। समय बीतने पर वह भी अपने माँ-बाप की तरह मोटी हो जाने वाली थी।

यॉन्ची को रोमांस का अन्दाज़ कुछ यूँ था कि उसने कमरे में घुसते ही उस पर नज़र डाली, हाथ हिलाते वक़्त हाथ पकड़कर कुछ देर खड़ा रहा, फिर पियानो पर टिककर उससे एक हंगारी धुन बजाने को कहा। उसे वह फूल भी भेजता, ऑफ़िस जाने से पहले वह क्रिस्तीना के फूल वाले के पास दिखाई दे जाता था, एक गुलदस्ते के बाद दूसरे का मुआइना करते, कभी सफ़ेद वायलेटों को सूँघते और कभी उन्हें अपने कार्ड के साथ तॉतार परिवार के घर भिजवाते।

श्रीमती विज़ी को अपने नये मेहमान के आने से इतनी परेशानी न हुई जितनी वे अपेक्षा कर रही थीं। बैंक ने उसे थोड़ी गम्भीरता दे दी थी। सुबह नौ बजे वह घर से निकल जाता, फिर लंच के लिए ढाई बजे लौटता। इसके बाद वह मेज़ पर बैठ एक सिगरेट रोल करता, या नाख़ून सँवारते हुई अपनी आण्टी से बतियाता।

"बेचारी इलोन्का", उन्होंने उसे छेड़ा।

"क्यूँ आन्टी एन्जेला?"

"मेरी बात याद रखना बेटा। इसलिए कह रही हूँ क्योंकि तुम मर्द लोग प्यार करना जानते ही नहीं हो। तुम एक के बाद एक सुन्दर चेहरे की ओर आकृष्ट होते हो फिर उसे भूल जाते हो। 'नया शहर, नयी लड़की'। तुम्हें बनने की कोई ज़रूरत नहीं है। लड़की को भुलावे में मत रखना।"

यॉन्ची का चेहरा लाल हो गया और उसने थोड़ा-सा एतराज़-सा भी जताया; मगर उसे इस बात का गर्व महसूस हो रहा था कि वह बदमाश समझा जा रहा था। उसने औरतों के बारे में कुछ अपशब्द कहे। श्रीमती विज़ी ने उसे डाँटा तो मगर दिल ही दिल में उन्हें अपने भतीजे पर काफ़ी गर्व हो रहा था कि उसमें इतनी मर्दानगी थी। उसके चेहरे से बदमाशी टपकती थी। चार बजने तक वह शाम के लिए तैयार हो जाता था। सैन्ट डले पानी से कुल्ला करता, फिर ऐलैकैश का इन्तज़ार करता, जो सजा-सँवरा, मैनोकल (एक तनी वाला चश्मा) पहने आता। और फिर दोनों निकल पड़ते संसार जीतने को।

घर पर वह कोई काम न करता, सिवाय अपने कपड़े सँवारने के। वह न कुछ देखता था न सुनता था। जो हाथ में होता था उसे भी ढूँढ़ता था। अब तीन हफ़्ते से इनके पास रह रहा था मगर नौकरानी को हमेशा कॉती के नाम से पुकारता, क्योंकि ऐगैर में उसकी नौकरानी का नाम यही था। अगर वह यहाँ की नौकरानी को सड़क पर देखता तो शायद पहचान भी न पाता।

ऑन्ना को मगर उसके आने से काफ़ी काम बढ़ गया था। वह रोज़ सुबह आठ बजे उसे उठाती, सुनहरी लाइन वाले कप में उसके लिए कोको रख कर जाती, साथ में क्रॉएसौं (बन) और पानी का एक गिलास भी दीवान के पास पड़ी कुर्सी पर। नवजवान को उठना काफ़ी मुश्किल लगता था। आधा घण्टे तक मशक्कत करनी पड़ती थी तब कहीं जाकर उठता था। वो भी तब जब उसे बैंक जाने का याद दिलाया जाता, फिर घबराकर तेज़ी से कपड़े चढ़ाता, गिलास लुढ़काता पानी बहाता, वॉशबेसिन पर नाक ज़ोर-जोर से साफ़ करता, नल खुले छोड़ देता, पूरे बाथरूम में पानी फैला देता और गीले पैर लिए नये पॉलिश किये फ़र्श पर कमरे में आ जाता। उसको अपने अकेले के लिए भी एक अलग नौकरानी की ज़रूरत थी।

जब वह सीटी बजाना बन्द कर देता—वह हर वक़्त ही सीटी बजाता रहता था—तब ऑन्ना बाथरूम में जाती जहाँ अब भी उसके पर्फ्यूम की महक बसी होती। वह उसी महकती हवा में इधर से उधर डोलती रहती। उसकी चीज़ें साफ़ करती, क़रीने से लगाती। एक दिन उससे ग़लती से उसका पर्फ्यूम दब गया। उसमें से इतनी तेज़ी से ठण्डी हवा बाहर निकली कि घबराकर फ़ौरन उसे शैल्फ़ पर रख दिया।

यॉन्ची सिवाय आदेश देने के उससे बात नहीं करता था। जब वह ऐलैकैश के साथ निकलता था तो रसोई के दरवाज़े के पास ज़रा रुक कर बोल देता था कि वह रात को खाने के लिए फ़लाने वक़्त पर आयेगा।

एक दिन दोपहर को ऑन्ना घर पर अकेली थी और कपड़े प्रेस कर रही थी। वह गीले कपड़े से पैन्ट को सीधा कर रही थी। बोर्ड दो कुर्सियों के ऊपर रखा हुआ था। यॉन्ची तेज़ी से दरवाज़े से अन्दर आया। ऑन्ना ने देखा कि वह रास्ते में खड़ी है, वह बोर्ड को हटाने बढ़ी, मगर यॉन्ची ने उसे इशारे से कहा कि वह उसे वैसे ही रहने दे, फिर कुछ क़दम पीछे लेकर उसने बोर्ड के ऊपर से छलाँग लगायी। वह डायनिंग रूम तक जाकर पीछे पलटा यह देखने को कि उसके इस वीरता-पूर्वक कृत्य ने क्या प्रभाव डाला। ऑन्ना, चेहरे पर बिना कोई भी भाव लाये प्रेस करती रही, उसके पाँव हल्के से फैले हुए थे। उसकी कैलिको ड्रेस उसके बदन से चिपकी हुई थी। पैर नंगे थे।

अक्तूबर के शुरू में अंगूर तोड़े जाते हैं और वाइन बनाना शुरू किया जाता है। इस कटाई के मौक़े पर फैरेन्तस पॉतिकारियुस ने विज़ी दम्पत्ति को ऐगैर आने की दावत दी। उन्होंने फ़ैसला किया कि वे चार दिन के लिए जायेंगे। विज़ी ने मिनिस्टरी से कुछ दिन की छुट्टी माँगी। पहले यह तय हुआ था कि यॉन्ची उनके साथ जायेंगे, मगर उसने बैंक में काम करना ही बेहतर समझा, क्योंकि वह पैश्त में ही रहना चाहता था और तॉतार के घर और सिनेमा जाना चाहता था। श्रीमती विज़ी ने ऑन्ना को निर्देश दे दिये कि छोटे साहब के लिए क्या-क्या बनाना है। एक बुधवार को वे दक्षिणी रेलवे स्टेशन से चले गये।

यॉन्ची उन्हें छोड़ने स्टेशन तक गया, क्योंकि विज़ी दम्पत्ति पच्चीस साल से राजधानी में रहने के बाद भी इन औपचारिकताओं में यक़ीन रखते थे। दिल से वे अभी भी छोटी जगह के थे। उनकी सीट फ़र्स्ट क्लास में थी। विज़ी अपनी पत्नी पर बहुत प्यार उँडेल रहे थे और उन्हें बहुत प्रभावित भी कर रहे थे। खिड़की के पास वाली सीट उन्होंने पत्नी को दे दी, भागकर बाहर से मैगज़ीन लेकर आये और उनके हर आराम का ख़्याल रख रहे थे। आण्टी ऐन्जेला बस सिर हिला रही थीं।

जैसे ही ट्रेन चली, उन्होंने सिर खिड़की से बाहर निकाला और भतीजे से बोलीं कि सब चीज़ का ख़्याल रखना, घर का ख़ासतौर पर ध्यान रखना। अंकल कॉरनेल ने रूमाल हिलाकर विदा ली।

यॉन्ची उनके चले जाने के बाद हैट हवा में उछालकर कूदता हुआ बोला, "हुर्रा!"

12

काली रात

ट्रेन अभी प्लेटफ़ार्म से निकल ही रही थी, वह अभी भी आण्टी का चेहरा और अंकल का रूमाल देख पा रहा था, कि अचानक उसने फ़ैसला किया—और इस फ़ैसले ने उसे स्वयं को भी चौंका दिया—कि वह प्लान के मुताबिक बैंक नहीं जायेगा, बल्कि घर जायेगा और वहाँ ऑन्ना को फ़ौरन अपनी बाँहों में भर लेगा।

यह विचार ही कुछ इतना लुभावना था कि उसका हलक़ सूखने लगा। वह एक लोहे के स्तम्भ को पकड़ के खड़ा हो गया, आँख उठाकर उसने स्टेशन की घड़ी पर नज़र डाली, जो समय दिखा रही थी बारह बजे का। उसने स्टेशन की दूषित हवा को ज़ोर से अपने फेफड़ों में भरा।

स्टेशन के बाहर, उसे यह महसूस होने लगा कि वह किसी अजीब से शहर में आ पहुँचा है जहाँ सैकड़ों नई बातें उसका इन्तज़ार कर रही हैं। उसे कुछ नज़र नहीं आ रहा था, उसने न बौरोश स्क्वेयर को देखा, न उसके रंगों को, वह तो बस केवल ऑन्ना को उसकी चैक की ड्रेस में दो कुर्सियों के ऊपर टिके बोर्ड पर प्रेस करते देख रहा था, उसके पाँव नंगे, उसकी जाँघें फैली हुईं, और उसकी तीव्र इच्छा हुई कि फौरन जाकर पीछे से पकड़ कर उसे लिपटा ले और, जैसा कि नौकरानियों के साथ किया जाने का रिवाज है, तेज़ी से उसे आटे की बोरी की तरह कंधे पर उठा ले।

उसने भागना शुरू कर दिया। अक्तूबर की गर्म दोपहर उसके कपड़ों को जलाने लगी थी। वह कूद कर एक ट्राम पर चढ़ा, फिर उतनी ही तेज़ी से उतर भी गया अगले स्टॉप पर ही। उसने सीटी बजाकर एक टैक्सी रोकी और ड्राइवर से कहा कि अगर तेज़ी से ले चलोगे तो बड़ा टिप दूँगा।

ड्राइवर कितना धीरे चला रहा था। हर पल एक युग के बराबर लग रहा था। इस बीच वह बिम्ब, जो अचानक ही उसकी आँखों के आगे आ गया था, उसे सताने लगा और भी लहरा-लहरा कर घूमता एक फ़िल्म की भाँति। ऑन्ना ने अब प्रेस नीचे रख दी थी, वह मुस्कुरा रही थी और उसकी गोद में बैठी थी।

मगर न तो वह थी हॉल में न प्रेस करने का बोर्ड ही। आख़िर वह थी कहाँ? हड़बड़ा कर यॉन्ची ने रसोई में झाँका।

"क्या खाने का समय हो गया?"

"अभी से? ऑन्ना ने पूछा जो स्टोव के पास खड़ी थी, "मैंने सोचा..."

"क्या सोचा तुमने?"

"मुझे लगा रोज़ की तरह ढाई बजे ही होगा।"

"अरे नहीं।"

"मैं चन्द मिनटों में ही तैयार कर देती हूँ।"

"मैं कह रहा था..."

"हाँ?"

"क्या है खाने में?"

"सूप"

"और?"

"भुना गोश्त।"

"और"

"पुडिंग, पोस्त की बनी।"

"पोस्त-पुडिंग?" यॉन्ची ने दोहराया? "पोस्त पुडिंग।"

"क्यों क्या आपको पसन्द नहीं है साहब?"

"अरे पसन्द है। बहुत पसन्द है। मैं पोस्त पुडिंग बहुत पसन्द करता हूँ"

वह बिना सोचेसमझे बोलता जा रहा था। पर उसका दिमाग़ तेज़ी से काम कर रहा था, इस लड़की को एक नये रूप, नये परिवेश, नये वातावरण में देख उसकी तुलना उस लड़की से कर रहा था जो पिछली बार दरवाज़े में खड़ी प्रेस कर रही थी, वह इन दोनों में सामंजस्य बिठाने का प्रयत्न कर रहा था कि उसकी पसन्द इनमें से कौन है। ऑन्ना आज नंगे पैर नहीं थी। वह जूते पहने हुई थी और इसे देख वह परेशान हो रहा था।

डाइनिंग रूम में उसने उसके अकेले के लिए खाना लगाया, अंकल कॉरनेल की कुर्सी के सामने। उसने चारों ओर देखा और फिर से गर्मी की एक लहर उसके शरीर में दौड़ गयी जैसी स्टेशन पर हुई थी। कई मिनट तक उसमें कोई हलचल ही नहीं हुई। वह अकेला था, उस लड़की के साथ अकेला।

दबे पाँव चलता वह तेज़ी से बैड-रूम में घुस गया। उसने दरवाज़े के बाहर

से चाभी निकाली और अन्दर की ओर से उसे लगाकर दरवाज़ा कई बार बन्द किया। फिर दरवाज़ा खोला। यहाँ से और डाइनिंग रूम से पूरा फ्लैट लॉक हो जाता था। हॉल के दरवाज़े पर आर-पार न दिखने वाला शीशा लगा था। कॉरिडोर से कोई उसके पार देख न सकता था, चाहे रोशनी कितनी भी अधिक क्यों न हो।

वह ख़्यालों में खोया हुआ था। उसने तकिये को छुआ और वह काँप गया। उसने लम्बे से शीशे को देखा और जान लिया कि यह काफ़ी बड़ा था दो नग्न व्यक्तिओं के चुम्बन और आलिंगन का प्रतिबिम्ब दर्शाने को। उसने बैडकवर को थपथपाया। कमरे की हर वस्तु उसके इरादे का भाग बन गयी थी और उस इरादे की चमक से चमकने भी लगी थी। यह वीरान फ़्लैट अब एक परिवार का रहने का स्थल न रह गया था : यह तो कुकर्म का क्षेत्र बन गया था, पाप का भागीदार जो चुपचाप उसके गन्दे इरादों को देख रहा था।

उसने लिखने का केस उठाया, उससे छेड़छाड़ की, अलमारियों को खोल-खोल कर देखा, ताला बन्द दराज़ें भी खींचकर देखने की कोशिश की। हर कुर्सी पर जाकर बैठा, सब दीवानों पर लेटा, आण्टी एन्जेला के दीवान पर भी। उस पर वह आज तक कभी न लेटा था। उसने अपने दोनों ओर गद्दियाँ लगा लीं और जूते समेत सफ़ेद सिल्क के कवर पर पसर गया। क्या फ़र्क पड़ता था अगर वह गन्दा हो जाये! नहीं, बल्कि उसे तो इस बात पर गर्व हो रहा था कि यह सब सामान किसी और का था और फिर भी वह उसके साथ जो चाहे वह कर सकता था; उसके अन्दर कुछ ऐसा था जो उसे इस तरह के काम करने को प्रेरित करता, एक जवानी का जोश कुछ हंगामे करने को, जो उसे हर वक़्त आकर्षित करता रहता था कि वे चीजों को ठोकर मारे, ताले तोड़े, सब चीज़ खोले, ध्वस्त करे, और तोड़-फोड़ मचाये।

उसने रात के खाने के बाद आक्रमण करने की तैयारी की। ऑन्ना ने उसे सूप दिया पर उसकी ओर देखा तक नहीं। उसने सोचा यह ऐसा इसलिए कर रही है क्योंकि शायद मेरा इरादा जान गयी है। जब वह मीट खा रहा था तो उसे लगा ऑन्ना के होंठों पर हल्की सी मुस्कान थी; अगर अभी उसे पुकारा तो वह ज़ोर से हँस देगी और सब खेल बिगड़ जायेगा। उसने पुडिंग आने का इन्तज़ार किया। मगर जब पुडिंग पेश की गयी तो उसने केवल 'धन्यवाद' कहा और चुप हो गया।

खाने के बाद वह पलंग पर जाकर लेट गया, बेचैन और गुस्से से भरा, उसने अपने दोनों हाथों से अपना मुँह ढका और अपनी बेवकूफ़ी को कोसने लगा। वह औरतों से बात करना जानता ही नहीं था ख़ासतौर पर जब वह बहुत कुछ कहना चाहता था। ऐसे मौकों पर वह ऐसी समझ में ना आने वाली बातें करने लगता कि वे उसे ज़रा भी नहीं समझ पाती थीं, या फिर इतने मुँहफट तरीके से बात करता था कि उसे स्वयं को भी उस पर शर्म आये। वह केवल लड़कियों से मज़ाक़ करना जानता था। और यह इलोना तॉतार और उसके जैसी लड़कियों के साथ तो सम्भव था मगर

ऑन्ना जैसी लड़कियों के साथ नहीं।

यूँ भी कई बातें ऑन्ना में ऐसी थीं जो उसका मूड़ बिगाड़ती थीं। उसके बाल एकदम रूखे थे जैसे आमतौर पर गाँव की लड़कियों के होते हैं, एक पतली चोटी में बँधे हुए, क्योंकि नौकरानियाँ अपने घने बालों से जल्दी ही छुट्टी पा लेती हैं। उसने ऑन्ना के ऊपरी होंठ पर कुछ रोशनी सी भी देखी थी जो शायद पसीने की बूँदें थीं। उसकी नाक के पास एक धब्बा भी था। वह ज़रूरत से ज़्यादा दुबली थी। बस उसकी आँखें और दाँत बहुत ख़ूबसूरत थे।

यॉन्ची ने अपने आप को समझाना चाहा, और कोशिश की कि वह उसकी बुराइयों पर केन्द्रित रह सके ताकि उसकी इच्छा काफ़ूर हो जाये। उसकी हड्डियाँ ऐसी थीं मानो एक लड़के की हों, उसकी मूँछें भी थीं, उसे पसीना बहुत आता था, नाक के किनारे एक दाना था, और सिर पर एक पतली सी चोटी का बना हुआ जूड़ा। मगर जितना वह इस सबके बारे में सोचता, उतना ही उसे लगता कि वह बेकार इसका प्रयत्न कर रहा है। उसका ज्वर घटने की बजाय बढ़ता ही जा रहा था। वे सब बुराइयाँ जिनके बारे में वह सोच रहा था, और जो उसे अजीब-सा दिखा रहे थे, अब उसे और भी आकर्षक बना रहे थे ख़ासतौर पर उस काम के लिए जिसके लिए यॉन्ची ने उसका चयन किया था। वह इधर-उधर करवटें लेता दुखी होता रहा।

ऑन्ना के लिए आज पहला दिन था जब वह बिना किसी डर के, बिना किसी के अपने सिर पर खड़े, काम कर सकती थी। जैसे ही उसने धुलाई ख़त्म की, उसने साहब की जैकिट और पतलून निकाल लिए पैट्रोल से ड्राइक्लीन करने के लिए। जब वह इतने सारे कपड़ों से जूझ रही थी तभी उसने देखा कि छोटे साहब पलंग पर लेटे हुए थे और उनके मुँह में से एक शीशे की ट्यूब बाहर निकल रही थी।

"आप क्या बीमार हैं, साहब?" उसने पूछा।

"नहीं बिल्कुल नहीं", यॉन्ची चिल्लाया, अपने मुँह में से थर्मामीटर निकालता और उसे बिना देखे झाड़ता। "मुझे लगा मुझे बुख़ार है तो मैंने सोचा देखूँ कितना है। शायद मुझे ठण्ड..."

मगर उसका दिमाग़ तो कहीं और था। "अब मौका है," उसने सोचा। "एक मज़ाहिया क़िस्सा सुनाऊँगा, कोई बहुत ही मज़ेदार चुटकुला, जिसे सुनते ही खिलखिलाकर हँसने लगेंगी और हँसते-हँसते दोहरी होकर लोट जायेगी। नौकरानियाँ ऐसा ही करती हैं। सूज़ी 'पीठ के बल लेटो...उन पर कूद पड़ो, स्कर्ट उठाओ। ज़्यादा से ज़्यादा क्या होगा? हाथ पर थप्पड़ मार देगी। तो क्या हुआ। वह कोई कुँवारी कन्या तो है नहीं। आपको बस उसे देखते रहना है। उसके वक्षों पर हल्का-सा उभार है और स्तन ढीले इधर-उधर डोल रहे हैं। ऐलैकैश ने ऐसा ही बताया था। पर यह भी हो सकता है कि वह बहुत सयानी हो। बहुत ही होशियार वेश्या।"

उसने अपने आप को इन शब्दों से हौसला दिलाया, और भी कुछ अभद्र,

अश्लील शब्दों से। यूँ महसूस हो रहा था उसे कि जैसे दूध के जग से शहद चाट रहा हो; मधुर शब्द अब उसके गले में ख़राश पैदा करने लगे थे। उसे इसकी वजह से खाँसी आने लगी थी।

ऑन्ना कुछ बोल रही थी।

"मैं डॉक्टर मोविस्तर को बुला सकती थी साहब। वे इस समय घर पर ही होते हैं। अभी भी उन्होंने अपनी सर्जरी भी शुरू नहीं की है।

"कोई ज़रूरत नहीं है" यॉन्ची झूठी हँसी हँसते हुए बोला और अपनी कोहनी के बल टिक कर उसे घूरने लगा।

वह सोच रहा था "आहा! वह मेरी आँखों में देख रही है। खाने के समय मेरी ग़लतफ़हमी थी। वह किसी प्रकार का शक नहीं कर रही है। पर वह शक करे भी क्यों? इसकी जैसी लड़कियाँ इशारे कहाँ समझती हैं वे तो बहुत सीधी होती हैं। मुझे कुछ कहना चाहिए। भद्दा कुछ नहीं मगर कुछ इंगित करता सा। हर पल जो बीत रहा है वह व्यर्थ जा रहा है। अगर मैं बहुत देर तक टालमटोल करता रहा, तो कुछ नहीं हो पायेगा। मैंने आज का दिन तो लगभग खो ही दिया है। अब केवल तीन दिन बचे हैं : बृहस्पति, शुक्र और शनि। रविवार तक तो बहुत देर हो चुकेगी। कुछ करो।

उसने अपना मुँह खोला, उसे विश्वास था शब्द निकलेंगे। उसका दिमाग़ मगर बन्द था। उसने केवल उसका नाम ही पुकारा

"ऑन्ना"

"जी साहब।"

"देखो ऑन्ना। आज मैं अब पूरे दिन घर पर ही रहूँगा। मैं बाहर कहीं नहीं जाऊँगा। मगर यदि मैं घण्टी बजाऊँ तो फ़ौरन आ जाना। ज़रा ठहरो, ऑन्ना, वह बोला हालाँकि वह अभी तक हिली भी नहीं थी। "हाँ, बस मैं इतना ही कहना चाह रहा था।"

वह चली गयी। यॉन्ची कूदकर उठा और तेज़ी से डाइनिंग रूम की ओर लपका पर वहीं रुक गया। बहुत बेवकूफ़ी होगी उसके पीछे यूँ भाग कर जाना जबकि वह अभी-अभी ही यहाँ से गयी थी। अभी घण्टी बजाने का भी कोई कारण नहीं है। उसने अपने विचारों को कहीं और मोड़ दिया और फिर से पलंग पर लेट गया जो उसकी अपनी गर्मी से काफ़ी गर्म हो चुका था।

हाँ, वह अपने इम्तिहान के बाद वियना से लौट रहा था, शाम की ट्रेन में वह डिब्बे में अकेला था। उसने अपनी आँखों को कसकर बन्द करके इस घटना को याद करने का प्रयास किया।

यह घटना तब की है जब ट्रेन हंगारी सीमा पार ही करने वाली थी। उसने देखा एक पिचके से माथे वाली लड़की बड़ा-सा हैट-बॉक्स लेकर चढ़ी। वह सामान रखने की जगह पर फ़िट ही नहीं हो रहा था। वह बिल्कुल थक कर चूर सी लग

रही थी, बीमार सी भी। उसने मामूली से कपड़े की सिलेटी रंग की ड्रैस पहनी हुई थी। उसकी एड़ियाँ फटी हुई थीं। उसे कोई अनुमान नहीं था कि वह किस उम्र की होगी, शादीशुदा थी या अकेली, जर्मन बोलती थी या हंगारियन, मगर जैसे ही उसकी आँखें लड़की पर पड़ीं वह उन्हें हटा नहीं पा रहा था। ट्रेन के ऊपर आकाश बादलों से ढका हुआ था। हल्की-हल्की बारिश की बूँदें शीशों पर दिखने लगी थीं और हवा ऐसी बन्द थी। मानो हमाम में बैठे हों। कन्डक्टर स्टेशन का नाम चिल्लाते तो उनकी आवाज़ें कोहरे में दब जातीं। इससे पहले कि वह उससे बात कर पाता, वह सीमा पर उतर गयी। उसने बड़ी मुश्किल से अपना हैट-बॉक्स उठाया और तेज़ बारिश में कीचड़ पानी में होती निकल गयी। काफ़ी देर तक यॉन्ची उसे जाते हुए देखता रहा। वह अपनी जान देकर भी उसका पीछा कर सकता था, उसका हाथ अपने हाथों में ले सकता था और उसका मुँह चूम सकता था, और फिर होटल में उसके साथ खाना खा सकता था, जहाँ केवल एक ही मेज़ होती, एक ही अलमारी और एक ही पलंग। अगले ही दिन वह सब कुछ भूल भी गया था।

ज़ाहिर है ऐलैकैश झूठ बोल रहा था जब उसने कहा था कि नौकरानियों को पकड़ पाना सबसे सरल होता है। वे तो शायद सबसे मुश्किल से हाथ आती थीं। गुस्से में भर उसने कपड़े बदले और बाहर निकल गया।

वह निकला तो तॉतार के घर जाने को था मगर वापिस पलटा और बुदा की सुरंग से होता हुआ नदी के दूसरी ओर पैश्त तक आ गया। पहले वह एक सिनेमा देखने बैठा, सात रील की एक रोमांटिक फ़िल्म देखी जो इटली में बनी थी। फिर उसने ग्रामोफ़ोन का एक टिकट ख़रीदा और वैगनर का "फ्लाइंग डचमैन" रिकार्ड सुनने लगा। बाहर अँधेरा हो चला था। इस धुंधलके ने उसके इरादे बुलन्द किए। वह कल्पना करने लगा कि कैसे उसने लड़की को ज़बरदस्ती उठा लिया था, बस एक चीख़ मारकर। वह भागता हुआ सीढ़ियाँ चढ़ा।

रसोई में मगर कोई नहीं था। एक क़ातिल की तरह जो कमरे में घुसे अपने शिकार के सीने में खंजर उतारने को मगर जिस शिकार की उसने बहुत समय से प्रतीक्षा की हो वो अचानक ग़ायब हो जाये, उसी तरह निराश हो वह वहीं स्टूल पर बैठ गया और उसने अपना सिर मेज़ पर टिका दिया। कम से कम यहाँ रहना ही अच्छा लग रहा था, इस भद्दे रसोईघर में जहाँ अभी भी पेट्रोल की गन्ध बसी थी।

ऑन्ना उसे वहाँ बैठा देख हैरान हो गयी।

"तुम कहाँ थीं?" यॉन्ची ने पूछा।

"मैं क़साई के यहाँ गयी थी। रात के खाने के लिए मीट की चॉप लेने", और यह कह उसने टोकरी में से अखबार के कागज़ में लिपटी चॉप बाहर निकाल ली।

यॉन्ची ने हाथ झटक दिया। "मुझे नहीं चाहिए। मैं आज रात को खाना नहीं खाऊँगा। केवल काली कॉफ़ी ही पिऊँगा।

सो उसने काली कॉफ़ी पी। खिड़की के सामने खड़ा वह रात को देखता रहा। दस बज़े फ़िचोर ने मुख्य गेट बन्द किया। श्रीमती मोविस्तर ने प्यानो बजाना बन्द कर दिया था और घर में अब सन्नाटा हो गया था। नौकरानी के कमरे में अँधेरा था। यॉन्ची ने भी अपने रात को पहनने के कपड़े पहने और बत्ती बुझा दी।

कुछ देर अँधेरे में ही खड़ा रहा। यह कहना कठिन था कि वह अब क्या करने जा रहा था।

उसने एक क़दम बढ़ाया। लकड़ी का फ़र्श इतनी ज़ोर से चरमराया कि घर में सबको उसकी आवाज़ आ गयी होगी। वह पीछे हटा। फिर से हिचकिचाया, फिर धीरे-धीरे, क़दम पे क़दम रखते, वह बड़ी सावधानी से मार्ग टटोलता, यूँ मानो वह शतरंज का एक मोहरा हो, आगे बढ़ा। लकड़ी का फ़र्श मशीन गन की तरह आवाज़ कर रहा था। दाँत पीसते हुए उसने अब भागने का तय किया, बिना इसकी परवाह किये कि कौन क्या सोचेगा। उसकी इस रात की क्रिया के बारे में। दरवाजों के हैंडिल चरमराए, दरवाज़े रोये।

वह रसोईघर के अँधेरे में पहुँच चुका था। अपनी बाँहें फैलाए दीवार को टटोल रहा था। उसे ज़रा भी नहीं मालूम था कि पलंग किस ओर है। उसने पलंग तलाशने की कोशिश की।

"तुम क्या सो रही हो?" उसने धीरे से पूछा।

"नहीं", ऑन्ना फौरन बोल पड़ी, उसकी आवाज़ से लगता था पूर्णतः जगी हुई है।

"मैंने...मैंने सोचा", यॉन्ची हकलाता हुआ बोला, "मैंने सोचा...मतलब...कि अब तक सो गयी होंगी।"

उसने पलंग तलाश लिया था। इतनी बहादुरी से कि उससे उसको खुद को डर लगा था, वह पलंग के किनारे पर बैठ गया। थोड़ी सी आवाज़ हुई, कुछ कपड़ा खिसकने की, कुछ हिचकिचाती हुई हरकत की।

लड़की पलंग पर उठकर बैठ गयी। तभी उसे पता भी चला कि उससे भूल नहीं हुई थी, कि वाक़ई में कोई उससे पूछ रहा था कि क्या वह सो गयी है।

"अगर तुम नाराज़ न हो", यॉन्ची ने आवाज़ गले में अटकते स्वर में कहा ऑन्ना बस उस तरह पलंग पर बैठ गयी, बड़ी नादान और इज़्ज़त दार तरीके से, मानो वह एक रोगी हो, जो डॉक्टर के आने पर उठ खड़ा हुआ हो, और इन्तज़ार कर रहा हो कि वह उसका परीक्षण करे। उसने सुना हुआ था कि मालिक लोग नौकरानियों के पास रात को आते हैं, कभी-कभी तो वे मालिक की प्रेमिकाएँ हुआ करती हैं, और कभी-कभी यूँ बच्चे भी पैदा हो जाया करते हैं। ऐसी एक लड़की उसके गाँव कॉयार में भी थी जिसकी इज़्ज़त पैश्त के एक वकील ने लूट ली थी। वह यह भी जानती थी और इसके अलावा भी बहुत कुछ जिसके बारे में वहाँ लड़कियाँ बातें

करती थीं। मगर इस सबके बावजूद कि इस तरह लड़कियों के साथ ऐसा किया जाता था, वह काफ़ी बेवकूफ़ी वाली हैरानी से ग्रस्त हो रही थी।

"क्या तुम डर रही हो?" यॉन्ची ने पूछा, अभी भी पलंग के एक किनारे बैठे हुए, "अगर तुम डर रही हो तो मैं चला जाता हूँ।"

ऑन्ना थोड़ी डरी हुई ज़रूर थी, मगर इस बात पर काफ़ी गर्व महसूस कर रही थी कि यह नौजवान उस में रुचि दिखा रहा था, और उसका यह डर कि कहीं यह यहाँ से चला न जाये, उस पहले वाले डर से अधिक था।

"नहीं"

यॉन्ची लोहे के पलंग के बिल्कुल किनारे लेट गया। लड़की दूसरी ओर किनारे तक खिसक गयी। दोनों के बीच एक और आदमी की जगह बनी हुई थी।

मगर अब तक वे एक ही लिहाफ़ के अन्दर आ चुके थे, वह बिना कवर का मैरुन रंग का गर्म लिहाफ़ जिसे यॉन्ची—हालाँकि वह आण्टी एन्जेला का था—गन्दा और भद्दा मानता था और जो उसके हिसाब से केवल चेचक के मरीज़ों के ही लायक था। इस वक़्त इसी लिहाफ़ को वह नाक तक खींच चुका था।

यह नाज़ायज़ गर्माई भी अजीब थी। उसे लग रहा था कि उसे बुख़ार चढ़ने लगा था और इतना तेज़ कि वह उसकी गर्मी से जल ही जायेगा। उसने अपनी टाँगें धीरे-धीरे पलंग पर आगे बढ़ानी शुरू कीं, नौकरानी के पलंग की अनजान गहराइयों में, जहाँ कई ख़ून पीने वाले छोटे-छोटे जानवर, जैसे खटमल या मेढक, ज़रूर उसकी राह देख रहे होंगे। उसकी लड़खड़ाती उँगलियाँ फटी-पुरानी चादर को टटोल रही थीं।

उसके पैरों के पास कोई चीज़ हिली : एक काली आकृति। डरकर वह चिल्ला पड़ा। यह क्या है!"

"चूज़ा। जा भाग यहाँ से" ऑन्ना ने ताली बजाकर चूज़े को बाहर खदेड़ा। वह हड़बड़ाकर पलंग से बाहर निकला और रसोई के एक कोने में जाकर खड़ा-खड़ा ही सो गया।

यॉन्ची और पास सरका, कोई जल्दबाज़ी बग़ैर किए, पहले एक उँगली फिर दूसरी उँगली उस तक बढ़ाते। वह अब बर्दाश्त नहीं कर पा रहा था। अब सावधानी की कोई आवश्यकता नहीं थी। उसने अपना हाथ लड़की के वक्ष पर रख दिया।

ऑन्ना ने उसे रखने दिया। उसके अन्दर भी एक सुखद सी गर्मी दौड़ गयी। यह प्यार था। वह जानती थी कि उसे लिपटाया जा रहा है। गाँव में कई बार लड़के उसे पकड़ लिया करते थे और मज़ाक में ही उसके वक्ष छू लिया करते थे। मगर फिर वह हँसने लगी और ज़ोर से बोल पड़ी "अगर इस वक़्त वे अगर मुझे यहाँ देख लेते!"

"कौन?" घबरा कर यॉन्ची बोला, अपना हाथ उसके ऊपर से हटाते और बाहर से आती आवाज़ को सुनते। कोई दरवाज़ा ज़ोर से बन्द कर रहा था। 'मेरी आण्टी और अंकल तो नहीं?"

"नहीं वे नहीं।"

"तब कौन?"

"नवजवान बड़े घ॰ की लड़कियाँ" ऑन्ना दिल से हँसी, उसे छेड़ती और नख़रे दिखाती, "बड़े घर की जवान लड़कियाँ।"

"वे!" यॉन्ची ज़रा फूलते हुए बोला—"मुझे उनसे क्या लेनादेना और फिर यूँ अकड़ के सिर झटका मानो, एक झटके से ही, अपने लिए राल टपकती लड़कियों को, दूर फेंक दिया हो। 'मुझे वे नहीं चाहिए। न वे न बड़े घर की लड़कियाँ। क्योंकि अभी तक मेरी इस तरह की प्रेमिकाएँ नहीं रहीं—"योर ऑनर और योर वर्शिप टाइप," उसने लड़की के समझ आने वाली भाषा में समझाया। 'मुझे वे नहीं, मुझे तो तुम चाहिए हो। तुम बहुत सुन्दर हो।"

"आपने आज सुबह मुझसे यह क्यों नहीं कहा?"

"तो मतलब तुमने भाँप लिया था। क्या जब मैं स्टेशन से घर लौटा था? या खाने के वक्त? या फिर सुबह नाश्ते पर ही?"

"अगर आप मुझे सुबह बता देते तो कम से कम पूरे दिन मैं सुन्दर तो बनी रहती।"

"नहीं", यॉन्ची याचना के स्वर में कहने लगा, वह लड़की की अक़्लमन्दी से काफ़ी प्रभावित हो रहा था। "प्लीज़ ऐसा मत कहो, बिल्कुल नहीं, तुम बहुत सुन्दर हो", वह वासना से ओत-प्रोत हो रहा था "क़सम खाकर कह सकता हूँ कि तुम सुन्दर हो।"

"यह पाप है छोटे मालिक" उसने लेक्चर दिया।

"यह क्यों पाप है?"

"यूँ इतनी छोटी-सी बात के लिए क़सम खाना..."

यॉन्ची ने अब फ़ैसला कर लिया कि अब इसका अन्त कर देगा। इस होशियार लड़की के अक़्लमन्द शब्द उसकी इच्छा का मज़ाक़ सा उड़ाने लगे थे; वह चुप्पी का इन्तज़ार कर रहा था, एक ऐसा सन्नाटा जो उन्हें एक होने में सहायता करे। उसने फिर से अपने हाथ उसके वक्ष पर रख दिये। ऑन्ना एक तेज़ झटके से उससे अलग हो गयी।

"सुनो मेरी प्रिये", वह विनती करने लगा और उसकी साधारण-सी हँसी को बन्द करने की कोशिश करने लगा। "हँसो मत, कुछ मत कहो। एक शब्द भी नहीं। सिर्फ़ सुनो मेरी प्रिये। मैं तुम्हें तकलीफ़ नहीं पहुँचाऊँगा। तुम बहुत सुन्दर हो। मैं तुम्हें बहुत प्यार करता हूँ। सिर्फ़ तुम्हें। मैं तुझे प्यार करता हूँ" अभी तक वह उसे 'तुम' कहकर पुकार रहा था अब अचानक उसके मुँह से यह सर्वनाम निकल पड़ा। इसमें अपनेपन का एहसास था और इससे वह उसके और क़रीब आ गया लगता था, इससे उसकी चाहत भी और बढ़ती थी; जब वह यह शब्द बोल रहा था तब उसका

तालू जलने-सा लगा था। 'तुझे, तुझे, बोल। तुझे। तू भी मुझे यही कहकर पुकार। कहना 'तुझे'...'तुझे'।

लड़की कहने को तैयार नहीं थी। वह सोच रही थी कि यह छोटा-सा शब्द कितनी बड़ी खाई पाट सकता था। यॉन्ची की आँखें अब तक अँधेरे की आदी हो चुकी थीं; वह अब देख पा रहा था : ऑन्ना को भी। उसके सफ़ेद स्तन चमक रहे थे और उसके चारों ओर के अँधेरे को भी चमका रहे थे। यॉन्ची ने उस पर प्रश्नों की बौछार शुरू कर दी। उसके प्रेमियों के बारे में, क्या उसके प्रेमी थे, और अगर हाँ तो कितने और कौन-कौन। कुछ देर तक ऑन्ना छोटे-छोटे बेमतलब जवाब देती रही फिर उसने जवाब देना बन्द कर दिया। क्या वह इस बात से नाराज़ थी कि उसने उसे थोड़ी देर पहले चुप रहने को कहा था? यॉन्ची ने उसकी चुप्पी का यह अर्थ निकाला कि वह इससे पहले कइयों की हो चुकी थी, वह तो केवल लाइन के अन्त में था। चलो यह तो और भी अच्छा है, उसने सोचा और उसे ज़बरदस्ती हासिल करने की कोशिश करने लगा, पहले चापलूसी और अब हिंसा से।

ऑन्ना ने आराम से उसे पीछे धकेल दिया। जब उसने उसकी कमर पकड़ने की कोशिश की, उस इतनी ज़ोर से उसे धक्का दिया कि लगा पलंग ही टूट जायेगा। "नहीं" उसने कड़क होकर कहा।

"मगर क्यों?"

"क्योंकि आपको ऐसा नहीं करना चाहिए, बस इसलिए।"

"सुनो..."

"क्या आप मुझे अकेला छोड़ देंगे। आप जाइये अपनी सभ्य लड़कियों के पास। और वहीं रहिये।"

आप क्या यक़ीन करेंगे कि उसने न साहब बोला न कोई इज़्ज़त दिखाई। उसने अब अपने पलंग पर क़ब्ज़ा पा लिया था। यॉन्ची ने अपना सिर तकिये में घुसा लिया, उसके किनारे काटने लगा, उसका चेहरा आँसुओं और थूक से भर गया था। वह उसका ज़ोर-ज़ोर से सिसकियाँ लेना सुन सकती थी। वह पेट के बल लेटा था।

फिर एक बाँह उसके गर्दन से आकर लिपट गयी और लड़की ने उसे इतने ज़ोर से लिपटा लिया कि उसे तकलीफ़ होने लगी। उसे साँस लेना मुश्किल हो गया। धीरे-धीरे वह इस मस्ती में डूब गया और स्वयं को उसने इस तरल गर्माई में डूबने के लिए खुला छोड़ दिया, इस मीठे क्षीर सागर में।

वह बहुत ताक़तवर थी, यह गाँव की लड़की, और जितना उसने सोचा था उससे कहीं ज़्यादा दुबली। जब उसने उसको बाँहों में समेटा, तो पाया कि उस पर माँस लगभग था ही नहीं, बस माँसपेशियाँ थीं और हड्डियाँ उसने उसका हड्डियों का ढाँचानुमा शरीर छूकर देखा, उसकी जाँघों के बीच, उसका गुप्तांग और फिर उसके

सृजन के कुएँ को। कई बार वे गिरते उठते रहे, मृत्यु और जीवन वाले खेल में।

फिर कुछ देर उन्होंने बातें कीं।

रात के बारह बजे के लगभग एक गाड़ी घर के आगे आकर रुकी। किसी ने घण्टी बजायी, केयरटेकर ने गेट खोला। उन्होंने फुसफुसाकर एकदूसरे से कहा कि इस वक़्त कौन हो सकता है। ख़ैर जो भी था वह ऊपर चला गया दूसरी मंज़िल पर। वहाँ उसने दरवाज़ा खटखटाया। उन्हें डॉक्टर मोविस्तर की आवाज़ सुनायी दी। कुछ ही मिनट बाद दो लोग नीचे आये, डॉक्टर गाड़ी में बैठे और वे चले गये। कोई एमरजैन्सी होगी।

सुबह पौ फटने पर यॉन्ची ने दूसरी ओर की दीवार पर रोशनी देखकर पूछा ऑन्ना से कि वहाँ कौन रहता है। फिर वह अपने पलंग पर जाकर लेट गया, उसी रास्ते से लौटा जहाँ से इधर आया था।

सूरज अभी निकला नहीं था। उसका दिल ज़ोर-ज़ोर से धड़क रहा था ख़ुशी के मारे, जब वह पलंग पर जाकर लेटा। आख़िर काम हो गया था। बहुत ही मधुर था। उसे पक्का यक़ीन था कि उसकी जीत अद्‌भुत थी, कि आज तक कभी किसी ने इस प्रकार से पाप नहीं किया होगा। पर तभी तो उसे इतना मज़ा आया था और इसे इस बात की कोई शर्म भी नहीं थी।

इलोन्का तॉतार अभी सो ही रही होगी। उसके पिता की दाढ़ी है। हर पार्टी के अन्त में वह ज़रूर आकर बड़े प्यार से नवयुवकों से बात करते हैं और केक का बचा-खुचा टुकड़ा खाते हैं। उसकी माँ सब चीज़ पर कड़ी नज़र रखती हैं, कभी अपनी रज़ामन्दी कभी अपना गुस्सा दिखाती।

यॉन्ची ज़ोर से हँसा। अब जाकर उसे समझ में आया कि वह आख़िर लड़कियों से इतना डरता क्यों था, और वह क्यों इतना ख़ुश होता था जब पार्टियाँ ख़त्म होती थीं और वह घर भागता था सीटी बजाता। मगर इस लड़की के रिश्तेदार तो उसके लिए बिल्कुल अन्जान थे। वह तो इतनी अकेली थी जैसे पेड़ पर एक चिड़िया।

जब वह आधी नींद और आधे जगने की स्थिति में पहुँचा तो वह एक बात पर आश्चर्य कर रहा था कि यह सब बस इतनी मामूली-सी बात थी, यह बात जो बड़े लोगों बच्चों से हरदम छिपाते हैं, यह तो एक बच्चों जैसा ही खेल था, कितना मज़ेदार खेल जैसा।

उसने फिर हिलाना शुरू कर दिया, जैसे अपने विचारों से हाँ में हाँ मिला रहा हो, एक कुटिल मुस्कान उसके चेहरे पर दौड़ गयी थी।

13

प्रेम

यॉन्ची बैंक के वॉल्ट में बैठा था। रोज़ की तरह की ही सुबह थी। विभाग अध्यक्ष ने उसे एक फ़ाइल पकड़ा दी थी जिस पर आकाश को छूती लम्बी लिस्ट थी नम्बरों की। उसका काम था उनको जमा करना। उसकी पेन्सिल एक-एक नम्बर से होती ऊपर जाती, फिर वह गिनती भूल जाता और फिर से गिनना शुरू करता। और अन्त में वह इस सबसे ऊब गया, फ़ाइल को परे धकेला और खिड़की से बाहर देखने लगा।

वह ऑन्ना के मुँह के बारे में सोच रहा था। उसने अभी तक उसके होंठों का चुम्बन नहीं लिया था। जब उनके आवेश में आये चेहरे कल क़रीब आये थे तब यॉन्ची ने नौकरानी के होंठ, सोच घृणा से मुँह परे कर लिया था। इस वक़्त वही उसे आकर्षित कर रहे थे, उसके शरीर से भी अधिक : वह उन पीले पड़े कटे-फटे होंठों को चूमना चाह रहा था, अपने होंठों में दबाना, और उन्हें तब तक बन्द होने से रोकना जब तक वे दोनों एक ही श्वास में बद्ध न हो जायें, जब तक वे एक फल की तरह पूरी तरह से चूस न लिये जायें।

उसने अपना हैट उठाया और बाहर निकल लिया।

उसने उसे अँधेरे बाथरूम में पाया।

"रुको", वह हाँफता हुआ बोला और उसका चुम्बन ले लिया। चुम्बन कुछ ठण्डा-सा था। उससे वह तृप्त नहीं हुआ। बार-बार उसने उसके होंठों पर आक्रमण किया, उसके दाँतों के पार अपनी जीभ गड़ाते; उसकी जीभ का स्वाद भी उसे मज़ा दे रहा था। उसका जीभ का गीलापन यॉन्ची को मदहोश कर रहा था।

"और" वह चिल्लाया "और, और"। वह एक बच्चे की तरह हो गया था जिसे स्ट्रॉबरी क्रीम मिल रही हो। जैसे ही ख़त्म करता और की इच्छा करना शुरू कर देता।

ऑन्ना ने, जबसे वे दोनों एक हुए थे, इसे देखा तक नहीं था। इस वक़्त वह शर्म से लाल हो रही थी, टब के सहारे झुकी, खुशी से पागल हुए जा रही थी, वह उसके साथ जो चाहे वो कर सकता था। उसने सुनहरी लाइन वाले कप में सुबह आठ बजे ही उसके लिए कोको बनाकर रख दी थी और उसे कुर्सी पर ले जाकर रख भी दिया था; वह उसे पीकर निकल गया था। वह तो इसे भी स्वाभाविक ही समझती अगर वह उस रात के बाद उसे पहचानने से इनकार कर देता। इस नयी परिस्थिति ने तो उसे रात के मिलाप से भी ज़्यादा चौंका दिया था।

"तुम मुझे पलटकर क्यों नहीं चुम्बन देतीं?" "तुम कुछ बोलती क्यों नहीं?"

"तुम मुझे प्यार नहीं करती। ओफ़ तू...और मैं...तू" उसने फिर से प्यार की उस भाषा में बात करना शुरू कर दिया जो प्यार का अन्तिम इज़हार हुआ करती है। जब उसके सन्तुष्ट होंठ उसके होंठों से अलग हुए और जब वह साँस लेने के लिए रुका, तब वह कमरे से चुपचाप निकल गयी।

"रुको"

यॉन्ची ने उसे हॉल में पकड़ लिया और फिर चूमा। वहाँ से वे रसोईघर पहुँचे। घर के हर कोने में चुम्बन का स्वाद भिन्न था।

"ज़रा खिड़की तक जाओ, उसने आदेश दिया।" यहाँ इस कोने में। अलमारी के पास। रोशनी में। मैं तुम्हें देखना चाहता हूँ। तुम भी मेरी ओर देखो" वह उसे बहुत तीव्र उत्सुकता से देखता रहा।

आँखें दिमाग़ की प्रहरी होती हैं : खोपड़ी के बाहर निकलते हुए हिस्से पर जमी यह अपने आप में भी बुद्धि रखती हैं। किसी ज़माने में जब जीवन की शुरुआत हुई, जब ब्रह्माण्ड में जीवन का संचार हुआ तब खोपड़ी में से उत्सुकता के कारण यह दो छेद उभर आये होंगे, ताकि सृष्टि का अवलोकन कर सकें।

मगर यह दोनों युगल आँखें तो एक-दूसरे पर ही टिकी थीं, खोजती, ढूँढती और एक साथ कोशिश करतीं आशीर्वाद पाने की।

"अब" यॉन्ची बोला, "तुम मुझे नहीं छुओगी और मैं तुम्हें नहीं। अब तुम्हें यह करना है।"

उसने अपनी बाँहें पीछे रखीं। केवल उनके होंठ अब उन दोनों को मिला रहे थे।

ऑन्ना इस प्रकार उसकी हर आज्ञा का पालन कर रही थी मानो वह कोई ब्रुश या कोई शूहार्न माँग रहा हो।

अगले दिन वह बैंक नहीं गया। उसने टेलिफ़ोन कर दिया कि उसका गला ख़राब है। उसने अपनी बढ़िया गर्म क़मीज़ निकाली और सफ़ेद फ़लालेन की पतलून पहनी, स्मार्ट चमड़े की बैल्ट लगायी और फ़्लैट में बिना जैकिट के घूमने लगा। उनके पास पूरा दिन केवल अपने लिए था। कभी-कभी घण्टी बजती, ऑन्ना किसी बिल

का भुगतान करती, या कोई पत्र आता, बस इसके अलावा कोई उनको परेशान करने वाला नहीं था।

ऑन्ना ब्रुश और एक बर्तन उठाकर आयी। वह एक सुन्दर स्कार्फ़ सिर पर बाँधे हुई थी और बहुत सुन्दर लग रही थी। वह ऑपेरा की एक्ट्रैस जैसी दिख रही थी; बड़ी उत्तेजित करने वाली नौकरानी।

यॉन्ची ने उससे उसका हाथ माँगा। केवल उसका हाथ।

"ज़रा दो मुझे।"

"क्यों?"

"बस दो तो।"

"यह गन्दा है" उसने आनाकानी की और हाथ को एप्रिन से पोंछने लगी। उसने हाथ फिर भी पकड़ लिया। उसे बड़ी कोमलता से पकड़ा मानो कोई तितली पकड़ रहा हो, फिर उसका हाथ सहलाया, वह हाथ जो ड्यूटी के कारण कई प्रकार की गन्दी वस्तुएँ उठा चुका था, उसने फिर अपने हाथों में रख हाथ को ज़ोर से दबाया। कुछ ऐसा था उस खुरदुरे हाथ में जो उसे बहुत ही मधुर लग रहा था। उसने एक के बाद एक दोनों हाथों को अलग-अलग चूमना शुरू कर दिया, बग़ैर जाने कि लड़की से कैसे प्यार जताये। अचानक उसने अपने होंठ उसके हाथों में गड़ा दिये।

"आप क्या कर रहे हैं?" लड़की ने गुस्सा होते कहा, "क्या साहब को अपने आप पर शर्म नहीं आती? आप मुझे अकेला छोड़ दीजिए!" उसने अपनी उँगलियाँ उसके मुँह से बाहर खींची, और शर्म से लाल होती रसोईघर की सुरक्षा में भागी, जहाँ बैठकर वह सोच में पड़ गयी। यह तो ऑन्ना के लिए बहुत अधिक था। उसे कुछ समझ में नहीं आ रहा था।

रात को जब वह नंगे पाँव उसके पास आया, और लकड़ी का फ़र्श उसके पाँवों के नीचे चरमरा कर आवाज़ करने लगा तो वह खुश थी और खुशी ज़ाहिर करने में डर भी नहीं रही थी। उसने पलंग पर उसके लिए जगह भी बना दी थी। बस दिन में यह प्यार का इज़हार उसे बर्दाश्त न होता था। उसे यह समझ में न आता था कि छोटे साहब अपनी चाहत में किस क़दर गिरे जा रहे हैं। क्यूँकि वह उसे पूरी तरह हासिल कर चुके थे। वह नये-नये तरीक़े इस्तेमाल कर रहा था, जो उसे स्वर्ग से नर्क की ओर ले जाती सीढ़ी बन रही थी। ऑन्ना यह सब समझ नहीं पा रही थी।

चुम्बन और हाथ दबाने के बाद वह पल भी आ गया जब उसने ऑन्ना को अपनी बराबरी का दर्जा देकर पुकारना शुरू कर दिया। उसने कहा कि वह भी उसे 'छोटे साहब' कहकर न बुलाये। उसने प्यार से उसका नाम पुकारा, लड़कियों के नामों में सबसे अधिक मीठा नाम, एक ऐसा नाम जो आपको प्रेम में पड़ने पर मज़बूर करता है। वह घण्टों उसके साथ बैठ सकता था, इस नाम के अलावा कुछ भी बोले बग़ैर। इससे पहले कि उसका चुम्बन लेता अब उससे इजाज़त माँगता।

कई तरह की सनक उसे सूझने लगीं। ऑन्ना से बार-बार कपड़े बदलवाता, पहले उसे लाइनदार फ्रॉक में और नंगे पैर आने को कहता। फिर उसे कैलिको ड्रैस और जूतों में देखना चाहता। किसी चीज़ से सन्तुष्ट ही न हो पा रहा था। एक बार तो उसने कहा कि तुम बिना कुछ पहने, बस आण्टी का रात का गाउन लपेट कर आ जाओ। इससे ऑन्ना ने साफ़ इनकार कर दिया।

फिर वह इतनी ज़्यादा बातें करने लगा कि ऑन्ना का सिर घूमने लगा। उसके सामने घुटने टेक कर बैठ गया। ज़मीन पर लेट गया। उससे कहने लगा कि आधी रात को, जब सब लोग सो जायेंगे, वे दोनों बाग़ में जायेंगे, और सुबह होने तक पेड़ों और झाड़ियों के बीच प्रेम क्रीड़ा में रत रहेंगे। और शाम को एक टैक्सी में बैठ, शहर से बाहर किसी रेस्ट्रॉ में जाकर खाना खायेंगे, और वहाँ वेटर को यही यकीन दिलायेंगे कि वे पति-पत्नी थे। और इसके बाद वह उसे अमरीका ले जायेगा, उसके लिए ऊँची एड़ी के जूते ख़रीदेगा, सिल्क के मोज़े और एक फ़ैशनेबल स्कर्ट ख़रीदेगा जैसा एक्ट्रैसें पहनती हैं, और वे एक बड़ी-सी गाड़ी में बैठ न्यूयार्क की चौड़ी सड़कों पर फ़र्राटे से भागेंगे, ऑन्ना का सिर अपनी गोद में रख। ऑन्ना ने अपने कन्धे झाड़े और उस पर हँसने लगी।

शुक्रवार को छोटे साहब ने उसे दो लोगों के लिए मेज़ लगाने को कहा। जब वह सूप लायी तो ज़िद करने लगा कि वह भी साथ बैठकर पिये, उसके सामने मेज़ पर बैठ। ऑन्ना किसी भी क़ीमत पर यह करने को राज़ी नहीं हुई।

उसे काफ़ी मुश्किल हुई, उसे दिन में अपने पलंग पर आने के लिए समझने को। ऐसा वह आख़िरी दिन, यानी शनिवार को जाकर, कर पायी।

यॉन्ची ने सब दरवाज़े, खिड़कियाँ बन्द कर दिये थे ताकि लगे रात हो गयी है। फिर सबसे पहले उसे बाथरूम में ले गया और उस पर ढेर सारा पर्फ्यूम उँड़ेल दिया। लड़की गम्भीरतापूर्वक सैन्ट के बादलों से सराबोर खड़ी रही, बस तब चीख़ी जब स्प्रे ने उसके वक्ष और उसके पेट को गुदगुदा दिया। इसके बाद वे ड्राइंग रुम में आये और उसके कोने-कोने को अपने चुम्बनों और आलिंगनों से भर दिया। उनकी तीर्थ-यात्रा पलंग कर जाकर ख़त्म हुई।

क़रीब सात बाजे यॉन्ची ने सिगरेट जलाई। उसे अब किसी और नई चीज़ की इच्छा हुई।

"ऑन्ना", जम्हाई लेता बोला, "ज़रा टेलिफ़ोन तो लाना।"

लड़की हैण्ड सैट उठा लायी जिसके साथ क़रीब पचास फुट का तार जुड़ा हुआ था।

"धन्यवाद", यॉन्ची बोला, रिसीवर फ़ोन से उठाता हुआ, "अब तुम जा सकती हो" उसने योज़ ऐलैकैश को फ़ोन लगाया।

"हाँ तुम हो?...बहुत बढ़िया, धन्यवाद...मैं कहता हूँ...तुम तो मेरी ख़ैर ख़बर

भी नहीं लेते...मैं तीन दिन से वहाँ नहीं आया हूँ जबकि तुम...नहीं बड़े मियाँ नहीं...उससे भी बड़ी...मैं तुम्हें उसके बारे में सब बताऊँगा...नहीं फ़ोन पर नहीं...ठीक है, फौरन आ जाओ...ठीक है...मैं इन्तज़ार करूँगा...और तुम मेरी के साथ। भाड़ में जाओ तुम।"

उसने रिसीवर ज़ोर से वापिस रखा, अपने दोस्त के वीरतापूर्ण इरादे और अपने जवाब से खुश होते। उसने अपने आप को ठीक किया, पियानो पर बैठा और एक ही गाना जो वह बजाना जानता था, बजाने लगा। अँग्रेज़ी में था वह गाना–

"यू मेड मी लव यू,
आई डिडन्ड वॉट टू डू इट,
यू मेड मी वॉन्ट यू,
ऐण्ड ऑल द टाइम यू न्यू इट..."

ऐलैकैश बाहर दरवाज़ा खटखटा रहा था मगर वह पियानो बजाता और ज़ोर से गाये चला जा रहा था–

"यू मेड मी हैप्पी,
समटाइम्स यू मेड ग्लैड
बट देयर वर टाइम्स, डियर
यू मेड मी फ़ील सो बैड"

"सो?" दोप्त ने पूछा "तुम बीमार नहीं थे?"

"नहीं"

"अगर नहीं तो मुझे कहना पड़ेगा तुम कुछ ख़ास ठीक तो नहीं लग रहे। "काफ़ी ख़राब हालत दिख रही है तुम्हारी।"

"वाकई?"

यॉन्ची शीशे के सामने जाकर खड़ा हुआ। उसकी आँखें एकदम लाल थीं; उसका चेहरा एकदम पीला फक्क्। वह खुश था। "शायद मैं बीमार हूँ। दरअसल मेरे सिर में दर्द है।"

"क्या, तुम्हारे ख़ाली सिर में?" ऐलैकैश कोई मौका नहीं छोड़ता था उसे छेड़ने का और अपनी अक़लमन्दी दिखाने का। "इस ख़ाली सिर में क्या चीज़ दर्द कर सकती है?"

मज़ाक मत करो यार। यह गम्भीर बात है।"

"क्या तुम प्रेम में पड़ गये हो?"

उत्तर के रूप में यॉन्ची ने पियानो पर कुछ हाई नोट्स बजाये। उनसे एक भौंडा स्वर निकला।

"अकेली है या विवाहित?" एलैकैश ने टटोलने की कोशिश की।

"कहाँ मिली तुम्हें?"

"ज़ैरबो* में"

"वेश्या?"

"एक्ट्रैस"

"आहा! कहाँ? किस थयेटर में?"

"भिन्न-भिन्न जगहों पर। नाच करती है।"

"अच्छा जी। और कब नथ उतारी उसकी?"

"बुधवार की रात को। मैंने उसके बारे में बात करनी शुरू की। तुम यक़ीन ही नहीं करोगे बड़े मियाँ! क्या चीज़ है! बड़ी चुड़ैल है। वह फ़ौरन ही मेरे साथ आने को तैयार हो गयी। अपनी कार में। उसके पास मोटरकार भी है। हम दोनों अब प्रेमी हैं।

"और तुम कहाँ मिलते हो?"

"यहाँ"

"हम्म्" ऐलैकैश ने कुछ सोचा और फिर ईर्ष्या से भरा, मुस्कुराने लगा। "तुम साले...तुम उसे यहाँ लेकर आते हो?"

"हर दिन, जबसे बूढ़े लोग यहाँ से गये हैं। हर रात को, और दिन में भी। अभी भी वह अभी-अभी ही यहाँ से गयी है। जब मैंने तुम्हें फ़ोन किया तब वह यहीं थी। बिल्कुल यहाँ, मेरे पलंग पर।"

ऐलैकैश ने ज़ोर से सूँघा। वह भीनी-भीनी खुशबू सूँघ पा रहा था। शायद यॉन्ची ठीक ही कह रहा था।

"पली पलायी है?"

"दुबली पतली।"

"सुनहरे बाल?"

"गहरे ब्राउन।"

"उसका नाम क्या है?"

"वायदा करोगे किसी को बताओगे नहीं?" उन्होंने हाथ मिलाये इस पर, तब तक यॉन्ची ने एक बड़े झूठ को बोलना चाह रहा था, मगर उसमें असफल रहा—"मॉरिआन। प्यारी मॉरिआन"—ठण्डी साँस लेकर बोल पड़ा।

"अरे वाह"—ऐलैकैश ने माना "वाक़ई ज़रूर ख़ास चीज़ होगी। पर तुम ज़रा सावधान रहना" उसने यॉन्ची को सावधान किया, "पूरी तरह से अपने आपको उसे न सौंप देना। लगता है टसुए बहाने वाली होगी।"

"मैं जानता हूँ, पर क्या उन्माद होता है! जब मैं उसे चूमता हूँ तो उसकी आँखें गोल-गोल घूमने लगती हैं। और तुम जानते हो ऐलैकैश? ज़रा यह तो सुनो...तुम सुन रहे हो ना?...

यॉन्ची का मुँह खुला का खुला रह गया। जब वह बोल ही रहा था, ऑन्ना

---

* ज़ैरबो—बुदापैश्त की बहुत जानी-मानी पैस्ट्री की जगह। बहुत फ़ैशनेबल।

कमरे में आयी और उसने कहा कि चाय तैयार है। उसने उस पर नज़र डाली फिर ऐलैकैश की ओर देखा जो पीछे मुड़कर लड़की की ओर ही देख रहा था। वह उम्मीद कर रहा था कि अभी ऐलैकेश ज़ोरों से हँसने लगेगा और फ़ौरन उसे पहचान लेगा, इतने वर्णन के बाद। बस अब सब कुछ सामने आ जायेगा।

पर ऐसा कुछ नहीं हुआ। ऐलैकैश ने सिगरेट एशट्रे में बुझाई और ऑन्ना के पीछे-पीछे मेज़ तक पहुँचा। यॉन्ची का सारा उत्साह ठण्डा पड़ गया। एक अन्जान दुख ने उसे घेर लिया, जैसा वह तब महसूस करता था अब अकेला होता था।

वह उदासी को सँभाल नहीं पाता था, एक मिनट के लिए भी नहीं, और उसको समझने की कोशिश से लड़ता रहता, या अपने हथियार डालकर उसमें मज़ा ढूँढ़ने की कोशिश करता। वह इसके लिए तरह-तरह के नक़ली उपायों को ढूँढ़ता। वह एक नशीले पदार्थों के आदी व्यक्ति की भाँति था : उसे स्वयं को शान्त करने के लिए और ज़्यादा नशे की ज़रूरत होती थी। उसने फ़ौरन अपने लिए स्ट्रॉग चैरी लिक्योर डाला, अपने दोस्त के साथ गिलास खड़काया और एक घूँट में पी गया, फिर सीटी बजाने लगा। चाय के बाद उसने अपनी पसन्दीदा किताब उठायी और साहित्यिक कृतियों की पैरोडी पढ़ने लगा।

फिर दोनों ने फ़ोन पर शैतानी करने की कोशिश की जो पूर्णरुप से तो सफल न हो सकी। उन्होंने अपने एक दोस्त को फ़ोन लगाया पर वह घर पर नहीं था, उनकी बात उसकी विधवा माँ से ही हो सकी। दोनों ने माँ से कहा कि अपने बेटे से कह देना कि कल सुबह आठ बजे सिक्योरिटी यूनिट में हाज़री दे, अगर वह चाहता है कि सब ठीक-ठाक रहे।

ऐलैकैश ने अपनी घड़ी की ओर देखा, और यॉन्ची के बहुत इसरार करने पर भी वहाँ नहीं ठहरा। उसको भी किसी लड़की से मिलने जाना था। किसी और एक्ट्रैस से।

यॉन्ची अकेला बैठा पीता रहा। उसने बड़ी फूहड़ तरीक़े से बोतल को उल्टा किया, शराब सफ़ेद पर्शियन कारपेट पर लुढ़क गयी थी।

ऑन्ना ने क़ालीन साफ़ किया, सिगरेट की राख झाड़ी, सब चीजें ठीक से लगाईं, क्योंकि दोनों बदमाशों ने कमरे की काया ही पलट कर रख दी थी।

छोटे साहब बड़ी अकड़ के बैठे थे। शराब उनके सिर तक नहीं पहुँची थी। वह बिल्कुल सीधे अकड़ गये थे बस। फिर भी कुछ तो ऑन्ना से कहना ही था। वह मेज़ पर से उठे, और सीधे चलते ऑन्ना के पास पहुँचे, "देखो," बोले, वह उसे हँसाना चाह रहे थे—एक लाल शीशे का चश्मा अपनी नाक पर सजा लिया था, और उसमें से, उस लाल पेपर के पीछे से उसे आँख मारी।

वह हँसी नहीं।

"कितना भयानक!" वह चीखी "आप कितने भद्दे लग रहे हैं!"

यॉन्ची ने अपनी जेब से रिवॉल्वर निकाली और उस पर तान ली, निशाना लगाया और ठॉय। रिवॉल्वर में से 'म्याऊँ' का स्वर निकला।

"क्या मैंने तुम्हें डरा दिया?" और यह कह लड़की के पीछे चल दिया जो उससे डरकर, अपनी बाँहें आगे करे, जा रही थी। "अरे डरो नहीं। यह तो बस मज़ाक था। यहाँ आओ। मैं तुम्हें कुछ दिखाना चाहता हूँ।"

उसने एक गहरे रंग का नोट पर्स में से निकाला।

"क्या तुमने ऐसा नोट कहीं देखा है? यह अमरीकन है। डॉलर। तुम्हें मालूम है इसकी क्या क़ीमत है? बहुत ज़्यादा। यह नोट फ्रांस का है, और यह डच। यह हैं असली नोट।"

जब वह इन नोटों को वापिस अपनी जेब में रख चुका तो उसने अगड़ाई ली। उसे लगा उसका दिमाग़ बिल्कुल ख़ाली हो गया था और उसकी रीढ़ की हड्डी शीशे की बनी हुई थी।

"पलंग पर बिस्तर ठीक कर दो। वह बोला मैं आज जल्दी सो जाऊँगा। दोनों महानुभाव सुबह पधार रहे हैं। उन्हें मत बताना कि मैं ऑफिस नहीं गया। और ऐलैकैश के बारे में भी नहीं। यह सब मैं देख लूँगा।

पिछले चार दिनों में ऑन्ना ने वह सब काम कर लिये थे जो उससे कहे गये थे, उसने कई मोज़े भी रफ़ू कर दिये थे; और कई स्कर्टों की मरम्मत कर डाली थी। उसने उन्हें दो अलग-अलग बण्डलों में बाँध दिया था। मुख्य सीढ़ियों की सफ़ाई भी कर डाली थी। अब वह मालकिन के आने के लिए तैयार थी।

आज की रात उसने व्यर्थ ही छोटे मालिक का इन्तज़ार किया। वह नहीं आया। पर आज की रात उसे अकेले रहने में डर लग रहा था। उसे बार-बार लाल चश्मा लगाये वह सफ़ेद आकृति सामने आ रही थी। और वह उस पर रिवॉल्वर भी तानी हुई थी।

रात के दो बजे रसोई की खिड़की खड़कने लगी। उसने उठकर खिड़की बन्द की। बाहर ठण्डी हवा चल रही थी। पेड़ सरासरा कर बातें कर रहे थे।

बाद में उसने बारिशत शुरू होने की आवाज़ सुनी।

14

कुछ बहुत कड़वा सा

सुबह भी बारिश होती चली जा रही थी। लगातार बरसने वाली बारिश थी यह, आँगन में बराबर टिप-टिप हुए जा रही थी। नालियों में से गन्दा पानी बाहर आने लगा था।

जब ऑन्ना ने बाहर देखा तो पाया कि आसमान पर चारों और बादल घिरे हुए थे। एक ज़र्रा भी नीले आकाश का नहीं दिखता था। सोचने लगी, कितना अच्छा होता अगर एक बड़ी-सी झाड़ू लेती और बादलों को यूँ साफ़ कर देती मानो मकड़ी का जाला हो।

वह तेज़ी से सीढ़ियों से नीचे दौड़कर आयी, और एक टूटी-फूटी छतरी लेकर मालिकों का इन्तज़ार करने लगी। परमात्मा करे वे कुछ न जान पायें, कहीं उसके चेहरे से कुछ ज़ाहिर न हो जाये, क्योंकि वह तो शर्म से मर ही जायेगी। उसने अपना स्कार्फ़ आँखों पर ढक लिया।

विज़ी दम्पत्ति, रात की ट्रेन से आये थे। स्टेशन से टैक्सी करके आये और घर के सामने आकर उतरे। ऑन्ना ने पहले मालकिन को देखा। वह बाहर लटकती हुई चिल्ला रही थीं। जानना चाहती थीं कि क्या सब कुछ ठीक-ठाक है। ऑन्ना ने सिर हिलाकर 'हाँ' कहा। और छोटे साहब ठीक थे? 'जी हाँ वे भी ठीक है', उसने जवाब दिया, ज़रा हिचकिचाते हुए, फिर थोड़ा रुकी मानो और कुछ कहना चाह रही हो।

श्रीमान विज़ी पहले बाहर निकले टैक्सी से। वे सिर पर टोपी लगाये हुए थे और उनके गले से चमड़े का फ्लास्क लटक रहा था। ऑन्ना ने बैग उठाये और ऊपर ले चली। परमात्मा जानता है वह कितनी खुश थी कि वे लोग लौट आये थे और अब रोज़मर्रा की ज़िन्दगी पुराने दर्रे पर चलने लगेगी। श्रीमंत विज़ी भी खुश थीं। जिस नौकरानी को वे छोड़कर गयी थीं वह यहीं थी, उसने बढ़िया मीठी रोटी बनाकर

रखी हुई थी और घर को कमाल का साफ़ रखा हुआ था। इस सब की तो उन्हें अब तक आदत-सी पड़ चुकी थी। और फिर, इतने नये लोगों से, अपरिचित परिस्थितियों में मिलने के बाद उन्हें नये अनुभव भी हुए थे जिसकी वजह से वे अब अपने घर को और यहाँ के हालात को ज़्यादा अच्छी तरह समझ रही थीं। ज़्यादा देर न लगायी उन्होंने यह बताने में कि ऐगैर में नौकरानियाँ सुबह चार बजे उठ जाया करती थीं। और खेतों में भी बिना फ़ालतू पैसे लिए काम किया करती थीं।

उन्होंने सामान खोला और चाय पी। ट्रेन में तो ठण्ड से जम ही गये थे समझो। यॉन्ची अभी भी सो रहा था, उसका मुँह खुला था, आँखें आधी खुली थीं, बिल्कुल सफ़ेद शव जैसा पड़ा था।

रविवार को पूरे दिन बारिश होती रही और उसके अगले तीन दिन भी।

अचानक ही—काफ़ी जल्दी—पतझड़ का मौसम आ गया था। आत्तिला उत्सा का यह छोटा घर और भी छोटा लगने लगा था, छोटा और अँधेरा। हवा काफ़ी ठण्डी हो चली थी। सुबहें और ठण्डी होने वाली थीं। श्रीमती द्रूमा ने, जिनके पति की आमदनी अब काफ़ी बढ़ चुकी थी, अपने लिए एक नया ओवरकोट और नये रबर के जूते ख़रीद लिये थे। द्रूमा स्वयं भी सीढ़ियों से ऊपर नीचे जाते नयी अँग्रेजी पारदर्शी बरसाती में दिखाई देते। श्रीमती मोविस्तर अपनी कला-संगोष्ठियों में और रिहर्सलों पर बड़ी-बड़ी गाड़ियों में जातीं। घर पर वे अपने ड्रॉइंगरुम में, नीचे गले की नाइटी पहन, नाटकीय ढंग से हाथ हिला-हिलाकर कविता पाठ करतीं।

स्टैफ़ी और ऐंतैल्का गैलरी में न खड़ी दिखाई देतीं। वे अब स्टोव के पास बैठी गर्माई सेकतीं और शाम को पत्र लिखतीं। फ़िचोर दम्पत्ति चूहों की तरह अपने तहख़ाने में छिपे रहते। पत्नी सुबह नाश्ते के लिए पतला, अण्डे का सूप बनाती और फ़िचोर एक प्रेत की तरह, अपना डाकिए वाला भीगा चोगा पहने, अँधेरे कॉरिडोर में घूमता रहता, कोसते हुए कि फिर एटिक का दरवाज़ा किसी ने खुला छोड़ दिया था। उसके मुँह में हमेशा पाइप लगा रहता। वह खाँसता। पीले जूते जो उसने अपने लिए सरकार से पाये थे, अब घिस चले थे। गर्मी, जो इस साल बहुत कम दिन के लिए रही थी, अब उसका अन्त होने लगा था। ग़रीब अपने कपड़े धीरे-धीरे उतार रहे थे, अमीर और कपड़े पहन रहे थे।

यॉन्ची बैंक में काम के लिए चला गया।

अपनी चार दिन की क़ैद के बाद, उसने राहत की साँस ली जब सड़क पर निकला। अब वह घर पर अच्छा महसूस नहीं कर रहा था। उसकी यादें उसे शर्मसार कर रही थीं, और वह अपनी हड़बड़ाहट में अक्सर खुद से ही बात करने लगा था। अब लड़की उसे असह्य हो चुकी थी। जब से ऐलैकैश यहाँ आया था यह सम्बन्ध उसे कुछ अटपटा सा लगने लगा था। और अब जब उसके अंकल और आण्टी वापिस आ चुके थे, घर फिर से पहले जैसा हो गया था, वह उसकी ओर आँख उठाकर भी

नहीं देख पा रहा था, और जब वह कमरे में प्रवेश करती तो उसे काफ़ी शारीरिक कष्ट पहुँचने लगता। कुछ समय के लिए वह अपने रिश्तेदारों में आश्रय ढूँढ़ने लगा। उससे भागने लगा।

अपना अधिकतर समय वह सड़कों पर घूमता, लड़कियों को घूरते, गुज़ारता। वह आँखों से हरेक के पीछे दौड़ता और मस्तिष्क से उनके कपड़े उतारता। तॉतार की पार्टियों में ऊबता रहता और अँग्रेज़ी में उनसे विदा लेता। एक दिन एक रेस्तराँ में काम करने वाली लड़की को उठा लिया। वह उसे कोई ख़ास अच्छी तो नहीं लगी मगर उसे लेकर एक मामूली से होटल में ले गया जहाँ एक दो घण्टे के लिए कमरा किराये पर मिल जाता था। इस वेटरैस के बाद एक मॉडल को पटाया, उसके बाद एक तथाकथित एक्ट्रैस। उससे टैक्सी में मिलता। बहुत कम ही वह घर जाता रात का खाना खाने। वह और ऐलैकेश "क्लब दी पैरिसियन" चले जाया करते जहाँ उनके लिए मेज़ हमेशा रिज़र्व होती।

इस नये खुले बार की सजावट काफ़ी भड़कीली थी, लाइन से शीशे लगे हुए थे, झूलते फ़ानूस और चमकते हुए स्तम्भ। एक जैज बैन्ड हमेशा वहाँ शोर करता रहता। जैज़ बैण्ड का सबसे बड़ा फ़ायदा यह होता है कि वह न केवल विचारों को बल्कि हर प्रकार के एहसास को नामुमकिन बना देता है। और यही वह ख़ास चीज थी जो यहाँ आने वाले ग्राहक, भद्र लोग, चाहते थे। इस बार में, अधिकतर विदेशी दलाल, अमीर बन चुके हथियार विक्रेता, ट्रिपल औन्तॉत के अफ़सरान और थोड़े ऊँचे दर्जे की वेश्याएँ, युद्ध में मारे गये फ़ौजिओं की विधवाएँ जो अब बुरे दिनों का सामना कर रही थीं, जिनके पति कभी हीरो रहे थे, यहाँ आने वाली नस्लों से अपने पतियों के एहसान का बदला माँगने, आया करते थे। वे खुश होते थे, काले बैण्ड द्वारा इतनी जंगली धुन बजाये जाने पर, खुश होते थे सिर में दर्द कर देने वाली इस ढम-ढम आवाज़ को सुनकर। पहले संगीत उन्हें पागल बनाता फिर वे उठकर, उस की लय पर नृत्य करते।

डांस-फ्लोर भी ख़ास था। वह शीशे का बना हुआ था जिसके नीचे गुलाबी बल्ब जल रहे थे, जो एक फूलों जैसा नमूना बनाते थे और इससे पूरा फ़र्श एक चमकदार आइस-रिंक जैसा लगता था। यॉन्ची हर शाम यहीं गुज़ारता और बार बन्द होने तक वहीं रहता। लड़कियाँ उसे जानती थीं, उससे सिगरेटें लेकर पीती थीं और उसे पसन्द करती थीं। वह उनके साथ नृत्य करता बड़े स्टाइल से। उसे कई बार यूँ नृत्य करते देखा जा सकता था, धुएँ के बादलों के बीच, किसी औरत को पकड़े, उसका पीला ज़र्द चेहरा फ़र्श पर झुके और शीशे के फ्लोर पर तरह-तरह के चमकते जूतों को देखते।

भोर हो चुकी थी जब वह घर लौटा। चाभी धीरे से ताले में घुमाई। हौल में जूते उतारे और मोज़े पहने-पहने ही पलंग पर लेट गया ताकि विज़ी दम्पत्ति उठ न

जाये। ऑन्ना हमेशा उसके आने की आहट सुन लेती थी। वह सो ही नहीं सकती थी जब तक छोटे साहब के क़दमों की आवाज़ ड्रॉइंगरूम में न सुन लेती। वह हर रात उसका इन्तज़ार करती, और दिन में भी, हमेशा। वह उसका इन्तज़ार करती कि कुछ घटे। शायद केवल इसलिए कि वह उससे कुछ अच्छे शब्द ही बोले, या केवल उसे देखकर मुस्कुराये, और अगर कुछ और नहीं तो कोई चीज़ ही माँगे, पर यॉन्ची तो कुछ भी नहीं बोलता था। वह हमेशा गम्भीर रहता और हमेशा जल्दी में भी। ज़रूर वह उससे नाराज़ होगा, वह सोचती।

मगर फिर भी अब वह, केवल उसके लिए, अपना अधिक ध्यान रखती। दिन में कई बार अपने बाल सँवारती, बार-बार अपने को शीशे में निहारती, और अपने सबसे अच्छे कपड़े पहनती, अपना लाइनदार स्कर्ट, काम के लिए भी।

नवम्बर तक रातें लम्बी हो गयी थीं। अब दक्षिणी टर्मिनल से ट्रेनों की आवाज़ साफ़ सुनायी देती थी। कोई अकेला इंजन कभी-कभी रात को यूँ कराहने लगता, मानों कोई छोटा बच्चा हृदय विदारक ढंग से रो रहा हो।

रविवार को श्रीमती विज़ी चर्च गयीं। विज़ी भी जल्दी ही कहीं निकल गये थे। 'छोटे साहब' देर से सोकर उठे थे। वह अलमारी के पास अपनी पतलून ठीक कर रहा था। ऑन्ना ने खिड़कियाँ खोलीं ताकि सफ़ाई कर सके। जब वह अलमारी के पास पहुँची तो उसने साहस जुटाकर उससे कहा–

"मालिक, अगर आप मुझे माफ़ करें..."

"क्या बात है?"

"कृपया मुझे माफ़ करियेगा..."

और यह कह वह रोने लगी। वह धीमे-धीमे रो रही थी मगर इतनी परेशान थी कि उसका पूरा शरीर काँप रहा था। यॉन्ची उसकी ओर घूरता रहा। कुछ देर तक उसे समझ ही नहीं आया कि क्या कहे, शब्द ही नहीं सूझ रहे थे। क्या यह सम्भव है कि उसने इससे प्यार किया था; कि वह इस लड़की के प्रेम में पड़ गया था? ऑन्ना ने अपने हाथों से अपने आँसू पोंछे, नाक पोंछी जो अब तक काफ़ी लाल हो चुकी थी मानो किसी शराबी की नाक हो।

उसने अपनी कमर पर एक स्कार्फ़ बाँधा हुआ था। उसकी वजह से कमरे में ऐसी बू आ रही थी मानो एक जंगली कुत्ता घर में घुस आया हो। बाहर हवा तेज़ चल रही थी जिसकी आवाज़ खिड़कियों से आ रही थी; और ऑन्ना के आँसू थे जो थमते ही नहीं थे। वह कुछ बुदबुदा रही थी हालाँकि यॉन्ची उसमें से केवल एक शब्द ही समझ पाया था "...शर्म...शर्म।"

"यह नामुमकिन है" यॉन्ची बोला, "बिल्कुल नामुमकिन है। सवाल ही पैदा नहीं होता।

"पर यह सच है..."

"रोना बन्द करो। प्लीज़ चुप हो जाओ", उसने याचना की और अपने कान बन्द कर लिए ताकि उसका रोना सुनायी न दे, जैसे एक बार उसकी हँसी न सुन पाने के लिए किये थे।

"सिर्फ़ पहले तुम अपना रोना बन्द करो..."

"ओह, मालिक..."

"चुप हो जाओ। यह कोई तरीक़ा नहीं है बात करने का। क्या तुम रोना बन्द करोगी? हाँ अब बोलो। पहली बात तो यह है कि अभी यह पक्का नहीं है। ज़रा भी नहीं। थोड़ा इन्तज़ार करो।"

उसे अपने आप से ग्लानि हो रही थी कि वह इस प्रकार इस विषय पर उससे चर्चा कर रहा था, इतनी भयंकर आत्मीयता से।

"चाहे जो भी हो, इन्तज़ार तो करना ही होगा," उससे दोहराया और कन्धे झाड़े। वह अभी इस पर आधा ही विश्वास कर रहा था। हो सकता है यह उसे ब्लैकमेल ही कर रही हो। मगर फिर भी उसने अब से हर सुबह उससे पूछना ज़रूर शुरू कर दिया। ऑन्ना रोज़ सिर हिला देती।

क्लब में यॉन्ची ने ऐलैकैश के बहुत करीब आते, एक एक्ट्रैस के बारे में बात करते हुए कहा "बड़े भाई, मैं मुसीबत में हूँ, भारी मुसीबत में।"

"अरे बस इतनी-सी बात है?" ऐलैकैश ने जवाब दिया और उसके कान में फुसफुसाने को आगे बढ़ा।

"तुम्हें पूरा यकीन है?"

"बिल्कुल। हमने तो इसे कई बार आज़माया है।"

उस रात यॉन्ची ऑन्ना के पलंग के पास खड़ा था।

"ख़ूब सारे गर्म पानी में पैर डालकर बैठो। इतना गर्म कि तुम सहार सको।" लड़की ने पानी इतना गर्म कर लिया कि उसमें मुर्गा तक पक जाता। उसने उस पानी में पैर डाले और दर्द से कराह उठी।

"तो?" यॉन्ची ने कुछ दिन बाद पूछा।

उसने फिर सिर हिला दिया।

"अविश्वसनीय" वह बुदबुदाया, "एकदम अविश्वसनीय" और फिर उँगलियाँ बजाने लगा वह वाक़ई बड़ी घोर विपत्ति में फँस गया था। क्या क़िस्मत थी उसकी! कितना भयंकर काण्ड हो गया था, अगले वसन्त तक कितनी बड़ी बदनामी हो जायेगी।

ऐलैकैश ने सुझाव दिया कि किसी जच्चा-बच्चा विशेषज्ञ डॉक्टर से मिलो, जो एक्ट्रेसों से ज़रा हमदर्दी रखती हो। यॉन्ची ने कोशिश करनी शुरू की एक ऐसी डॉक्टर खोजने की। पर तभी उसके मित्र ने उसकी मुलाकात एक भले से कैमिस्ट से करवायी जो आजकल वियना से सिल्क की तस्करी और हंगरी से चेकोस्लोवाकिया

तक हथियार ले जाने की तस्करी से अपना धनोपार्जन कर रहा था। उसने यॉन्ची को कुछ दिया।

यॉन्ची सही मौक़े का इन्तज़ार करने लगा, जब उसकी आण्टी कॉरिडोर में गयीं तो वह तेज़ी से ऑन्ना को वह दवा देते बोला, "यह लो।"

"यह क्या है?"

"दवाई।" उसने चार छोटे पैकेट किसी पाउडर के उसके हाथ में पकड़ा दिए।

"इसे छिपाकर रख लो", वह ज़ोर देकर बोला जब वह उसका मुआइना करने लगी। "बाद में ले लेना।"

"क्या इसको निगल जाऊँ?"

"तुम समझती नहीं हो। दवाई पैकेटों के अन्दर है। इसे खोलो, इसका पाउडर पानी में घोलो और पी जाओ।"

"अभी?"

"सोने से पहले। सुबह तक यह अपना कमाल दिखा देगी। मगर ध्यान रहे इसे कोई देख न ले। क्योंकि यह ग़ैरक़ानूनी है। अगर पकड़ी गयीं तो तुम्हें जेल भी हो सकती है।"

"तो फिर तो इसे मुझे नहीं लेना चाहिए मालिक।"

"बेवकूफ़ी। बिल्कुल लेना चाहिए। मगर किसी से कुछ कहना नहीं बस। ज़रा होशियार रहना।"

ऑन्ना ने वैसा ही किया जैसा उससे कहा गया था। जब फ़्लैट में अँधेरा हो गया। उसने पैकेट खोले। उसमें महीन आटे जैसा सफ़ेद पाउडर था। उसने उसे सूँघा, उसमें कोई गन्ध नहीं थी।

उसने एक गिलास पानी में चारों पैकेट उँड़ेल डाले। मगर वह रसोई में इसे पीने से डर रही थी। सो वह बाथरूम में गयी। अपनी आँखें बन्द कीं और एक घूँट में ग़टक गयीं।

हे भगवान, कितना ज़्यादा कड़वा था यह, ओ माँ, ओ माँ मरियम, कितना कड़वा। उसने इतनी कड़वी चीज़ अपने जीवन में कभी न चखी थी। कड़वेपन की तेज़ी का एहसास तब और ज़्यादा बढ़ गया जब वह अपने पलंग पर जाकर लेटी। उसका हलक और तालू, दोनों जल रहे थे। इससे अधिक कड़वा केवल ज़हर ही हो सकता था, उसने अपनी ज़बान को हाथ से पकड़कर देखा ताकि कड़वाहट शायद हाथ पर महसूस कर सके, वह दंग थी कि कोई चीज़ इतनी भी कड़वी हो सकती थी। उसके सिर का हर बाल उस कड़वाहट को महसूस कर रहा था।

वह एक बजे या शायद तीन बजे सोती रही, या और भी देर तक। उसने अपनी आँखें चौड़ी खोलीं और खिड़की पर देखने लगी। सामने की दीवार पर पड़ती नारंगी रंग की रोशनी इतनी तेज़ी से कूद रही थी कि वह अचम्भे में आ गयी थी।

क्या बाहर कोई ज़ोर-ज़ोर से घण्टियाँ बजा रहा था? फिर घण्टियाँ बूम्म् से अचानक बन्द हो गयीं, और फिर थोड़ी ही देर बाद शिकायत के से स्वर में बजतीं, उसके पास आने लगीं। वह उठी कि देखे कि आख़िर घण्टियाँ कौन बजा रहा है इस समय।

फिर कोई अन्दर आया, एक बड़ी-सी आकृति, उसने इतनी बड़ी कभी देखी नहीं थी। कोई कैसे अन्दर आ सकता था जबकि दरवाज़ा बन्द था। यह आकृति एक घोड़े का रूप लेकर उसके पलंग के पास खड़ी हो गयी।

अरे, क्क् क्या चाहते हो? जहाँ हो वहीं खड़े रहो। पापा, प्यारे पापा। ज़रा देखो तो। उसका सिर तो बिल्कुल गिलगिला सा है। वह उसे कोई हानि नहीं पहुँचायेगा। वह तो केवल कुर्सी पर बैठेगा, झाड़ू की तरह। वह पागल है। वह चला जायेगा।

मुझे झाड़ू लगानी है। सारा घर गन्दा पड़ा है। मैं वह दराज़ खोलती हूँ और—आप क्या यक़ीन करेंगे?—उसमें बाजरा भरा हुआ है। ओह मालकिन, आपने तो मुझे चौंका ही दिया। मुझे लगा आप दीवार से गिरने वाली हैं।

वह यहाँ क्या कर रही है? भाड़ में जाओ, बेवकूफ़। मुझ से ऑमलेट जल जायेगा, पानी उबलते उबलते सूख जायेगा। मुझे जाने दो।

"क्या बात है?" श्रीमती विज़ी ने पूछा उसके ऊपर झुकते हुए, "क्या तुम बीमार हो?"

ऑन्ना इतनी गहरी नींद में सोयी हुई थी कि लगता था वह साँस तक नहीं ले रही है।

"ऑन्ना", उन्होंने अपना सिर हिलाया, "ऑन्ना, क्या तुम मुझे सुन सकती हो?" लड़की ने करवट बदली।

"यह तो बीमार है" श्रीमती विज़ी ने सोचा। उन्होंने उसके माथे पर हाथ रखा। वह बहुत ठण्डा था। उसके हाथ और पैर बर्फ़ की तरह ठण्डे थे।

"अरे यह क्या हमारे यहाँ मरने के लिए आयी है?" वे परेशान होने लगीं। ऊपर दौड़ीं डॉक्टर को बुलाने। मोविस्तर अभी बाहर गये हुए थे। सर्जरी के वक़्त घर लौटेंगे।

इस बीच उन्होंने लड़की को चाय में रम डालकर दी और उसे प्यार से इसे पीने को कहा, कहा इससे उसे गर्माई मिलेगी। ऑन्ना हिली और उसने किसी चीज़ की ओर इशारा किया। बोली कि लाइट जला दीजिए ज़रा।

"क्यों?" श्रीमती विज़ी को आश्चर्य हुआ, "सुबह के साढ़े आठ बजे हैं", वे अब डर रही थीं।

ऑन्ना ने घबराकर अपने हाथ लहराए और अपने हाथों को अपनी आँखों पर रख दिया। वह कुछ भी न देख पा रही थी। पूरा संसार अन्धकारमय हो गया था। वह अन्धी हो गयी थी।

वह फिर से सो गयी और तब तक न उठी जब तक दोनों मालिक घर लौट

आये थे और उन्होंने खाना भी खाना शुरू कर दिया था।

श्रीमती विज़ी बुड़बुड़ाती जा रही थीं कि यह बीमार अब उनके लिए मुसीबत बन गयी है, बस इसी की कसर थी अब उनकी ज़िन्दगी में कि तभी ऑन्ना डायनिंग रूम में घुसी ट्रे लिए हुए।

"अब क्या बेहतर महसूस कर रही हो?" श्रीमती विज़ी ने पूछा।

ऑन्ना अब देख तो पा रही थी मगर अब उसके सुनने की शक्ति बेकार हो गयी थी। वह केवल उनके मुँह हिलते देख पा रही थी।

"इसे ठण्ड लग गयी होगी", विज़ी बोले।

"बिल्कुल", यॉन्ची ने अनुमोदन किया, "ठण्ड ही लग गयी है।"

"ख़ैर फिर भी, मैं डॉक्टर को तो बुलाऊँगी ही "श्रीमती विज़ी परेशानी दिखाती बोलीं "जैसा तुम चाहो", विज़ी बोली, "पर तुम जानती हो ना कि यह गाँव की लड़कियाँ कैसी होती हैं।"

"हाँ" यॉन्ची ने भी हाँ में हाँ मिलायी, "और वैसे भी अब तो यह बेहतर है" शाम तक वह इतनी बेहतर हो गयी थी कि उसने स्वयं ने ही डॉक्टर बुलाने को मना कर दिया।

कई दिन तक उसकी आँखें और उसके कान पूरी तरह ठीक न हुए। एक बार उसे आइस-बॉक्स दिखाई नहीं दिया, एक बार उसके हाथ से चाँदी का चम्मच गिरा मगर उसके गिरने की आवाज़ उसे सुनायी न दी। उसे अपने दिल पर भी भारीपन लग रहा था, बिल्कुल जैसा उस रात लग रहा था; उसे लगता था मानो वह बहुत छोटी हो गयी है और उसके चारों ओर की हर चीज़ बहुत बड़ी।

"हो सकता है तुम्हारा पेट ख़राब हो गया हो" श्रीमती विज़ी ने प्रश्न किया। "ज़रा याद करने की कोशिश करो। तुमने क्या खाया था? तुमने ऐसी चीज़ शायद बहुत ज़्यादा खा ली है जो तुम्हें अधिक पसन्द थी।"

एक दिन, जब और कोई मौजूद नहीं था, यॉन्ची उसके पास आया और उससे पूछा कि क्या वह अब ठीक थी।

"हाँ"

"देखा, मैंने कहा था ना?"

"मगर वह बहुत ही ज़्यादा कड़वा था" ऑन्ना एक फीकी-सी मुस्कान चेहरे पर लाती हुई बोली, "बहुत कड़वा"।

"कड़वा" छोटे मालिक ने दोहराया, "अरे सब दवाइयाँ ही कड़वी होती हैं। मुख्य बात यह है कि वे अपना काम करें। अच्छा गुड-बाय"

पर अब उसके लिए यह सब कुछ काफ़ी ज़्यादा हो चुका था, और अब विज़ी दम्पत्ति भी उसके रोज़ देर से आने पर एतराज़ करने लगा था। उसने अपने अलग मकान के लिए ज़ोर-शोर से कोशिश शुरूकर दी। हाउसिंग ब्यूरो को मिनिस्टर का

कार्ड दिखाया और माँग की कि मारवान्य उत्सा पर जो कमरा उसे अलॉट हुआ था वह फ़ौरन उसे दिया जाये। अड़तालीस घण्टे के अन्दर कमरा उसे मिल गया था।

यह कमरा तीसरी मंज़िल पर था, कोई बहुत बड़ा तो नहीं था, मगर सड़क की ओर खुलता था—और सबसे अच्छी बात यह थी—कि इसका अपना अलग ही प्रवेश-द्वार था। उसी दिन उसने अपना सामान बाँधा आण्टी अंकल को प्यार किया और शाम को घर नहीं लौटा।

यॉन्ची अपने नये कमरे में अपना फ़र कोट पहना बैठा था। वह ऐलैकैश से बात कर रहा था। दरवाज़े पर घण्टी बजी। ऑन्ना उसका सामान लेकर आयी थी। उसने सामान कमरे में रख दिया।

"धन्यवाद ऑन्ना", छोटे मालिक ने कहा और एक सौ क्रोनर का नोट उसके हाथ में पकड़ा दिया। फिर वह उसे दरवाज़े तक छोड़ने आया और अचानक उसे ज़रा रुकने को कहा। अपनी जेब में हाथ डालकर कुछ निकाला और वह भी उसे दिया। "यह तुम्हारे लिए है।"

ऑन्ना ने सड़क पर जाकर खोला कर देखा कि क्या था। काग़ज़ के बैग में भुने हुए चेस्टनट थे, छोटे-छोटे, कहीं-कहीं काले भी पड़ गये, मगर फिर भी गर्म हंगारी चेस्टनट।

वह जान गयी थी कि छोटे मालिक उससे अब नाराज़ नहीं थे।

15

जाड़ा

रोमानियाई फ़ौजों ने भी नवम्बर तक अपना बोरिया-बिस्तर बाँधना शुरू कर दिया था। राष्ट्रीय फ़ौज की एडवांस पार्टी, शुक्रवार 14 नवम्बर 1919 को सुबह आठ बजे दूना नदी के किनारे पहुँच गयी थी। पैश्त पर पूर्णरूप से मिलिटरी पुलिस का अधिकार था, जब होर्थी* के घुड़सवार ऑत्तिला उत्सा पर बढ़ते चले आये, चमकती हुई पोशाकों में।

सब लोग खिड़कियों पर आकर खड़े हो गये, रूमालें हिलाते, इन नौजवान युवकों का स्वागत करते। नदी के दूसरे किनारे पर लोग अपने टेलिस्कोप लेकर बैठ गये थे यह देखने को कि पहला हंगारी सैनिक कब बुदा में प्रवेश करता है।

कई दिन तक, इन युद्ध के लिए तैयार सैनिकों से भरी वैगनें आती रहीं और मुख्य सड़क पर मार्च करती रहीं। फिर से पुराने बिगुल बज उठे, रात के नौ बजे फ़र्डिन्ड बैरेक से गोले फेंके गये ताकि भागे हुए लोगों को फिर से बुलवाया जा सके। अठारह तारीख़ को—बड़ी गन्दी कुहासे से ढकी सुबह थी, और लाल सूरज कहीं नीचे दबा हुआ था—घण्टियों और बिशपों से घिरे सुप्रीम कमाण्डर खुद फैहेरवारी ऊत पर सवारी में निकले। कोर्नेल विज़ी भी वहीं थे, हैट लगाये, सिविल सर्वेन्ट्स के साथ खड़े। श्रीमती विज़ी पार्लियामेन्टरी डेलीगेशन का प्रतिनिधित्व करतीं महिलाओं के साथ थीं, फूल और तिरंगे रिबन सबको पकड़ातीं।

ऑन्ना अकेले ही काम कर रही थी। घर ख़ाली था और शान्त भी था। एक आवाज़ भी नहीं आ रही थी। वह बालकनी पर आयी और झुककर अपना झाड़न झाड़ा, फिर अन्दर चली गयी जैसे कुछ ढूँढ़ रही हो और फिर दोबारा बाहर आयी।

---

* होर्थी—हंगारियन कमांडर।

जब उसने खिड़कियाँ खोलकर रखीं तो घर को ज़रा हवा लगाने के लिए तो बाथरूम की अच्छी खुशबू हवा में मिलने लगी और फ़र्नीचर पर भी छा गयी।

"क्या आप उसे सुन सकते हैं?" श्रीमती विज़ी ने अपने पति से कहा जब वे दोनों लौटकर ड्राइंगरूम में आराम कर रहे थे। "वह गाना गा रही है।"

"ऑन्ना बड़ा प्यारा गाना गुनगुना रही थी" शुक्र की शाम को, शनि की शाम को, अँधेरे में जाऊँगी पिया जी से मिलने।"

"यह तो बड़े अचरज की बात है", उन्होंने टिप्पणी की "उसे तो कभी गाते नहीं सुना।"

"तो क्या हुआ? वह अच्छे मूड़ में है। क्या आप चाहेंगे कि वह रोती रहे?" एक सुबह वह मेज़ पर मीट काट रही थी। अचानक लम्बी साँस ली उसने।

"क्या हुआ" श्रीमती विज़ी घबराकर बोलीं, जो वहीं बैठी थीं।

"मेरा हाथ कट गया।"

हाथ ख़ून से भर गया था। चाकू, बड़ा-सा रसोई का चाकू था, जिसने उसका अँगूठा पूरा काट डाला था, हड्डी तक दिखने लगी थी। बड़ा गन्दा गहरा ज़ख्म हो गया था।

"तुम सावधानी से काम क्यों नहीं करतीं?"

"छोड़ दीजिये, ठीक हो जायेगा।"

उसने अँगूठा सिंक में नल के नीचे रख दिया, खूब सारा नमक उस पर लगाकर एक चिथड़े में बाँध लिया। कपड़ा जल्दी ही ख़ून से भर गया था।

उसे ऊपर डॉक्टर के पास भेजा गया। उन्होंने उस पर ऑइन्टमेण्ट लगाकर पट्टी बाँध दी, उसके गालों पर हल्के से थपथपाया और उससे कहा जब तक तेरी शादी होगी यह ठीक हो जायेगा। डॉक्टर बहुत दयालु और अच्छे दिल के व्यक्ति थे।

बहुत तेज़ जाड़ा पड़ा। बहुत कोहरा और बहुत कुहासा, इतना घना कि दो क़दम आगे देखना भी कठिन था। काले गिद्ध आसमान में भर गये थे। फिर बर्फ़ पड़नी शुरू हुई, सड़कें बर्फ़ से ढकने लगीं, ट्रामें चलनी बन्द हो गयीं और चेन-ब्रिज के ऊपर बसों का जाना-आना भी बन्द कर दिया गया था। तेज़ बर्फ़बारी हो रही थी। मोटा पुलिस वाला केयरटेकरों को भोर होते ही उठा देता ताकि वे अपने घर के सामने की पटरियाँ साफ़ करें, उन्हें चेतावनी देता कि अगर उन्होंने जल्दी सफ़ाई न की तो उनकी शिकायत ऊपर कर देगा। सुबह पाँच बजे जब सब सो ही रहे होते, ऑन्ना अपने लाइनों वाले फ्रॉक में (वह आजकल उसे ही पहनती थी) बाहर खड़ी हल्के गुलाबी रंग की बर्फ़ को गिरती देखती। उसके चारों और गहरी ख़ामोशी होती। चिड़ियाँए एक टहनी से दूसरी तक फुदकती दिखतीं। वह कुल्हाड़ा लेकर बर्फ़ को काटती, एक बेलचे से बर्फ़ उठाती और रास्ता साफ़ करती।

उस वक़्त सड़कों पर कोई न होता था। आठ बजने तक क्लर्क धीरे-धीरे अपने

अपने दफ़्तरों को जाना शुरू कर देते। मोविस्तर भी लुढ़कते-पुढ़कते नीचे आते। वे एक सर्दी की टोपी लगाये होते जिसमें से लटकते हुए दो कानों से वे अपने कानों को अच्छी तरह ढक लेते। कभी-कभी गेट पर रुक कर उससे पूछते कि वह कैसी है, उसका अब तक दर्द करता अँगूठा अपने हाथों में लेते, उस पर चढ़ी पट्टी उन्हें मैली दिखती तो कहते आ जाना बदल दूँगा।

सर्दी में इतना अधिक काम करती रही थी वह कि उसका ज़ख़्म बार-बार खुल जाता था, उसके हाथ में बहुत दर्द रहता, वह जम सा जाता और उस पर चकत्ते से पड़ गये, और उसके फटे हुए हाथों में कोयले की कालिख़ भर गयी। सभी औरतें जाड़े में अपनी काफ़ी ख़ूबसूरती खो देती हैं, मगर नौकरानियों का तो बुरा हाल हो जाता है, वे इतनी बदसूरत हो जाती हैं कि जिसने उन्हें अच्छे मौसम में देखा हो वह उन्हें पहचान ही न पाये। ऑन्ना भी साधारण लगने लगी थी। उसके बाल झड़ने लगे थे। हर बार जब बाल बनाती तो कंधे में काफ़ी बाल आ जाते। वह नहीं चाहती थी कि उसे कोई देखे।

पहली बार उसे थकान सी लगने लगी थी; लगता था जैसे बदन टूट रहा हो, इतना अधिक दर्द होता था कि जब रात को काम ख़त्म करके बिस्तर पर आती तो एकदम लेट न पाती थी, थोड़ा अपनी बाहों को झुलाती, कन्धों को थपथपाती, यूँ ही कॉरिडोर में इधर-उधर डोलती, इस कमरे से उस कमरे तक चक्कर लगाती। एक बार श्रीमती विज़ी ने उससे पूछा कि वह अँधेरे में क्या कर रही थी। वह काँप गयी थी। वह कहाँ जानती थी कि वह क्या कर रही है, और उसे क्या हो रहा है।

यॉन्ची अब यहाँ खाने नहीं आता था, हालाँकि उससे कह दिया गया था कि वह जब चाहे आ सकता है, ख़ासतौर पर इतवार को और छुट्टियों के दिन। वह आया मगर केवल एक बार। कुछ दिन बाद ऑन्ना ने उसे कॉफ़ी हाउस की खिड़की पर देखा था : उसके हाथ में एक लम्बी छड़ी थी और वह एक हरी मेज़ पर झुका हुआ था। बस वही आख़री बार था जो उसने उसे देखा।

जैसे-जैसे दिन बीतते गये, उसके अन्दर कुछ मरता-सा गया। उसमें बेरुखी-सी आने लगी। वह, सब कुछ, जो उसके साथ घटा था, भूल चुकी थी। पर तकलीफ़ अभी बाक़ी थी। चूँकि हालाँकि वह भूल तो चुकी थी मगर उसका दुख तो बना हुआ था। वह एक जानवर की तरह केवल वर्तमान में जी रही थी, एक भूखे कुत्ते की तरह जो यह नहीं जानता कि उसका दुख क्या है, और फिर भी बार-बार अपने ख़ाली बर्तन तक जाता है, उसके किनारे को सूँघता है, और उसे ख़ाली पा, अपने दड़बे में उदास होकर चला जाता है, यदा-कदा पीछे मुड़कर देखता हुआ।

एक शाम वह खाली हाथ, सकते की सी हालत में एटिक के बाहर घूम रही थी।

"ज़रा एक सैकिण्ड अन्दर तो आओ", स्टैफ़ी बोली, "मैं तुम्हें कुछ दिखाना

चाहती हूँ।" उसने एक गुलाबी ड्रेस निकाली, बहुत सुन्दर गुलाबी ड्रेस जो उसने खुद अपने लिए सिली थी। खुशी से लाल होती हुई उसके मुँह से राज़ बाहर आ ही गया : बहुत जल्दी एक बॉल् होगा, एक समारोह जहाँ करीब सौ जोड़े हंगारी डांस करेंगे, सम्भ्रान्त लोगों के लिए। सब लड़कियाँ अच्छे घरों की होंगी, वकीलों और डॉक्टरों की लड़कियाँ, और उसे भी उनमें शामिल किया जा रहा था, अतः आजकल वह डांस की क्लास में भी जा रही थी एक मास्टर से डांस सीखने। उसको यह सौभाग्य इसलिए मिल रहा है क्योंकि उसका प्रेमी आजकल एक गार्ईसमैन था, एक लम्बा, सीधा तना नवयुवक जिसकी समाज में काफ़ी इज्ज़त थी, और उसने इस शो के लिए अपना पार्टनर बनाकर इसका नाम लिखवा दिया था।

ऑन्ना उसे सुनती रही और स्टैफ़ी खुश हुई कि उसकी बात सुनने को आख़िर कोई तो मिला। इसके बाद वह अक्सर ऑन्ना को बुलाने लगी। उसने सुझाव रखा कि चलो सिनेमा देखने चलते हैं, फ़िक्र करने की ज़रूरत नहीं है वह ही टिकट के पैसे देगी। ऑन्ना ने थोड़ा ना नुकर किया, कहा कि उसके पास पहनने को अच्छे कपड़े नहीं हैं, पर फिर बाद में मान गयी। पहली बार था जब उसने कोई फ़िल्म देखी थी। पर्दे पर कारें तेज़ी से इधर से उधर दौड़ती जा रही थीं, कोई तालाब में कूद रहा था, एक काउण्ट और कांउटैस एक-दूसरे का चुम्बन ले रहे थे। स्टैफ़ी अपने गार्ईसमैन के बारे में बात कर रही थी। बता रही थी कि वह उसके पीछे-पीछे घूमता रहता है मगर वह उसे ज़्यादा क़रीब नहीं आने देती। "तड़पने दो सुसरे को। आदमियों को कोई ख़राबी नहीं होती, जानवर कहीं के"। और इस बीच उसने फ़िल्म की कहानी भी ऑन्ना को समझायी। उसे ख़ासतौर पर एक पतला-दुबला एक्टर बहुत अच्छा लग रहा था; जैसे ही वह पर्दे पर आता, ऑन्ना की बाँह पकड़ कर कहती "देखो, यह मेरे टाइप का है। लम्बा और पीला ज़र्द। तुम्हारी पसन्द क्या है?"

ऑन्ना को समझ में न आया कि क्या जवाब दे। उसे तो यह भी समझ में न आया कि स्टैफ़ी कह क्या रही थी। यूँ भी यह भागती-दौड़ती तस्वीरें और हॉल में इतने सारे लोग उसे पगला रहे थे। उसने आज की दावत के लिए स्टैफ़ी को धन्यवाद तो दिया मगर उसके बाद फिर कभी नहीं गयी। वैसे भी उसके पास तो समय ही नहीं था।

उसका क़रीब-क़रीब पूरा दिन ही घर गर्म करने के स्टोव से जूझने में लग जाता था। इसमें आजकल बड़ी कठिनाई आ रही थी। घर के स्टोव* बड़ी ख़स्ता हालत में थे। बर्फ़ साफ़ करते ही उन पर काम शुरू कर देती। मोमबत्ती जलाकर तहख़ाने में जाती। तहख़ना गहरा था, दीवारों पर नमी थी, और उसका वहाँ सिर चकराने लगता। वहाँ से दो तसले कोयले उठाती और पीछे पलटकर भी नहीं देखने की हिम्मत

* स्टोव—एक बड़ा-सा गरमा, जिसमें नीचे आग जलाई जाती है और ऊपर चिमनी में से धुआँ बाहर निकल जाता है।

न करती क्योंकि वहाँ बड़े-बड़े चूहे थे जिन्होंने सड़क से यहाँ तक आने के लिए सुरंग बना ली थी। वे लकड़ी के ढेर के पीछे से उसे देखते और चिल्लाकर उसे डराते। डाइनिंग रूम को सुबह के नाश्ते के लिए गर्म करना होता था। वह स्टोव में कोयला भरती और आग जलाती, अपने एप्रिन से उसे हवा देती हुई, मगर आग थी कि जलती ही नहीं थी, फ़्लैट पूरा धुएँ से भर जाता। हर दिन यही सब हुआ करता था।

श्रीमती विज़ी अक्सर गुस्सा करतीं "तुम चिमनी साफ़ करने वाले को क्यों नहीं बुलाती हो?"

"वह कल आया था।"

"श्रीमान बाथोरी?"

"जी"

"तब तो तुम्हारी ही ग़लती है। तुम काफ़ी छोटी लकड़ियाँ नहीं इस्तेमाल कर रही हो।"

श्रीमान बाथोरी—आरपाद बाथोरी—एक मोटे से व्यक्ति थे, उनके तीन नाम थे—सामने ही रहते थे और क्रिस्टीना डिस्ट्रिक्ट में चिमनियाँ साफ़ किया करते थे। वह घर पर अक्सर ही आया करते थे, चिमनियों की सफ़ाई करने और स्टोव में जलाने वाले ईंधन को पूरी तरह सुलगाने। अगले दिन फिर वही हालत हो जाती। बहुत-सा धुआँ, आग नदारद।

एक दिन जब मालकिन घर से बाहर थीं, उसने खुद ही उन्हें बुलाया। वह फ़ौरन ही आ गये।

"क्या ख़राबी है अब, ऑन्नी?"

"मुझ से यह जल नहीं रहा।"

"ठहरो अभी ठीक करते हैं।"

उन्होंने सीढ़ी दीवार के सहारे टिकाई, चप्पलें दूर फेंकीं और नंगे पैर स्टोव का मुआइना करने लगे।

"मैं इस पर बहुत समय लगाती हूँ", ऑन्ना ने शिकायत की।

"बहुत बुरा", चिमनी साफ़ करने वाले ने अपना सिर हिलाया "यह तो बहुत बुरा है।" वह उससे हमदर्दी दिखाने लगा जैसा एक मज़दूर दूसरे से दिखाता है। मगर वह उसकी ओर कोई ख़ास ध्यान नहीं दे रहा था; वह तो स्टोव की मरम्मत में ही लगा था। उसने उसे झाड़ा, साफ़ किया, ठक्-ठक् कर पीटा और उत्सुकता से अपना सिर तक उसमें घुसा दिया।

"ऊपर से हवा नीचे की ओर आकर आग बुझा देती है" ऑन्ना बोली।

"एक मिनट शान्ति रखो" उसने अचानक कहा, "एटिक की चाभी कहाँ है?"

पलक झपकते ही श्रीमान बाथोरी बर्फ़ से ढकी छत पर चढ़ गये और बड़े एहतियात से पाँव रखते ऊपर तक पहुँच गये, चोटी तक। वह एक बिल्ली की तरह

लग रहे थे। वे चिमनी के ऊपरी छोर पर अपनी झाड़ लिए खड़े थे, काला और सफ़ेद का अच्छा मिश्रण था यह। वे काली बिल्ली जैसे दिख रहे थे सफ़ेद बर्फ़ पर। वह वेन्टिलेशन फ्लैप को ठीक कर रहे थे। ऑन्ना उन्हें आँगन में से देख रही थी। जल्दी ही वे एटिक से नीचे उतर आये।

"अपको वहाँ ऊपर डर नहीं लगा?" उसने पूछा।

"डरने की क्या बात है?"

वे दोनों फ्लैट में एक साथ ही अन्दर गये। वह फिर से आग जलाना चाह रही थी।

"छोड़ दो" उन्होंने सलाह दी। उन्होंने उस गर्म स्टोव में से ख़ुद ही राख़ वगैरह बाहर निकाली, फिर उसे अख़बार के क़ागज़ से खुद ही जलाया।

वे दोनों उकड़ूँ बैठ कर स्टोव के अन्दर उठती लपटों को देखने लगे और शोलों को भड़कते भी।

"अब ठीक से जलेगी", बाथोरी ने कहा और उठ खड़े हुए। दोनों ने स्टोव के गर्म होने तक का इन्तज़ार किया, इससे पहले कि वे उसमें और कोयला डालते। वे जानते थे कितना कोयला डालना चाहिए ताकि वो ठूँसा न हो। कुछ ही मिनटों में कोयले के चटखने और आग पकड़ने की आवाज़ आने लगी। दोनों ने उस पर हाथ सेंके। स्टोव से अब गर्म हवा निकल रही थी। उसका लोहे का दरवाज़ा चमकने लगा था।

"तो।" बाथोरी हँसे, उनके दाँत उनके काले चेहरे पर बहुत सफेद लग रहे थे।

"क्या कहा था मैंने?"

"धन्यवाद"

"अरे, मुझे खुशी हुई तुम्हारा काम करके, मिस ऐनी, किसी वक़्त भी, जब भी मेरी ज़रूरत हो बुला लेना।"

श्रीमान विज़ी के फ़्लैट की तीनों चिमनियाँ आकाश में धुआँ उँड़ेल रही थीं।

श्रीमान बाथोरी अक्सर पूछ लिया करते कि सब कुछ ठीक है ना।

"अब जलता है?"

"जी हाँ"

"चलो ठीक है। जलना ही चाहिए।"

बुधवार को बड़ी तेज़ बारिश हुई, ख़ूब तेज़ हवा चली और घर हिलने लगा।

वेरमैज़ो का मैदान उसी तरह तूफ़ान से ग्रस्त था जैसे बॉलातोन जाड़े में होती है, जब उसका किनारा तक नहीं दिखता।

श्रीमती विज़ी अपने आध्यात्मिक क्लब चली गयी। ऑन्ना आग के पास बैठी अपने को गर्म कर रही थी और तूफ़ान की आवाज़ सुन रही थी। सुनहरे शोले सुलगते दिख रहे थे, नीचे से ऊपर जाते और फिर वहीं गिर जाते। स्टोव का लोहे का दरवाज़ा

अपनी पाँच जलती आँखों (अपने छेदों) से उसे देख रहा था।

किसी ने बाहर धीरे से दरवाज़ा खटखटाया। ऑन्ना ने दरवाज़ा खोला तो देखा चिमनी साफ़ करने वाला बाहर इन्तज़ार कर रहा है।

"आपने तो मुझे डरा ही दिया" उसने धीमे से कहा।

"मैंने?"

"हाँ"

"क्यों?"

"आप इतने काले हैं।"

कॉरिडोर में अपने काले पतलून और बैल्ट में खड़े थे, एक काला बेलचा उनके कन्धे पर था, और काली रस्सी हाथ में।

"आप इतने काले कैसे हो सकते हैं?" ऑन्ना ने थोड़ा डरते थोड़ा मुस्कुराते हुए पूछा।

"अरे छोड़ो भी" श्रीमान बाथोरी ने मज़ाक किया "हम इतने भी ख़राब नहीं हैं।"

वे अन्दर आये। उनकी चेन ने आवाज़ की।

"क्या कोई घर पर नहीं है?" उन्होंने पूछा। फिर वे रसोई से आती रोशनी में जाकर खड़े हो गये। उनकी बड़ी-बड़ी नीली आँखें थीं, काफ़ी बड़ी जैसे मेकअप लगाये एक्टर की।

"तुम क्या कर रही हो?"

"मैं कुछ रोल बेक कर रही थी। और आप?"

"मैंने सोचा मैं ज़रा देख आऊँ" पर वे रसोई के दरवाज़े पर ही खड़े रहे। ऑन्ना ने एक ट्रे ली, उस पर मक्खन; चीनी और नमक रखा, उस पर गर्म दूध डाल कर मैदा छिड़क दिया। फिर इस सब को मिलाने लगी। चिमनी क्लीनर उसे काम करते देखते रहे काफ़ी देर तक, फिर बोले "अब मैं चलता हूँ।"

"क्या आप जल्दी में हैं?"

"मैं घर जाकर देखूँगा कि मेरी बेटी वहाँ है या नहीं। हर तरफ़ भागती फिरती है।"

"आपकी पत्नी का स्वर्गवास कब हुआ?"

"दो साल पहले, पतझड़ में।"

"किस वजह से?"

"उसे तपेदिक था"

"ऑन्ना ने लकड़ी का चम्मच नीचे रख दिया और सोचने लगी, जैसे कोई व्यक्ति एक अच्छी किताब पढ़ रहा हो, जीवन से भरी।"

"लड़की को ज़रूरत है कि कोई उसकी देखभाल करे" वे बोले "मैं यह काम

नहीं कर सकता। इसके लिए तो औरत ही चाहिए।"

"आपको कोई मिल जायेगी। आप की उम्र क्या है?"

"पैंतीस साल।"

"आप तो अभी अवान हैं। और अच्छा कमा भी लेते हैं।"

"हाँ रिश्ते तो बहुत आये हैं। अभी भी एक आया हुआ है। एलिज़बेथ डिस्ट्रिक्ट में एक विधवा है। उसके पास एक छोटा-सा घर भी है।"

"बस तो फिर क्या है?"

"पर मैं उसे ख़ास पसन्द नहीं करता। अगर कोई तुम्हारे बारे में कहता..."

"बेवकूफ़ी की बातें मत कीजिये", उसने उनकी बात काटते हुए, बिना कोई भी नख़रा दिखाते हुए कहा। उसे अच्छा नहीं लगता था कि कोई उसकी तारीफ़ करे क्योंकि वह जानती थी कि वह सुन्दर नहीं थी।

उसमें लेकिन कुछ ऐसा ज़रूर था जो चिमनी-स्वीपर को अच्छा लगता था : हो सकता है उसका दुख और दर्द, क्योंकि आदमी हमेशा सूँघ लेते हैं औरतों की यह विशेषता और इसी दर्द को सौन्दर्य से भी सुन्दर मानते हैं। वे दरवाज़े पर टिके खड़े रहे। ऑन्ना के रोल बनाने का इन्तज़ार करते रहे "अच्छा अब चलता हूँ", उन्होंने फिर दोहराया।

"जी, बाथोरी साहब, अब आपका जाना ही उचित है। किसी मिनट भी मालिक और मालकिन आते होंगे।"

बाथोरी और कुछ बोलने के लिए रुके नहीं। एक बार उसे सड़क पर मिले इत्तफ़ाक से, तो फिर कहने लगे कि उन्हें एक औरत की सख़्त ज़रूरत थी घर सँभालने को। और फिर जो वाजिब था, उन्होंने श्रीमती फ़िचोर के द्वारा एक सन्देश भिजवाया कि वे ऑन्ना को अपनी पत्नी बनाना चाहेंगे, यदि ऑन्ना को इस पर कोई इतराज़ न हो।

केयरटेकर की पत्नी उसकी यह प्रार्थना ऑन्ना तक पहुँचाने के लिए तैयार हो गयी। उसने लड़की से बात की, उसे बताया कि वह कितनी भाग्यशाली है कि उसे ऐसा वर मिल रहा था, और कहा कि उसे किसी भी क़ीमत पर यह मौक़ा हाथ से जाने नहीं देना चाहिये; उसने बाथोरी की बहुत तारीफ़ की, कहा कि वह मेहनती आदमी है, और अपनी पहली पत्नी के साथ बहुत अच्छा बर्ताव करता था। ऑन्ना कुछ बोली नहीं बस उसने कुछ समय माँगा सोचने के लिए। बाथोरी ने उसे अपने घर बुलाया ताकि वह उसका घर देख ले और फिर फ़ैसला करे।

उसकी छुट्टी के दिन वह उससे वेरमैज़ो पर मिला और उसे अपने चौथी मंज़िल पर स्थित फ़्लैट में लेकर गया, उस कमरे में ले गया जो आँगन की ओर खुलता था। ठण्डी, सर्दी की चाँदनी खिड़कियों पर नाच रही थी, और उनके शरीरों को एक ख़ास रूप दे रही थी, जब वे अँधेरे कमरे में घुसे। वे एक-दूसरे से कुछ दूरी पर खड़े थे।

ऑन्ना सीधी खिड़की तक पहुँची और बाहर देखने लगी। वहाँ से विज़ी का घर साफ़ दिख रहा था, उसने एक पेड़ को भी पहचान लिया, फिर अपनी खिड़की को, और हैरान हो रही थी कि यहाँ से हर चीज़ कितनी छोटी दिख रही थी। बाथोरी ने तेल का लैम्प जला दिया और खिड़की के पास दीवार पर टाँग दिया।

कमरा चीज़ों से भरा हुआ था। दो बड़ी अलमारियाँ, दो साथ जुड़े पलंग बिस्तर समेत, एक सैटी, एक रसोई की अलमारी, एक मेज़। बाथोरी साहब ने उसे अलमारियाँ खोलकर दिखाईं—अन्दर सफ़ेद चद्दरें, ग़िलाफ़े आदि लिनन, सब धुला-धुलाया साफ़, भरा हुआ था और उसके साथ ही छः ब्लाउज़, तीन स्कर्ट, तीन नाइट गाउन और एक लाल, हिमालय से लाया गया, स्कार्फ़ भी। वह ऑन्ना से बहुत इज्ज़त से बात कर रहे थे। ऑन्ना सोचने लगी और ख़ुशी की एक लहर उसके तन-बदन में दौड़ गयी।

थोड़ी देर बाद उनकी बेटी घर लौटी, एक चौदह साल की गुर्राती लड़की जिसके जूते कीचड़ से भरे हुए थे। पिता ने उससे 'हैलो' कहने को कहा, उसने हैलो बोला और कोने में जाकर बैठ गयी। ऑन्ना ने रात का खाना बनाया, लाल मिर्च के आलू। तीनों ने चुपचाप खाना खाया।

बाथोरी उसे नीचे तक छोड़ने आये। "क्या ख़्याल है तुम्हारा?" उसने बेचैनी से पूछा।

"अभी मैंने फ़ैसला नहीं किया है।"

बाथोरी बोले कि उन्हें बहुत जल्दी है।

"अभी के लिए इसे छोड़ देते हैं। हम छुट्टियों के बाद इस पर बात करेंगे" ऑन्ना ने जवाब दिया। सो, बात वहीं रह गयी।

छुट्टियों से कुछ ही दिन पहले, जब वह काम में बहुत व्यस्त थी, पोस्त और मूँगफली के केक बना रही थी, उसका भाई, जिसने उसे पिछले पाँच वर्षों से नहीं देखा था, क्योंकि फ्रांसीसी सेनाओं ने उसे युद्धबन्दी बना लिया था, अचानक प्रगट हो गया। वह काफ़ी बड़ा हो गया था और उसने मूँछें भी रख ली थीं। उसके हाथ में एक चाबुक़ थी। वह गाँव से सीधा आ रहा था और घर के मालिकों के लिए उपहार भी लाया था। उसने उससे पूछा कि वह कैसी है और फिर चला गया।

घर में क्रिसमस की धूम थी। द्रूमा पहले व्यक्ति थे जिन्हें उपहार मिलने शुरू हुए, ख़ासतौर पर उनके बच्चे के लिए। स्टैफ़ी को सोने की घड़ी मिली, और ऐतैल को एक कैनवैस मिला मोविस्तर से।

विज़ी दम्पत्ति ने सबसे आख़ीर में क्रिसमस ट्री पर रोशनी की। उन्होंने द्रूमा और मोविस्तर को भी बुला लिया था। पति-पत्नी ने एक-दूसरे का चुम्बन लिया। श्रीमती विज़ी ने पति को एक सिगार केस देकर चौंका दिया; वे उनके लिए चौबीस रूमालें लेकर आये थे, जैसी हर साल लाते थे। मालकिन ने ऑन्ना को भी उपहार

दिया। बढ़िया टिशु पेपर में बँधा।

वो एक वास्कट थी, मज़बूत, ब्राउन रंग की ऊनी वास्कट। वे उसे इसलिए यह दे रहे थे ताकि वह बर्फ़ साफ़ करते वक़्त ठण्ड न खा जाये।

जब ऑन्ना ने मोमबत्ती की रोशनी में वह उपहार खोला, तो श्रीमती द्रूमा ने श्रीमती मोविस्तर को कोहनी मारी। वे उस वास्कट को पहचान गयीं। वह पिछले साल कॉतित्सा को उपहार में मिली थी और उसने पहनी भी थे, जब उसे बेइज़्ज़त करके निकाला गया था तो वह उसे यही फेंक कर चली गयी थी।

16

वस्तु, मनःस्थिति और आत्मा

जनवरी 6 के, क्रिश्चियन धर्म के अनुसार पवित्र दिन (हंगरी में थ्री किंग्स डे कहकर मनाया जाता है), विज़ी दम्पत्ति तॉतार परिवार के यहाँ चाय पीकर लौट रहे थे, जहाँ मेहमानों में दो मिनिस्टर भी आये हुए थे। घर लौटने पर श्रीमती विज़ी रसोई के दरवाज़े पर ठिठक कर खड़ी हो गयी।

रसोई में एक अजनबी बैठा हुआ था, जिसे वे पहचानती नहीं थीं। वह मेज़ के पास बैठा था और उसके पास—हालाँकि उस से थोड़ी दूर पर—ऑन्ना बैठी थी। उन्हें देखकर वह अजनबी आदर से उठ खड़ा हुआ और उन्हें गुड ईवनिंग कहा।

अब लैम्प की रोशनी उसके चेहरे पर पड़ रही थी और उसका पीला चेहरा, और सिल्क जैसे सुनहरी बाल दिखने लगे थे। वह हल्के ग्रे रंग का सूट पहना था और लम्बी टाई लगाये था। श्रीमती विज़ी उसे घूरती रहीं, यह याद करते कि इस व्यक्ति को पहले कहाँ देखा है।

"मुझे लग रहा है मैडम मुझे पहचान नहीं रही हैं", व्यक्ति ने बड़ी अच्छी अन्दर गहराई से निकलती आवाज़ में कहा और मुस्कुराया। "मैं चिमनी साफ़ करने वाला हूँ।"

"ओह आप हैं। अच्छा। मैंने आपको पहचाना नहीं। मैंने आपको इस रूप में पहले कभी देखा जो नहीं है मिस्टर बाथोरी। गुडईवनिंग।"

बिना बुलाये इस मेहमान ने उन्हें और ज़्यादा परेशान करना ठीक न समझा। वे इन्तज़ार करते रहे कि मैडम अपने कमरे में जायें, फिर थोड़ा हिचकिचाते, ताकि यह भी न लगे कि वे भाग रहे थे, वे चुपचाप वहाँ से चल दिये।

अब श्रीमती विज़ी को लगा कि कुछ पक रहा था। उन्होंने अविश्वास में सिर हिला दिया। उन्होंने कभी सपने में भी न सोचा था कि किसी और को भी ऑन्ना

में रुचि हो सकती है, उस 'वस्तु' में जो सिर्फ़ उनकी ही थी; कि कोई ऐरा ग़ैरा नत्थू ख़ैरा घर में आकर उनकी मेज़ पर बैठ सकता था। यह बहुत ही अभद्र और नागवार था, यह तो उनके क्षेत्र में दखलन्दाज़ी थी, जैसे मानो उन्होंने चिमनी-स्वीपर को अपने पलंग पर पसरे पाइप पीते देख लिया हो। यह उन्हें बहुत ही बुरा लगा कि उसने ऐसी जुर्रत भी कैसे की पर वे कुछ बोली नहीं। बड़े आराम से इस विषय को बाद में छेड़ा।

"ऑन्ना, क्या यह आदमी अक्सर तुमसे मिलने आता है?"

"कभी-कभी।"

"कभी-कभी से क्या मतलब? तुम्हारा मतलब यह पहली बार नहीं था? वह यहाँ पहले भी आ चुका है?"

"जी"

"कितनी बार?"

"कभी-कभार।"

"मुझे यह बिल्कुल पसन्द नहीं है। तुम जानती हो कि मुझे पसन्द नहीं है। एक अजनबी व्यक्ति मेरे घर में। ऐसा तो संसार में कहीं नहीं होता।"

"वह मिलने आते हैं। मैं उन्हें भगा तो नहीं सकती।"

"छोड़ो-छोड़ो, इस तरह काम नहीं होते।"

"जहाँ तक मेरा सवाल है, वे अपने घर पर ही रहें तो अच्छा है।

"तो तुम उससे यह कह क्यों नहीं देतीं? क्यों नहीं?"

"मैं नहीं कह सकती मालकिन।"

"तो फिर मैं ही कह दूँगी। तुम्हें और भी काम हैं करने को।"

"कह दीजिए अगर आप चाहती हैं। मुझे कोई फ़र्क़ नहीं पड़ता।"

श्रीमती विज़ी ने बाथोरी से बात कर ली, और वे फिर कभी घर नहीं आये, मगर बात यहीं खत्म नहीं हुई। ऑन्ना जब खाना बना रही थी उसका दिमाग़ खाये जा रही थीं। "क्या वह तुमसे अपने प्यार का इज़हार कर रहा था?"

"मुझसे बात करते थे।"

"इन बातों से उसने तुम्हारा दिमाग़ ख़राब कर दिया है। वह तुम्हारा दिमाग़ पलटना चाहता है।"

"मक्खन कहाँ है मालकिन?"

"वहाँ खिड़की के नीचे। होशियार, ऑन्ना, होशियार रहो। वह तुम्हारी ज़िन्दगी बर्बाद करके रख देगा। वह किस प्रकार की बातें करता है?

"एक बार उन्होंने कहा..." पर इस बिन्दु पर वह सिंक पर जाकर जग में पानी भरने लगी ताकि बाक़ी का वाक्य वे सुन न पायें।

"हाँ तो उसने क्या कहा?" वे अड़ी रहीं, तब तक इन्तज़ार करती रहीं जब

तक ऑन्ना ने जग गैस पर नहीं रख दिया।

"कह रहे थे उनका कोई नहीं है।"

"और कुछ नहीं?"

"और यह कि उन्हें एक औरत की ज़रूरत है घर चलाने के लिए।"

"बहुत ख़ूब। और तुमने क्या कहा?"

"कुछ नहीं।"

"बहुत अक़्लमन्दी की। बेवक़ूफी की बात है। वह तुम्हारे लायक़ नहीं है।"

ऑन्ना ने माना कि वे ठीक कह रही थीं, और यही शायद वह दिल ही दिल में सोचती भी थी मगर चूँकि मालकिन ने इसकी कोई वजह नहीं बतायी अतः वह विचलित ज़रूर हुई।

यह ख़बर, कि ऑन्ना का कोई चाहने वाला था, छिपी न रही : पूरे घर को इसके बारे में मालूम हो गया। श्रीमान बाथोरी ने ख़्याल रखा था कि उनकी ओर से भी काफ़ी लोग हो जायें वकालत करने और सामूहिक राय उनके हक़ में बनाने को। सबसे ज़्यादा तो वे नौकरों को ही अपने साथ मिलाने का यत्न कर रहे थे। श्रीमती फ़िचोर, जिनको उन्होंने एक अच्छे उपहार का वायदा किया था अगर वे ऑन्ना को यह पैग़ाम मंजूर करने को राज़ी कर लें, पूरी तरह से उनके साथ थीं। उन्होंने स्टैफ़ी को भी समझा दिया और स्टैफ़ी ने ऑन्ना को समझाया कि अक़्लमन्दी से काम ले और ज़्यादा नख़रे न दिखाये वरना खुद उस की तरह वह भी अविवाहित बैठी रहेगी, और बत्तीस साल की उम्र में भी सिर्फ़ एक नौकरानी रहेगी। मोविस्तर की नौकरानी, ऐतैल का ख़्याल अलग था। उसने यह तो माना कि शादी करना अच्छा होगा पर उसे यह समझ में न आया कि एक नौकरानी को शादी की क्या ज़रूरत थी, अकेले रहना ही बेहतर था। द्रूमा दम्पत्ति शादी के सख़्त ख़िलाफ था, श्रीमती मोविस्तर की इस बारे में कुछ राय नहीं थी, वे बस इन्तज़ार कर रही थीं कि आगे क्या होगा।

हर व्यक्ति अपनी राय देने को तत्पर था। एक ऑन्ना को जल्दी हाँ बोलने को कहता तो दूसरा उसे चेतावनी देता कि जल्दबाज़ी न करे, उसके पास अभी बहुत समय था। ऑन्ना के कान फटने लगे थे हर तरह की सलाहें सुनते-सुनते। जब वह अपनी ख़ुद की राय के बारे में सोचती तो उसे लगता वह सिर्फ़ यह चाहती है कि उसे अकेला छोड़ दिया जाये। इन सब को आपस में ही निर्णय ले लेना चाहिए। उसे अब इस सब से नफ़रत होने लगी थी। वह उसी से सहमत हो जाती जो उससे आख़िर बार बात करता।

यह कहना नामुमकिन है कि सबसे ज़्यादा प्रभावशाली हमला किसका था, कौन था जिससे उससे अभी हाल में ही बात की थी, या किस परस्पर विरोधाभासी बात से उसने यह निष्कर्ष निकाला था पर एक दिन यह हो ही गया।

ऑन्ना आलू छील रही थी जब उसने बड़े आराम से, बड़ी सरलता से अपनी

मालकिन से कहा कि अब वे अपने लिए किसी और नौकरानी का इन्तज़ाम कर लें क्योंकि वह अब जल्दी ही विवाह के बन्धन में बँधने वाली थी।

जैसे ही नयी नौकरानी आ जायेगी, चाहे पन्द्रह तारीख़ तक या हद से हद अगले महीने की पहली तारीख़ तक, वह शादी कर लेगी। नोटिस, फॉर्मल था पर गुस्से से नहीं।

श्रीमती विज़ी ने उससे कुछ भी नहीं कहा। नोटिस को ज़रूर नोट कर लिया, उतनी औपचारिकता से जितनी औपचारिकता से वह दिया गया था। उन्होंने ऑन्ना को घूर कर देखा मानो वह कोई अजनबी हो और फिर अकड़ती हई रसोई से बाहर निकल गयीं।

इस धक्के के लिए वे तैयार तो थीं क्योंकि हफ़्तों से इस विषय पर बात चल रही थी, पर शायद इसीलिए वह और भी अधिक घातक था।

ऑन्ना उनके पास पिछले छः महीने से थी, इससे पहले इतने लम्बे समय तक यहाँ कोई नहीं टिकी थी। अब उन्हें उसकी इतनी अधिक आदत पड़ चुकी थी कि वे कल्पना भी न कर सकती थीं कि कोई और उसका स्थान ले सकेगी, चाहे अच्छी या बुरी। वे किसी और को तलाश भी नहीं कर रही थीं। शुरू-शुरू में कुछ हड़बाड़ाई पर बाद में अपने को बहुत लाचार सा महसूस करने लगीं, कुछ उम्मीद करने लगीं कि शायद किसी प्रकार, किसी दैवीय सहायता से यह समस्या हल हो जायेगी। अपनी एक आध्यात्मिक संगोष्ठी के दौरान उन्हें अपनी गार्जियन रूह से, परोक्ष रूप से प्रश्न पूछा कि उन्हें क्या करना चाहिए : उत्तर आया कि जिस बात का डर था वह "कदापि नहीं हो पायेगी" और यह भी कि उन्हें "ज़रा सख़्ती" से व्यवहार करना चाहिए। इससे वे काफ़ी आश्वस्त हुईं।

इसके कुछ ही दिन बाद वे बीमार पड़ गयीं। उनके पति ने एक दिन उन्हें दोपहर में, अपने अँधेरा किये बैडरूम में सिर पर पट्टी बाँधे पाया। कमरे में चुकन्दर की-सी महक आ रही थी एक वहीं रखी बोतल में से। उनकी बीमारी, जो अक्सर उनको आ घेरती थी, हमेशा उग्र रूप ही ले लेती थी। अचानक, बिना किसी चेतावनी के, उन्हें रोने का फ़िट पड़ जाता, सिर घूमने लगता, और घण्टों उन्हें आराम न आता, जब तक कि उनकी उल्टी न हो जाती, इससे हालत सुधरती और सिर के दर्द में आराम मिलता। डॉक्टर इसे 'हिस्टीरिया' कहते थे और इसके लिए कुछ नहीं कर सकते थे।

विज़ी ने उनसे कोई बात नहीं की। बस एक गुस्से भरी नज़र से उन्हें देखा और फिर पीठ फेर ली। पत्नी की बीमारी पे उन्हें डर से ज़्यादा गुस्सा आता था। उन्हें लगता कि बीमार पड़कर वे मानो उनका अपमान कर रही हैं।

दोपहर बाद रोगी की हालत ज़्यादा बिगड़ गयी; वह रोने चिल्लाने लगीं, और तालियाँ बजाने लगीं, फिर काफ़ी देर बाद उन्हें मतली होने लगी। ऑन्ना बार-बार तसला लेकर आती।

डॉक्टर सर्जरी ख़त्म कर के ही आ सकते थे। उन्होंने अपना कोट टाँगा और बैडरूम में गये, दोस्ताना सा भाव लिए चेहरे पर। जब उन्होंने लाइट जलायी तो रोगी शिकायत करने लगीं कि उससे रोशनी बर्दाश्त नहीं हो रही थी, उन्होंने फ़ौरन रूमाल उठाया और अपनी आँखें ढक लीं कस कर।

पहली सलाह जो मोविस्तर ने दी वह यही थी कि खिड़कियाँ खोल दी जायें, क्योंकि कमरे में काफ़ी घुटन थी। विज़ी पलंग के पास खड़े एक्शन के लिए तैयार ही खड़े थे। वे अपनी पत्नी को 'एंजेल' कहकर पुकारते थे, यही उनका नाम था जब वे एक छोटी लड़की थीं, इस नाम से ख़ासतौर पर उस समय पुकारते जब कोई बाहर वाला वहाँ उपस्थित होता। उन्होंने रोगी से उसका हाल पूछा। डॉक्टर ने रोगी को डाँट लगायी। काफ़ी देर तक उनका हाथ अपने हाथ में लेकर बैठे रहे पर कुछ बोले नहीं। उनकी नब्ज़ देखी, बुख़ार नापा; सिर हिलाया बुख़ार नहीं था, सब कुछ ठीक था।

फिर यह दिखाने को कि वे कुछ कर रहे थे उन्होंने परीक्षण शुरू किया। उनके पूरे बदन को देखा। वह, एक पियानो मास्टर की तरह जो पियानो की हर 'की' से परिचित होता है, शरीर की एक-एक बारीक़ी समझते थे। पर वे यह भी अच्छी तरह जानते थे कि इस हाड़-माँस से बने, कल-पुर्जों से जड़े, छोटे-छोटे अव्यवों से लैस शरीर को यह सब चीज़ें नहीं चलातीं वरन् इन सबके ऊपर होता है एक मस्तिष्क जो इन सब का संचालन करता है। वो यूँ ही दिखाने भर को कभी जिगर दबाते, कभी गुर्दे, कभी सीधा बिठाकर लम्बी साँस लेने को कहते; कभी उनके फेफड़ों की आवाज़ सुनते, दिल पर ठकठक करते और हर बार उन्हें ऐसा करने पर धन्यवाद भी देते।

पति महोदय साँस रोककर डॉक्टर के चेहरे पर नज़रें गड़ाये खड़े थे। विज़ी बीसवीं शताब्दी के उन लोगों में से थे जो पूर्णरुप से आधुनिक शल्य विज्ञान पर यक़ीन रखते थे—वह विज्ञान जो स्कूल कॉलिजों में पढ़ाया जाता था—इतना अधिक विश्वास जैसा एक कट्टरपंथी अपने धर्म पर करता है। वे डॉक्टरों को बहुत ऊँचे स्तर पर रखते थे, जो उनके शरीर के बारे में ख़ुद उनसे भी अधिक जानते थे, डॉक्टरों को वे भगवान की भाँति मानते थे। वे मोविस्तर के हर भाव को ध्यान से देखते जा रहे थे बड़ी इज़्ज़त से। जब डॉक्टर ने थर्मामीटर झाड़ा और उनके कफ़ के बटन आवाज़ करने लगे तो विज़ी को लगा यह आवाज़ थर्मामीटर की आवाज़ थी। स्टेथोस्कोप की रबर की ट्यूब भी उनमें यही आदर का भाव जगाती थी। वे इन सब चीज़ों से काफ़ी प्रभावित होते। वे बड़ी तीव्रता से प्रतीक्षा कर रहे थे उस पल की, जब डॉक्टर उनकी पत्नी का परीक्षण करके अचानक चिल्ला पड़ेंगे कि उन्होंने बीमारी की जड़-पकड़ ली थी।

इसके विपरीत।

"मुझे तो कोई ख़राबी नहीं दिखती" मोविस्तर बोले।

"पेट में तो कुछ गड़बड़ नहीं है?"

"नहीं कुछ नहीं।"

"फेफड़े?"

"बढ़िया काम कर रहे हैं।"

"और दिल?"

"फर्स्ट क्लास"

"यह खायें क्या?"

"जो चाहें"

"हल्का सूप?"

"हाँ चलेगा।"

"कोई दवाई?"

"मैं दे सकता हूँ आपको लिखकर", मोविस्तर ने कुछ खोये हुए से कहा। फिर उन्होंने एक पर्चा लिखा। विज़ी ने आगे बढ़कर कहा। "मैं फ़ौरन मँगवा लेता हूँ यह दवाई।"

"ऐसी कोई जल्दी नहीं है", मोविस्तर ने नुस्ख़ा रोगी की ओर बढ़ाते कहा।

"अगर आप इसकी दस बूँदें चीनी में डालकर ले लेंगी तो ठीक रहेगा। अगर आप उससे ख़ुश न हों तो पन्द्रह भी ले सकती हैं मगर सिर्फ़ तभी। आराम कीजिये और मज़ा कीजिये। क्या आपके सिर में अभी भी दर्द हो रहा है? देखा-बन्द हो गया ना। मैंने आपसे कहा था कि आपको कोई बीमारी नहीं है।"

उन्होंने जाने का संकेत देने के लिए हाथ हिलाया।

"इनकी तकलीफ़ यह है कि...?", और विज़ी ने अपनी पत्नी की ओर देखा, "ऐन्जेला क्या तुम बुरा मानोगी अगर मैं तुम्हारा राज़ बता दूँ? इसकी तकलीफ़ यह है कि यह दिमाग़ पर बहुत ज़ोर डालती हैं। इनकी नौकरानी ने इन्हें नोटिस दे दिया है क्योंकि वह शादी कर रही है..."

"अच्छा तो यह बात है।" मोविस्तर बोले।

"पिछले एक हफ्ते से यही बात इनकी दिमाग़ को परेशान कर रही है। यह सो नहीं पा रही हैं।"

"आप क्या वाक़ई गम्भीरता से यह बात कह रहे हैं?" डॉक्टर ने पूछा।

"यह ज़रा भी ठीक बात नहीं है", मेढक की सी आवाज़ में श्रीमती विज़ी बोल पड़ी। "मैंने उसे काम सिखाया और वह है कि जा रही है।"

"ऐसा तो अक्सर ही होता है।"

"ऐसा इसलिए होता है कि यह लोग एहसान फ़रामोश होते हैं, इनकी अन्तरात्मा तो होती ही नहीं। मैंने छः महीने इसके साथ मेहनत की, इतना वक़्त बरबाद किया। क्या उसका कोई मोल था?"

"देखिये मैडम। मेरी एक रोगी है जिसकी उम्र छियत्तर साल है और जिसने अभी-अभी अँग्रेज़ी सीखनी शुरू की है। जब तक वह पूरी तरह सीख पायेगी उसका

अन्तिम समय आने वाला होगा। पर मान लीजिये वह तब तक नहीं मरती, वह सौ साल तक जीती है—वह इंगलिश सीख कर मरेगी। क्या बीस साल की उम्र में भी कोई चीज़ सीखना शुरू करना ठीक है? बिल्कुल है : आदमी को वक़्त काटने के लिए कुछ तो करना है।"

"यह सच है कि वह बहुत अच्छी नौकरानी थी। मगर वह पागल हो गयी है," श्रीमती विज़ी धीरे से फुसफुसायी "बिल्कुल पागल, डॉक्टर।"

"वह क़तई पागल नहीं हुई है। वह बस सिर्फ़ शादी कर रही है। उसे करने दीजिए शादी। आप को कोई और मिल जायेगी।"

"उसकी जैसी? कभी नहीं।"

"ठीक है, उसकी जैसी नहीं। मान लीजिये आप को उससे कम अच्छी मिलती है।"

"वह चोरी करेगी।"

"तो कर लेगी चोरी। यक़ीन कीजिये मेरा, नौकरों का बहुत अच्छा होना भी ठीक नहीं होता। उसे औरों जैसा रहने दीजिये, अच्छी भी बुरी भी।"

"आपकी ऐतैल जैसी? माफ़ कीजियेगा। डॉक्ट मगर उस जैसी नौकरानी को तो मैं अपने घर कभी न रखूँ। मैं तो आश्चर्य करती हूँ कि आप..."

"मैं कोई उसके प्रेम तो थोड़ी पड़ा हूँ वह कई दफ़ा बहुत बदतमीज़ी से बात करती है, मेरे मरीज़ों से भी। पिछले हफ़्ते एक मरीज़ को डाँट दिया कि पैर पोंछ कर अन्दर आओ। पर मैं क्या कर सकता हूँ? सभी में कोई न कोई तो कमी होती ही है। यह स्वाभाविक है। आदमी को इसे स्वीकार करना चाहिए। उनकी स्थिति भी कोई अधिक अच्छी नहीं होती। वे लोग कितनी मेहनत करते हैं, अपने को थका मारते हैं, और उनका काम ऐसा है कि वे उसका फल भी नहीं चखते, क्योंकि जैसे ही काम पूरा होता है कि बस ख़त्म; दूसरे खाते हैं, या हम बिगाड़ते हैं, गन्दा करते हैं हमारे अलावा और कोई नहीं। क्या ख़राबी है अगर हम यह स्वीकार कर लें कि उनमें भी कोई कमी हो सकती है। हमें समझना चाहिए।"

"पर मैं तो समझती हूँ" श्रीमती विज़ी ने सिर हिलाकर हामी भरी, उनके आँसू जो पलकों पर थे, अब चमकने लगे थे, "बस मैं तो एक बात नहीं समझ पाती डॉक्टर साहब कि यह लोग इतनी बेवक़ूफ क्यों होती हैं? सूअर कहीं की।"

डॉक्टर ने देखा कि वे रिक्तता में बातें कर रहे थे अतः उन्होंने आगे कुछ न बोलते हुए बस इतना कहा "बिल्कुल, बिल्कुल। मैं कह रहा था दस से पन्द्रह बूँदें..."

श्रीमती विज़ी ने उन पर गुस्से से भरी नज़र डाली जब वे जा रहे थे। उन्होंने फैसला कर लिया कि इस बुड्ढे गधे को अब कभी नहीं बुलायेंगी।

परन्तु उनके पति, डॉक्टर को छोड़कर जब वापिस आये तो बोले "डॉक्टर बिल्कुल ठीक कहते हैं, बिल्कुल सही। तुम्हें कोई बीमारी-वीमारी नहीं है। अपना सिर अपने हाथों में पकड़े क्यों बैठी हो?"

"क्या आपको इससे कोई तकलीफ़ है?"

"बहुत ज़्यादा। मैं पूरा दिन ऑफ़िस में तरह-तरह की परेशानियों से घिरा रहता हूँ और जब घर आता हूँ तो तुम्हारा यह नाटक देखता हूँ। बहुत ही ओछापन है यह। तुम्हें दूसरी नौकरानी मिल जायेगी। बस बात ख़त्म।"

"पर क्या आपके भेजे में यह बात नहीं समझ आती कि मुझे यही और सिर्फ़ यही चाहिए।"

"तुम बढ़ा-चढ़ाकर बोल रही हो। यह तुम्हारी आदत है। वह अच्छी लड़की है, मैं मानता हूँ, पर तुम किसी से ज़ोर-जबरदस्ती करके तो काम नहीं करा सकतीं। तुम्हें उसे जाने देना होगा।"

"किसी क़ीमत पर भी नहीं; मैं उसे किसी हालत में नहीं जाने दूँगी।"

"तुम क्या समझती हो तुम क्या कर सकती हो? सिर के बल भी खड़ी हो जाओ तो उसे नहीं रोक सकतीं। इस वक़्त जब मैं काम में इतना मसरूफ़ हूँ क्या तुम्हें यह तमाशा करना शोभा देता है? बहुत हो गया यह नौकरों का रोना। भाड़ में जायें सब के सब, वह भी भाड़ में जाये।"

"मुझ पर चिल्लाओ नहीं"।

"तो तुम भी चिल्लाना बन्द करो। मज़ाक बनाकर रखा हुआ है। तुम क्या सचमुच में यह सोचती हो कि और कोई उसके जैसा काम कर ही नहीं सकती?"

"नहीं!" मैडम अपना नाइट गाउन पहने हाथ हिला-हिलाकर चीख़ने लगीं "नहीं जो वह कर सकती है कोई नहीं कर सकता।"

"तुम पागल हो," विज़ी ने झिड़का पत्नी को जो अब स्वयं ही डर के फिर लेट गयी थीं। "तुम अच्छी ख़ासी पागल हो।"

"और तुम बदतमीज़ हो, बदज़बान खुरदुरे हो। तुम सारी ज़िन्दगी मेरे साथ ऐसा ही बर्ताव करते रहे हो, इतने ही रूखेपन से..."

वे कभी इस रूमाल से कभी उस से अपने आँसू बीच-बीच में पोंछती जा रही थीं। विज़ी बैठकर अपनी नाक साफ़ करने लगे। वह उनकी गालियाँ बड़े सब्र से सुनते रहे मानो उन्होंने कोई दग़ाबाज़ी की हो जिसकी वजह से लताड़े जा रहे हों। पर तभी टेलिफ़ोन की घण्टी बजी और वे अपने डेस्क की ओर भागे। अपने मुँह के पास माउथ पीस लगा वे किसी से धीरे-धीरे बात करने लगे, केवल 'हाँ' या 'ना' बोलते, फिर उन्होंने अपना कोट उठाया और बाहर निकल गये।

श्रीमती फ़्लैट में अकेली रह गयी थीं। थोड़ी देर तक तो वे सुबकती रहीं फिर थक कर सामने की ओर देखने लगीं।

तभी अचानक ऑन्ना पलंग के पास आकर खड़ी हो गयी।

"मैं केवल यह देखने आयी हूँ", वह काँपते स्वर में बोली, "कि मालकिन को कोई चीज़ चाहिए तो नहीं!"

मैडम ने कोई जवाब नहीं दिया। जब से ऑन्ना ने नोटिस दिया था, उन्होंने उससे एक शब्द भी नहीं बोला था। वह उससे इतनी नफ़रत कर रही थीं कि उसकी ओर देखना तक न चाहती थीं।

ऑन्ना इस नफ़रत की हवा में घुटन-सी महसूस कर रही थी : उसे लगा था यह सर्द माहौल उसे जमा ही डालेगा। उसे बुरा लग रहा था कि मालकिन बीमार हैं और तकलीफ़ में हैं, इसलिए भी कि शायद वही इसका कारण है। श्रीमती विज़ी ने आह भरी। उन्हें लगा शायद माहौल अब कुछ हल्का होने लगा था; और लड़की इसलिए इन्तज़ार कर रही थी क्योंकि वह जाना नहीं चाहती थी। उन्होंने अपना तकिया ठीक किया और डाँटते हुए मगर शान्त स्वर में उससे बोलीं।

"तो अब तुम्हारे होश ठिकाने आ गये हैं?"

उत्तर के रूप में लड़की ने केवल सिर झुका लिया। श्रीमती विज़ी का भाषण कुछ टूटे-फूटे शब्दों में था।

"क्योंकि मैं जानना चाहती हूँ...इस तरह का एक दृश्य ही मेरे लिए काफ़ी है...मैं दूसरा नहीं चाहती...मैं तुम्हें रोक नहीं सकती...तुम्हारा अधिकार है...तुम जा सकती हो...मुझे यूँ सर्दी के बीच छोड़...कोई किसी को ज़बरदस्ती नहीं रोक सकता...अगर तुम्हें यहाँ रहना पसन्द नहीं है तो ठीक है तुम जा सकती हो... हालाँकि मैं तुम्हें समझ नहीं पा रही...यहाँ ख़राबी क्या थी? क्या किसी ने तुम्हें तंग किया...? क्या तुम्हें ठीक तरह खाना नहीं मिलता? क्या तुम्हें और पैसों की ज़रूरत है..? तुम्हारी तनख़्वाह सेविंग्स बैंक में है... वहाँ पैसा जमा होता जा रहा है... तुम कुछ बोलती क्यों नहीं...? तुम जब चाहे अपना पैसा निकाल सकती हो... तुम उस पैसे से कुछ महँगी चीज़ भी ख़रीद सकती हो...या तुम्हें तनख़्वाह बढ़वानी है...? मैं वह भी करने को तैयार हूँ... तुम चाहती क्या हो...?

ऑन्ना ने एक क़दम आगे बढ़ाया। श्रीमती विज़ी ने देखा अब वह पल आ गया था कि उसको तोड़ा जाये। रूह ने उन्हें कहा था कि काम कठोर होकर होगा, काफ़ी कठोर होकर।

"तुम दरअसल जानतीं ही नहीं कि तुम क्या चाहती हो...तुम इस पागल पर कैसे भरोसा कर सकती हो जिसने तुम्हारी बुद्धि हर ली है...? मैं इस जैसे लोगों को अच्छी तरह से जानती हूँ... वे वायदे तो बहुत करते हैं पर फिर छोड़ देते हैं तुम्हें...वह तो इतना भी नहीं कमाता कि तुम्हें ठीक से रख सके... वे लोग गुज़ारा कैसे करते हैं...? रहते कहाँ हैं...? क्या तुम अपना जीवन झुग्गी-झोंपड़ी में रहकर बिताना चाह रही हो...? ऐसे लोगों को केवल एक नौकरानी चाहिए होती है जो उनके कपड़े धोये...और वे उस काम की तनख़्वाह भी नहीं देते... उन्हें एक बेवकूफ़ की ज़रूरत होती है पत्नी की नहीं... शायद अगर वह उम्र में कम होता, यह तुम्हारा चिमनी-स्वीपर... पर वह तो वो भी नहीं है... विधुर.. उसकी लड़की तुम्हारी जितनी

है...मैं जानती हूँ उस चुड़ैल को...तुम्हारी आँखें निकाल लेगी...तुम सौतेली माँ बनना चाहती हो...? ओह मैंने ऐसा पहले भी होते देखा है...मेरे पास ऐसी नौकरानियाँ रही हैं जिन्होंने शादी कर ली थी...फ़ौरन ही वे वापिस आ गयी थीं, यह कहती कि उनके पति उन्हें मारते हैं, दारु पीकर घर लौटते हैं, बिना नौकरी के हैं... और फिर वे प्रार्थना करती रहती थीं कि मालकिन अगर आप हमें एक मौका और दें, वापिस नौकरी पर रख लें... मुझसे याचना करती थीं... पर एक बार जो छोड़ गयी उसे मैं कभी वापिस नहीं रखती... तुम्हारा होगा क्या...? तुम कहाँ जाओगी...? घर...? तुम यहूदियों के पास जा सकती हो...किसी यहूदी के पास...क्या कहा तुमने?"

लड़की ने मुस्कुराते हुए कुछ बुदबुदाया। श्रीमती विज़ी ने आक्रमण जारी रखा। "अपनी ज़िन्दगी ख़राब मत करो, अपनी जवानी यूँ बर्बाद न करो...तुम बहुत पछताओगी...अपने से अक़्लमन्द की बात सुनो...जिसके पास अधिक अनुभव है...अगर कोई अच्छा रिश्ता होता तो बात अलग थी...मगर यह...? और रिश्ते आयेंगे...बाद में...जो अच्छे पति साबित होंगे, तब हम आशीर्वाद देंगे...मैं तुम्हारे साथ कोई ज़बरदस्ती नहीं करना चाहती...बस ज़रा सोचो एक बार फिर, आख़िरी बार...कल मुझे बताना...पर सोच-समझकर जवाब देना।"

ऑन्ना ने अपनी उँगलियाँ बालों पर फेरीं। "मैंने फ़ैसला ले लिया है।"

"तो तुम रुक रही हो?"

"जी हाँ"

अपने युद्ध से बिल्कुल थककर श्रीमती विज़ी तकिये पर लुढ़क गयीं।

"क्या मैडम कुछ खाना खाना चाहेंगी?"

"नहीं कुछ नहीं। बस थोड़ा फल दे दो। मैंने दो दिन से कुछ नहीं खाया है।"

ऑन्ना पहले से अधिक ख़ुश उनके लिए फल लाने गयी। वह एक बोतल में स्पैनिश चैरी लेकर आयी। श्रीमती विज़ी ने लेबल पढ़ा। कॉतित्सा की लिखाई थी वह।

"यह पिछले साल की है। कॉतित्सा ने तैयार किया था इसे"। आज कई दिन बाद उन्होंने कॉतित्सा का नाम लिया था। जब वे चम्मच भर-भरकर खा रही थीं, और गुठलियाँ थूक रही थीं तो उनका ख़्याल अपनी पुरानी नौकरानी की ओर गया, जिसकी पूरी शक्ति इस बोतल में क़ैद थी। चैरीज़ कुछ दिन और चलीं। जब भी वे उन्हें खातीं उनके मस्तिष्क में कुछ आकृतियाँ दौड़तीं पर जैसे ही लेबल कूड़ेदान में गया उन आकृतियों ने उन्हें परेशान करना भी बंद कर दिया।

ख़ैर अब घर में शान्ति थी। ऑन्ना चिमनी स्वीपर के पास ख़ुद ही गयी और इस स्वर में उसे इनकार कर के आयी कि उसे काफ़ी अपमानजनक भी लगा, और पन्द्रह दिन के अन्दर ही उसने एलिज़बेश वारोश की उस विधवा से विवाह कर लिया। जिसका अपना छोटा-सा घर भी था। ऑन्ना को कोई ख़ास बुरा न लगा।

जब उससे पूछा गया कि क्या उसने सही फ़ैसला लिया था, तो उसने जवाब दिया कि हो सकता है।

अब घर में कोई गहमा-गहमी नहीं थी। स्टैफ़ी भी इस विषय पर बोलने की इच्छुक नहीं थी। वह यूँ भी बड़ी दुखी थी। उसके जीवन में भी कुछ अप्रिय घटा था। उसने डाँस भी सीख लिया था, कपड़े भी सी लिए थे, नये जूते भी ख़रीद लिए थे बॉल के लिए जहाँ वह भद्र लोगों के साथ नृत्य करने वाली थी पर तब ही उसे ऑर्गनाइज़िंग कमेटी से एक पत्र मिला है कि "सॉरी हम आपको इस नृत्य में शामिल नहीं कर पायेंगे।"

ऑन्ना अब बातचीत का विषय न रह गयी थी। वह अब फिर घर का एक ऐसा हिस्सा बन गयी थी कि लगता था वह ग़ायब ही हो गयी है, कोई उसे नोटिस भी नहीं करता था न उसके बारे में बात ही करता था। और नौकरानियों की तरह वह भी धीरे-धीरे अपनी मालकिन की नकल करने लगी थी। बिल्कुल श्रीमती विज़ी की तरह से बाल बनाने लगी थी। जब फ़ोन पर बात करती तो दूसरी ओर वाले समझ न पाते कि मालकिन लाइन पर हैं या वह।

17

कार्निवल

करैन्सी विभाग में काम कर रहे योज़ैफ ऐलैकैश को चपरासी ने एक पत्र लाकर दिया; उसमें केवल एक काग़ज़ था काले हाशिए वाला। उसने उसे खोला और उसके मज़मून से इतना हिल गया कि उसके हाथ से पत्र छुटने ही वाला था।

बड़े-बड़े अक्षरों में लिखे, इस काले हाशिये वाले ख़त पर मरने वाले का नाम लिखा था, उसके जिगरी दोस्त यॉन्वी (यानोश) पॉतिकारियुसका।

उसे कई महीनों से उसकी कोई ख़बर नहीं थी। बिना किसी से कुछ भी कहे, वह बैंक से अचानक ही लापता हो गया था; उसने कोई नोटिस भी बैंक को नहीं दिया था, उसका नाम अब रजिस्टर में से काट दिया गया था। उसके फ़्लैट पर जाकर बस यही पता चला था कि वह कहीं गया हुआ है। विज़ी दम्पत्ति सोचते थे कि वह वियना में है, पर उसने किसी को कुछ भी नहीं लिखा था। पत्र में बड़े अक्षरों में लिखा था एक ऐलान–

"फ़ैरेन्स पातिकारियुस और उनकी पत्नी, जो विवाह से पूर्व तैरेज़िया याम्बोर थीं, अपने दुख में अपने सब रिश्तेदारों को शामिल करते हुए, बड़े दुख से ऐलान करते हैं कि उनका इकलौता बेटा

यानोश पातिकारियुस

आज सोलह फरवरी 1920 के दिन अपना वह जीवन जो किसी गम्भीर काम में लगाया करता था, त्याग गया और अब से वह केवल मस्ती करने और कराने के लिए ही जीवित रहेगा; अतः यह मस्त लाश, यह नयी तरह का आमंत्रण अपने उन सब मित्रों को भेजती है जिनके नाम ऊपर लिखे हैं, आज रात बारह बजे, क्लब द पैरिसिएन में शैम्पेन के लिए, जहाँ वे सब उसकी मदद करेंगे यह ऊबाने वाली,

परेशानियों वाली जिन्दगी को दफ़नाने के लिए अच्छा मज़ाक का ज्ञान ज़रूरी है। दुख की ऐसी की तैसी

उसकी आत्मा को शान्ति।

ऐलैकैश कुछ दूर अलमारी से टिककर खड़ा ही रह गया और फिर बार-बार पत्र को उलट-पुलट कर देखने लगा। यह मज़ाक़ तो वाकई कुछ ज़्यादा ही हो गया था। डर से उसके चेहरे पर एक हल्की मुस्कान दौड़ गयी। उसने घोषणा को फिर से पढ़ा, इस बार मन में उसकी प्रशंसा के भाव से, अचरज करते कि कितना अनूठा ढंग था यह, बात को कहने का। इस बार तो इस गधे ने वाक़ई ख़ूब बेवक़ूफ़ बनाया।

यॉन्ची उसी दिन वियना एक्सप्रेस से पहुँचा। स्टेशन से उसने एक टैक्सी पकड़ी और सीधा दूना नदी के किनारे स्थित एक होटल में पहुँचा जहाँ पहली मंज़िल पर एक कमरा उसके लिए रिज़र्व था। उसने स्नान किया और रेस्तोराँ में खाना खाने गया। जिस प्रॉपर्टी डीलर को उसने टेलिग्राम देकर बुलवाया था वह उसका मेज़ पर इन्तज़ार कर रहा था। उन्होंने फ़ौरन ही सौदा तय किया। यॉन्ची ने हस्ताक्षर किये कि उसका फ़्लैट, सब सुविधाओं सहित, बिना किसी प्रतिबन्ध के, वह विक्रय करता है जिसके बदले में प्रॉपर्टी डीलर ने फ़ौरन एक गड्डी नोटों की उसके हाथ में पकड़ा दी, और यॉन्ची ने यह अमरीकन डॉलर अपनी जेबों में ठूँस लिए। बहुत फुर्ती से आदान-प्रदान हो गया, बिल्कुल अमरीकी स्टाइल में। दोनों ने हाथ मिलाये।

वियना की चकाचौंध और साइज़ के बाद बुदापैश्त उसका ग्रामीण रिश्तेदार जैसा लग रहा था पर यहाँ यॉन्ची को इतना अपनापन लग रहा था कि वह भावुक हो उठा। बड़ी हल्की, सपने जगाती, कथा-कहानियों वाली भीनी दोपहर थी; सर्दी की एक दोपहर जो जीवन के प्रति आपका मोह और जगाती है। शहर पूरा बर्फ़ से ढका हुआ था। चेन ब्रिज के मुख्य द्वार पर बने दोनों शेरों की गर्दनों पर भी बर्फ़ छिटकी हुई थी : लगता था उन्होंने सफ़ेद स्कार्फ बाँधे हुए हैं। औरतों के हाथ अपने हाथों में थामे पुरुष आइस-रिंक की ओर भागे चले जा रहे थे, स्लेज गाडियों की घण्टियों की आवाज़ गूँज रही थी। कोहरा, घना और स्वस्थ, लोगों के चेहरों पर और लाली छिड़क रहा था। श्ज़ैरबो में झाड़-फ़ानूस चमक रहे थे; वात्सी उत्सा, और फ़ैयैदैलम उत्सा में दुकानें सजी हुई थीं जो आने-जाने वालों को अपनी ओर आकृष्ट कर रही थीं; हर चीज़ पहले से अधिक लुभावनी लग रही थी—जूते, किताबें, फ़व्वारे की काई लगी दीवारों पर सजी मिनरल वॉटर की बोतलें, जैली के जार, छोटे-छोटे ढेर भुने चेस्टनट और अख़रोट के, और बड़े ढेर ट्यूनिशियाई खजूर के, हर चीज़ उसकी बचपन की क्रिसमस की यादों को ताज़ा कर रही थी। और यह पूरा अद्भुत दृश्य, आकाश और भी सुन्दर बना रहा था क्योंकि वह हर पल रंग बदल रहा था। पहले हरा रंग दिखाई दिया गैलैर्त पहाड़ पर, फिर महल पर गहरा गुलाबी, फिर पिघलकर राख जैसा रंग हो गया जो शाम होने तक सर्दी के ताकतवर सितारों ने बेध डाला था।

शाम को विज़ी दम्पत्ति के यहाँ एक मेहमान आयीं। नौकरानी ने उन्हें ड्राइंगरूम में बिठाया जहाँ बैठकर वे इन्तज़ार करने लगीं। श्रीमती विज़ी जल्दी से कपड़े बदलकर उनसे मिलने आयीं।

आगन्तुक महिला ने अपना कोट कसकर लपेट लिया प्रतीक्षा करते वक़्त। लगा शायद उन्हें सर्दी लग रही है। जैसे ही घर की मालकिन कमरे में आयीं, उन्होंने बड़ी पतली आवाज़ में बात करना शुरू कर दिया, और श्रीमती विज़ी से यूँ बात करने लगीं मानो उनकी कोई पुरानी परिचित हों। कहने लगीं कि मैं श्रीमान विज़ी को मिनिस्टरी से जानती हूँ और ऐगैर के पातिकारियुस परिवार को भी, और बातें करते हुए वे बीच-बीच में घर की मालकिन को, चश्मा नीचा करके, देखती भी जा रही थीं।

श्रीमती विज़ी उन्हें समझने की कोशिश कर रही थीं। शुरू में तो उन्हें समझ में ही नहीं आया कि आख़िर यह चाहती क्या हैं। उन्हें लगा यह भी किसी ऐसी समिति की सदस्या होंगी जो आजकल घर-घर जाकर भिन्न-भिन्न संस्थाओं के लिए चन्दा एकत्रित करती हैं। वे बार-बार किसी काउंटेस का नाम भी ले रही थीं। पर जिस तरह से वे तेज़ी से और कुछ बुदबुदाकर बोल रही थीं, श्रीमती विज़ी को कुछ शक-सा हुआ। उनके हरे जूते और सिल्क के मोज़े, कोट के नीचे से दिखाई दिये। थोड़ी देर में उन्होंने अपने कोट के बटन खोल अपनी समतल छाती दिखाई जिस पर एक सिल्क का गाउन चढ़ा हुआ था मोती लगा।

श्रीमती विज़ी किसी प्रश्न का उत्तर दे रही थीं, कि तभी उनका शक बढ़ा और वे पूछने को ही थीं कि आप अपनी पहचान का कोई ठोस सबूत दीजिये पर फिर उन्होंने इरादा बदल लिया। इसके बजाय उन्होंने एक पैनी दृष्टि उन पर डाली, आगे बढ़ीं और उनका हैट खींचकर उतार दिया, अन्दर बालों पर बिग चढ़ा हुआ था, बिल्कुल उनके अपने जैसे सुनहरी बालों को।

"तू बदमाश!"· वे बोलीं "तू यहाँ क्या कर रहा है?"

"मैं एक फ़ैन्सी ड्रेस बॉल में जा रहा हूँ आण्टी ऐन्जेला। क्या मैं आपका हाथ चूम सकता हूँ?"

"तू आ कहाँ से रहा है?"

"वियना से। ज़रा सच-सच बताइये", आण्टी के सामने, गाउन ऊपर उठा, कमरे में परेड करते, उसने पूछा, "आप नहीं सोचतीं कि मैं एक सुन्दर लड़की लगता हूँ?"

"हाँ-हाँ। बड़ी सजी-बनी। तेरे पिता को बेचारों को कोई अता-पता नहीं है कि तू आख़िर है कहाँ। तू वियना में क्या कर रहा है?"

"बिजनेस"

"तू डीलर है?"

"हाँ कोयले का। आपको चाहिए कोयला? कितनी वैगन चाहिए?"

"बेवकूफ़। बुदापैश्त में कितने दिन रहेगा?"

"केवल एक दिन। कल सुबह वापिस चला जाऊँगा। आप कैसी हैं? और अंकल कोर्नेल?"

"तूने सुना नहीं? वे अब अण्डर सैक्रेटरी बनने वाले हैं।"

"मुबारक हो। शायद वह देश के लिएं कुछ कर सकें। अगर वे वियना आयें तो मुझसे ज़रूर मिलें। मेरे पास एक बढ़िया फ़्लैट है रौथेनट्रम स्ट्रासे में। नम्बर वन। अच्छा अब मैं चलता हूँ आण्टी ऐन्जेला, मेरे दोस्त मेरा इन्तज़ार कर रहे होंगे, ऐलैकैश और पूरा गैंग। अच्छा बाय, मुझे इजाज़त दीजिये कि मैं आपका हाथ चूम लूँ।"

"तू सड़क पर इस तरह से जायेगा?"

"वहाँ एक कार मेरा इन्तज़ार कर रही है।"

"अपना ख़्याल रखना, यॉन्ची", श्रीमती विज़ी ने सलाह दी। "और अपने बेचारे बाप को ख़त लिख देना।"

वह क्लब में साइड के दरवाज़े से घुसा।

उसे आश्चर्य हुआ यह देख कि यह साइड के द्वारों के पास कितना ग़दर मचा होता है। कई रैक पर कोट लटक रहे थे, वेटर अपनी आस्तीनें ऊपर करे हुए थे, कोई-कोई बाल भी बना रहे थे। प्रोप्रराइटर खुद उससे मिलने आया। वह जानता था कि वियना से कोयले का एक बड़ा व्यापारी यहाँ आया है। झुककर सलाम बजाते, वह उसे एक प्राइवेट कमरे में ले गया जहाँ उसके कहे अनुसार दस लोगों के बैठने का इन्तज़ाम किया गया था। उन्होंने कुछ और सजावट के बारे में बातचीत की जर्मन भाषा में। यॉन्ची कुछ गुलदस्ते भी मेज़ पर सजवाना चाहता था और एक वेटर भी केवल यहाँ, इस कमरे के लिए अलग से, उसने मैन्यु कार्ड भी पढ़ा। सब कुछ ठीक था। उसकी अन्तिम ख्वाहिश यह थी कि मेहमानों को सीधे इस कमरे में लाया जाये और उसकी उपस्थिति के बारे में किसी को बताया न जाये।

उसने अपना काला सिल्क का नक़ाब चढ़ाया और डांस हॉल में पहुँचा। क्लब अपने पूरे जोश में था। जाज़ बैन्ड तेज़ी से बज रहा था पर इक्का-दुक्का जोड़े ही डांस कर रहे थे। स्टाफ़ ने तीस बड़े गुब्बारे उड़ाये जो धीरे-धीरे ऊपर उड़कर छत से चिपक गये, जहाँ से वे आश्चर्य चकित हो नीचे देख सकते थे। कुछ ही देर में और लोग भी तरह-तरह की वेश-भूषाओं और नकाबों में आने लगे। पिएरो, जोकर के रूप में, एक जिप्सी लड़की अकेली, एक किसान एक लोहे की कुल्हाड़ी लिए और लम्बे जूते पहने, हरे बालों वाला एक हँसाने वाला, एक लाल बालों वाला भी, जिसकी गोल लाल नाक भी थी, कुछ लोग तरह-तरह की घण्टियाँ बाँधे भी आये। सबसे अधिक आकृष्ट किया एक मोटे दलाल ने जो जल्लाद की पोशाक में—बिल्कुल तेज़ लाल चोंग़ा और सिर पर लाल कपड़ा और लाल नक़ाब में घुसा, हाथ में मोटी कुल्हाड़ी लिए।

यॉन्ची एक कोने में खड़ा रहा, अपने हाथ के पंखे के पीछे इस समूह को देखते। वह अपने नौ साथियों को ढूँढ़ रहा था। शुरू में उसे केवल ऐलैकैश दिखाई

दिया, जो एक लम्बा फ्रॉक पहनकर आया था बिना नक़ाब लगाये, और उसके साथ आयी थी एक सुनहरे बालों वाली फुलझड़ी। डांस करना अब मुश्किल हो चला था क्योंकि अब काफ़ी लोग फ़्लोर पर आ चुके थे। वह भी उनमें मिल गया। एक आदमी ने, जिसे वह जानता न था, उसे बुलाया। इसी बीच उसकी पार्टनर उससे बिछड़ गयी। ऐलैकैश वहीं खड़ा रहा और इस व्यक्ति के कमर में बाहें डाल दीं, और उसे ऊपर उठा लिया, उसके नकाब के पीछे से उसकी आँखें देखता। सब कुछ बड़ा अजीबोग़रीब सा हो रहा था। इसके बाद यॉन्ची ने भी पार्टनर बदल-बदल कर, आदमी भी और औरतें भी, डांस करना शुरू कर दिया।

अब तक यॉन्ची बेसब्री से खाने का और अपने दोस्तों से मिलने का इन्तज़ार करने लगा था ताकि वह अपने इतने समय से बिछड़े दोस्तों के बीच मज़ा कर सके। रात के बारह बजे जब सबने नकाब उठाये, तो उसने इधर-उधर देखा। नक़ाबों के पीछे से कई अनजान चेहरे दिखाई दिये। उसने अपना विग उतारा, अपनी ड्रेस के बटन खोले और अपने प्राइवेट रूम की ओर बढ़ गया।

जिन व्यक्तियों ने वह काले-हाशिए वाला आमंत्रण पत्र दिखाया, केवल उन्हीं को इस कमरे में आने दिया गया, उन्होंने अपने मेज़बान का स्वागत किया, जबकि वह अपने कॉस्टयूम में उनकी ओर बनावटी गुस्से से देख रहा था। ऐलैकैश ने उस पर चुम्बनों की बौछार कर दी, औरों में से कोई उसकी स्कर्ट उठाने लगा कोई उसका वक्ष सहलाने लगा। बस केवल चार लोग ही आये थे। ऐलैकैश के अलावा दॉनी ततशी, पिश्ता इन्दाली जिसके साथ यॉन्ची ने बहुत पार्टियों में एक साथ भाग लिया था और गैलोविच जो अपने हाथ में एक बड़ा-सा बैल का सिर लिए हुआ था और जिसे वह कोई ख़ास आमंत्रित नहीं करना चाह रहा था। जिन पर उसे यक़ीन था कि वे ज़रूर आयेंगे, बैंक के लोग, उनमें से कोई नहीं आया था। इससे वह बहुत उदास हुआ। उसने फ़ौरन कपड़े बदले और एक अच्छा मेज़बान बनने की कोशिश करने लगा। उसने अपने पाँचों अनुपस्थित दोस्तों को फ़ोन किया पर सबकी ओर से यही जवाब मिला कि वे घर पर नहीं हैं।

उनके लिए फिर भी बहुत इन्तज़ार किया गया। मगर आख़िर सबको भूख लगने लगी थी। खाने-पीने को बहुत कुछ था। कप में सूप, बॉलतोन की ख़ास मछली, भुनी मुर्गाबी कैलिफोर्निया के आलू बुख़ारे के साथ और बढ़िया क्वॉलिटी की वाइन। इसके बाद क्लब का मालिक स्वयं शैम्पेन लेकर आया, ठण्डी फ्रैन्च शैम्पेन।

यॉन्ची मेज़ के किनारे पर बैठा; उसके बायीं ओर और उसके दिल के क़रीब ऐलैकैश बैठा था बालों में बीच की माँग निकाले, एक तनी का चश्मा लगाये, जिसको अपनी हर बात, अपना हर राज़ यॉन्ची बताता था, इस वक़्त भी वह ऐलैकैश के सीने पर सिर रखा हुआ था। कई दिन से उसने अपनी मातृ भाषा में बात नहीं की थी अतः वह बोले ही चला जा रहा था। वे सब बातें, जो वह महीनों से कहना चाहता

था, आज सुनने वालों के लिए उसके मुख से निकलती ही आ रही थीं। वह बहुत अमीर हो गया था। पैसा उमड़ रहा था उसके पास। केवल वही डॉलर नहीं जो उसने आज कमाये थे, बल्कि उसके अलावा भी दो सौ डॉलर थे उसके पास और इसके अलावा ऑस्ट्रियन करैन्सी, और हंगारी हज़ार-हज़ार क्रोनर के नोट जिनका मूल्य अब गिर चुका था। उसने उन लोगों को बताया कि वह एक पाँच कमरों के मकान में अपनी पोलिश प्रेमिका के साथ रहता था जिसका नाम डेज़ी था, और जो उसकी बिज़नेस में भी मदद करती थी। उसने प्रमाण-स्वरूप उसकी तस्वीर (हस्ताक्षर की) दिखाई और उसके द्वारा लिखे, जर्मन भाषा में, पत्र भी। एक हाथ से दूसरे हाथ वह चीज़ें घुमाई गयीं। सबको विश्वास हो चला था।

गैलोविच, गन्दा गैलोविच, उसे तंग करता ही जा रहा था।

"अच्छा तो तुम उसे पालते हो यॉन्ची? कैसे? जैसे जुएँ पालते हो?

यॉन्ची कुछ देर तक तो यह बर्दाश्त करता रहा फिर क़त्ल करती निगाह से उसे देख बोला "मैं जुओं को पसन्द करता हूँ ख़ासतौर पर उन्हें जो बहुत बोलती हैं," और यह कह उसने उस पर से नज़र हटा ली।

खाने का कार्यक्रम वैसा नहीं चल रहा था जैसी उसने कल्पना की थी। उन्होंने मीठे डो-नट्स खाये ही थे कि अजनबी लोग आने शुरू हो गये। गैलोविच ने अपने एक मित्र का परिचय दिया जो वहीं बैठकर पीने लगा। दो औरतें भी ज़बरदस्ती घुस आयीं कमरे में और यॉन्ची पर काग़ज़ की कतरने फेंकने लगीं। यॉन्ची का स्वाद बिल्कुल ख़राब हो गया था।

जब मेज़ें साफ़ कर दी गयीं और सिगार सिगरेट पेश होने लगे, वेटर जलती मोमबत्तियों से उन्हें जलाते इधर-उधर घूमने लगे, तब ऐलैकैश ने यॉन्ची को अलग बुलाया। यॉन्ची ने खुशी से पचास डॉलर उसे दे दिये। ततशी और इन्दाली को भी कुछ-कुछ दिया गया, वे भी डांस करने चले गये। सुनहरे बालों वाली फुलझड़ी, अपने पीले मेक-अप के नीचे भद्दे चकत्ते दिखाती, फिर से ऐलैकैश को ढूँढ़ने लगी थी। गैलोविच लड़कियों के गिलासों में शैम्पेन उँड़ेल रहा था और उन्हें बैल का सिर अपने सिर पर रखकर हँसा भी रहा था। सुबह होने वाली थी, मेज़ उस कमरे में से हटाकर दूसरी जगह रख दी गयी थी फिर भी वह लड़कियों के साथ पिये चले जा रहा था। अब क्लब में कई अजनबी चेहरे दिखाई देने लगे थे, जो आश्चर्यजनक नहीं था क्योंकि बार में आने वाले रोज़ ही बदलते रहते थे।

ऐलैकैश, पसीने में भीगा, डांस फ़्लोर से लौटा। यॉन्ची ने उसका हाथ कसकर पकड़ लिया और उसे जाने न दिया।

"बेकार-बेकार" उसने ठण्डी साँस ली।

"अण्डे में कुत्ता लाचार ऐलैकैश ने तुकबन्दी की।

यॉन्ची चुप हो गया। उसे समझ में न आया कि अब क्या कहे। अपनी

सफलताओं के बारे में वह बता चुका था, अपने डॉलरों के बारे में, अपने पाँच कमरों के फ्लैट के बारे में, डेज़ी के बारे में। वह फिर भी काफ़ी असन्तुष्ट-सा था। आप इन लोगों को प्रभावित करने के लिए और क्या कह सकते हैं। वह अपने हाथों से अपना माथा रगड़ने लगा। ऐलैकेश सुनो, "वह अचानक बोल उठा" मेरी एक और मित्र भी थी यहाँ। जिसके बारे में तुम कुछ नहीं जानते। जब मैं शुरू-शुरू में पैश्त आया था।"

"एक्ट्रैस?"

"नहीं, टाइम सही लड़की ग़लत। तुम जानते हो वह कौन थी? एक नौकरानी"

"त्च, त्च"

"यहाँ ऐलैकैश, एक नौकरानी, एक मामूली नौकरानी" और वह खड़ा होकर अपनी पूरी ताक़त से चिल्लाने लगा ताकि सैक्सोफ़ोन की आवाज़ को दवा सके, "क्या आड़ू जैसी थी, गुलाबी चमड़ी, कुँवारी।"

"सच?"

"यहाँ बड़े मियाँ, वह एक नौकरानी थी, उसकी एड़ियाँ फटी हुई थीं। वह देखने में कोई बहुत ख़ूबसूरत नहीं थी, गन्दी थी। मगर क्या चीज़ थी, ख़ुदा कसम, एकदम गर्म।"

ऐलैकैश दीवान पर लेट गया अपना चाँदी का सिगरेट केस हाथ में लिए। वह अपने दोस्त से बोर हो रहा था और उसने चैन की साँस ली जब उसकी फुलझड़ी पर्दे के पीछे से आयी और बोली कि चलो डांस करें।

"ऐलैकैश!" यॉन्ची ज़ोर से चिल्लाया, जितना ज़ोर से चिल्ला सकता था, "ऐलैकैश!" और उसने अपनी बाँहें फैला दीं।

पर उसकी आवाज़ खो गयी। जाज़ बैण्ड के ड्रम ज़ोर-ज़ोर से बज रहे थे : उसे लगा यह कोई मिलिटरी कोर्ट मार्शल है जो अगले दिन सुबह तड़के फाँसी की सज़ा सुनाने वाला है।

वह क़ाफी देर तक खड़ा ही रहा, उसकी बाँहें यूँ ही फैली रहीं, फिर वह धम्म् से कुर्सी पर बैठ गया। वह बहुत अकेला था, एक ख़ालीपन था, वह किसी का न था। अपने गैंग से उसे नफ़रत हो रही थी। वह रास्ता टटोलता बाथरूम तक पहुँचा और सिर पर ख़ूब पानी डाला। लौटते वक़्त हैडवेटर से बिल माँगा। वेटर ने फटाफट कुछ हिसाब किया। कुल हिसाब इतना ज़्यादा था कि उसका नशा उतर गया; उसने वेटर को चेतावनी दी कि याद रखे कि वह नशे में धुत्त नहीं है। वे इस बात पर विवाद करने लगे कि शैम्पेन कितनी पी गयी थी। मालिक ने सारी ख़ाली बोतलें लाकर दिखा दीं और कहा कि आपके दोस्तों ने और मेज़ों पर बैठी लड़कियों के लिए भी यहाँ से शैम्पेन भिजवायी थी। फिर कुछ विवाद इस पर भी हुआ कि डॉलर का रेट क्या है। यॉन्ची ने पैसा फेंककर मारा।

सवा पाँच बज चुके थे जब वह होटल वापिस आया। जब यहाँ का बिल

भी चुका दिया तो उसके पास ज़्यादा पैसे नहीं बचे रहे थे। उसने पोर्टर को आदेश दिया कि उसका सामान आठ बजे वाली वियना जाने वाली ट्रेन के लिए स्टेशन पहुँचा दिय जाये।

वह लेटने नहीं गया, उसने सोचा नदी किनारे ताज़ी हवा खाता हूँ। वीरान राकोत्सी ऊत पर शुरू से आख़िर तक गया। परिन्दा भी दिखाई न दिया। वियना के मुक़ाबले में पैश्त कितना विरान था! वह फिर से बोर होने लगा था, और कोई कॉफी हाउस ढूँढ़ रहा था, पर अभी कोई खुला ही न था। वह योजेफ़ वारोश डिस्ट्रिक्ट की ओर बढ़ गया, उन सड़कों पर जहाँ उसे पहले बहुत अच्छा लगता था। यह भी मृत प्रायः ही थीं–न कोई ट्रैफ़िक न कोई संगीत। किसी-किसी बार में सफ़ाई होनी शुरू हो गयी थी जहाँ छोटे-मोटी वेश्याएँ अपना रात का धन्धा कर कॉफ़ी पी रही थीं। केवल बहुत ही विवश या बहुत मेहनती वेश्याएँ ही सड़कों पर दिखाई दे रही थीं।

यॉन्ची एक पतली गली में निकल गया, जो चलती ही चली जा रही थी, मुँह ऊपर आकाश में उठाये, सीटी बजाते। आसमान, जो दोपहर में ख़ूबसूरत रंगों से सजा था, इस वक़्त बादलों के कारण काला दिख रहा था। उसके फ़र कॉलर पर ओस गिरने लगी थी। आधी गली पार होने पर, जहाँ एक ख़ाली प्लॉट काफ़ी सालों से खाली पड़ा था उसके सामने के दरवाज़े पर एक औरत उसके सामने खड़ी थी; वह कोई छोटी उम्र की लड़की नहीं थी, चालीस से ऊपर की थी; एक खम्भे के सहारे खड़ी थी, उसके भारी चेहरे पर बोर होने के चिन्ह थे। उसके हाथ, जिन्होंने कभी जीविका के लिए खीरे काटे होंगे, उसके साइड में लटके हुए थे। ताज्जुब की बात यह थी कि वह एक एप्रिन पहने थी और एक कढ़ा हुआ स्कार्फ़ सिर पर। उसको देखने से लगता था कि वह घरेलू किस्म की औरत है और उन लोगों की तलाश में है जो घरेलू औरतों को पसन्द करते हैं। यहाँ से गुज़रने वाले गाँव वाले जो शहर की फैक्टरियों में काम करने जाते थे, या कारीगर जो शनिवार की शाम को लौटा करते थे, उन्हें ज़रूर इसमें दिलचस्पी हो सकती थी। वह आमतौर पर यॉन्ची जैसे नवयुवकों को, जो उसके ग्राहकों से बिल्कुल भिन्न था, पटाने की कोशिश नहीं करती थी।

"हे भगवान" यॉन्ची ने उसके पास से गुज़रते हुए सोचा "यह कितना अजीब होगा मगर, "फिर सोचा" कितना निन्दनीय!

उसने न अपनी चाल तेज़ की न धीमी, पर औरत ने, जो दरवाज़े के बाहर मँडरा रही थी, उसके विचार भाँप लिए और बड़ी हिम्मत से उसके पास आकर फुसफुसा कर कहा "अन्दर आ जाओ। तुम्हें पछतावा नहीं होगा।"

कुछ बड़ा घिनौना-सा था यह सब–उसकी आवाज़, उसका अन्दाज़–पर कुछ ऐसा था कि वह रुक गया। अभी भी उसकी ओर इसकी पीठ थी, इसने पीछे मुड़कर उसे देखा नहीं अगर इसे सुनायी ज़रूर दिया कि वह खुले दरवाज़े के अन्दर जा रही है। यॉन्ची उसके पीछे चल दिया।

वह अहाते के पीछे रहती थी। उसका दरवाज़ा, जो अहाते में खुलता था, कुहासे के कारण चरमरा रहा था। अन्दर एक मेज़ पर, जिसमें मैरुन रंग का मखमल का कवर बिछा था उस पर एक लैम्प जल रहा था। जब औरत ने लाइट तेज़ की तब यॉन्ची ने देखा, एक पलंग, एक तकिया, एक तौलिया वहाँ रखा था और दीवार पर काइसर विलहैम की तस्वीर टँगी थी अपने सारे मैडिलों के साथ।

बाद में जब रोशनी थोड़ी धीमी हो गयी, और फरवरी की सुबह ने अपना उदास चेहरा खिड़की से दिखाया, तो वह कमरे में चलने लगा, उसने सिगरेट सुलगाई, एक सिगरेट औरत को भी फेंकी। वह उसे उठाने फ़र्श पर झुकी, उसे अपने ब्लाउज़ से पोंछा और सँभाल कर रख लिया। वह सिगरेट कभी नहीं पीती थी।

यॉन्ची को उत्सुकता हुई, उसने उसके सामान का जायज़ा लेना शुरू किया। मेज़ पर, उसने देखा, एक किताब जिस पर हरे मख़मल की जिल्द चढ़ी है और किनारों पर ताँबा मढ़ा हुआ है, रखी थी। जैसे ही उसने इसे खोला उसमें से कुछ पन्ने झड़ने लगे। यह औरत की यादों को समेटे थी। उसने उस पर नज़र डाली। अन्दर शुभकामना सन्देश थे, विश्व की प्रसिद्ध कृतियों में से उद्धरण थे, खासतौर पर वो जो 'जीवन की ओर', "आशा का आधार" आदि विषयों से सम्बद्ध थे।

उसने क़रीब-क़रीब पूरी ही देख डाली। उसे चलने से पहले वक़्त तो काटना ही था।

"यह किसने लिखा?" एक पन्ने की ओर दिखाते उसने पूछा।

"मेरी एक मित्र ने"।

"कब"

"बहुत समय पहले"।

"और यह?"

"एक जान-पहचान वाले ने जो दूयन्दूयस से था। कभी-कभी यहाँ आने वाले भी कुछ लिख देते हैं। आप क्यों नहीं कुछ लिखते?"

"क्या"

"कुछ भी सोच कर"।

वह उसके लिए स्याही की बोतल ले आयी और एक ज़ंग खाया पैन। यॉन्ची ने उन्हें परे कर दिया और अपना नया 'वॉटरमैन' निकाला। फिर अपने दिमाग़ पर कुछ लिख पाने के लिए, ज़ोर डालने लगा। "तुम्हारा नाम क्या है?"

"श्रीमती पिशकैली"।

"क्या तुम विधवा हो?"

"नहीं", उसने कहा और दोहराया भी "श्रीमती पिशकैली, श्रीमती योज़ेफ़ पिशकैली"।

"क्या तुम्हारे पति जीवित हैं?"

"हाँ वह सोफ़े आदि बनाते हैं ट्रासिंल्वैनिया में। वे मुझे तलाक़ नहीं दे रहे।"

"वह ज़रूरी नहीं है। वह मैंने नहीं पूछा। तुम्हारा क्रिश्चियन नाम क्या है?"

"इलोना"

यॉन्ची विचारों में गुम हो गया, उसके हाथ में उसका सोने का पैन अभी भी था। फिर उसने बड़ी सुन्दर लिखाई में बड़े आराम से, मानो एक कॉपी बुक में लिख रहा हो, लिखना शुरू किया। उसने लिखा–

"हरे जंगल में गया था
छोटा वॉयलट पाया था
छोटा वॉयलट यूँ बोला
सदा रहो खुश इलोना!"

और यह लिखकर उसने अपने हस्ताक्षर भी करे अपना पूरा नाम लिखकर, और यह वह ख़ुद भी नहीं जानता था कि उसने नाम के बाद विस्मय बोधक चिन्ह क्यों लगाया था।

यानोश पातिकारियुस!

उसने स्याही सुखाई, लैम्प के पास, और किताब उस औरत को पकड़ा दी जिसने उसे धन्यवाद दिया।

"कितनी सुन्दर लिखाई है" वह बोली, "आप या तो क्लर्क होंगे या वकील"
यॉन्ची ने बस किसी प्रकार अपनी ट्रेन पकड़ ली।

18
आतंक

कोरनेल विज़ी के अण्डर सैक्रेटरी बनने की बात ज़ोर-शोर से चल रही थी। उनको सरकार का पूरा विश्वास प्राप्त था। कई दफ़ा लगता था कि आज या कल घोषणा हो जायेगी पर कोई न कोई छोटी मोटी अड़चन आ जाती और तारीख़ आगे बढ़ जाती। उसके बाद लोग उनके लिए आवाज़ उठाते और फिर से सिलसिला आगे बढ़ता। उनके समर्थकों में सबसे आगे थे गाबोर तॉतार और उनके दोस्त। पार्लियामेन्ट और पार्टी, दोनों ही ओर से उनके नाम पर कोई आपत्ति नहीं थी।

इसी बीच वसन्त आ गया। क्रिस्टीना के चेस्टनट पेड़ों पर सफ़ेद फूल दिखाई देने लगे थे, बुदाई सुरंग अण्डाकार प्रवेश द्वार पर हरी टहनियाँ चमकने लगी थीं और मोची अपने बक्से लेकर, चमड़े के एप्रिन पहने अपनी वर्कशॉप पर अपने स्थान फिर से ग्रहण कर चुके थे।

ईस्टर सनडे से पहले शनिवार के दिन, श्रीमती विज़ी ने यीशु के पुनर्जीवन को मनाने वाले एक जलूस में भाग लिया। जहाँ वे एकत्रित हुए थे, ऑत्तिला ऊत में, वहाँ से वे एक पुराना चर्च देख पा रही थीं। जलूस के झण्डे लहराने ही लगे थे कि तभी गाबोर तॉतार उनके पास आकर उन्हें बधाई देने लगे : वे अब अन्डरसेक्रेटरी की पत्नी थीं।

अगले दिन ख़बर अख़बारों में भी छप गयी। विज़ी का सबसे बड़ा सपना पूरा हो गया था : वे अब अन्डरसैक्रेटरी ऑफ़ स्टेट थे—केवल अन्डरसैक्रेटरी ही यह सच है—मगर इतनी सारी ज़िम्मेदारियाँ थीं उन पर कि वे बहुत सन्तुष्ट थे।

पूरी ईस्टर की छुट्टियों में ताँता लगा रहा उनके घर बधाई देने आने वालों का। उन सब की खूब आवभगत की जा रही थी। इतने दिन से जो अनिश्चितंता बनी

हुई थी। उस दौरान उन्होंने अपने फ़्लैट को काफ़ी ठीक-ठाक करा लिया था। क्रिस्टल का फ़ानूस लटक रहा था नये ब्रैकिट लैम्पूस जिन पर लाल सिल्क के शेड लगे थे वे अब दीवारों पर नाटकीय रूप में चमक रहे थे। कोनिएक से भरे फ़्लास्क और सिगार और सिगरेट केस अब मेज़ पर स्थायी रूप सजे रहते थे। विज़ी अब सरकारी गाड़ी में ही आ-जा रहे थे।

पार्टी को अब अधिक दिन टाला नहीं जा सकता था। उन्हें उन सब दोस्तों को बुलाना था जिनके प्रति वे आभारी थे। युद्ध के बाद यह उनकी सबसे बड़ी पार्टी होने वाली थी। जब उन्होंने मेहमानों की लिस्ट बनायी तो कम-कम करते भी क़रीब तीस लोगों की सूची बन गयी थी। विज़ी ने अपने पद के अनुरूप गरिमा दिखाते हुए कहा कि पार्टी मौक़े के मुताबिक ही होनी चाहिए।

श्रीमती विज़ी ने सोचा एक और नौकरानी रख लें, मगर फिलहाल कोई कमरा नहीं था उसे देने को, और रसोई में दो नौकरानियाँ समा नहीं सकती थीं, अतः इस विचार को त्याग देना पड़ा।

मई के अन्त में पार्टी आख़िर एक खुशगवार सुहाने दिन दे ही दी गयी। पूरा घर एक रेस्टोराँ में तब्दील हुआ लगता था। ऐतैल ने पैटी बनाने का ज़िम्मा लिया तो स्टैफ़ी ने केक बनाने का। तूफ़ान के रूप में काम हुआ। इतने मेहमानों को बिठाने के लिए स्टडी, डाइनिंग रूम और ड्राइंग रूम, हर जगह मेजें लगायी गयीं। द्रूमा और मोविस्तर परिवारों ने अपनी कुर्सियाँ और अपनी चाँदी की कटलरी उधार दी। पूरा घर चमक रहा था।

जब फ़िचोर ने अपनी सैरेमोनियल यूनीफ़ार्म में मेहमानों के लिए दरवाज़ा खोला उस शाम, तो सीढ़ियों पर जलती बत्तियाँ बाहर से एक महल का बोध करा रही थीं। एक लाल रंग का, सीढ़ियों पर लगाने वाला, क़ालीन पहली मंज़िल तक बिछा था जहाँ मेज़बान अपनी डिनर जैकिट पहने, लोगों की अगवानी कर रहे थे; वे अपनी उम्र से कहीं कम दिख रहे थे और, इस जानकारी से कि वे अपनी नौकरी के शिखर के पद पर पहुँच चुके थे, एक विशेष आभा उनके चेहरे पर झलक रही थी।

मिनिस्टरी के मित्र, बिज़नेस के जान-पहचान वाले, कुछ फ़ौजी अफ़सर, कुछ पादरी, तॉतार अपनी पत्नी और बेटियों के साथ और यॉन्ची अपने फ्रॉक कोट में, सभी आये हुए थे पार्टी में। यॉन्ची आण्टी ऐन्जेला के लिए बहुत सुन्दर फूलों का गुलदस्ता लेकर आया था। ठीक नौ बजे खुद मिनिस्टर, उनका असिस्टैंट और उनकी पत्नी तशरीफ़ लाये। विज़ी ने दो सीढ़ियाँ उतरकर उनका स्वागत किया, मैडम का हाथ चूमा, मिनिस्टर से कुछ कहा जिस पर वे दोनों ही हँस पड़े, फिर उन्हें लेकर कमरे में आए। बाक़ी मेहमानों का स्वागत द्रूमा ने किया विज़ी का प्रतिनिधि बनकर।

ऐतैल और स्टैफ़ी ने, अत्यधिक संभ्रान्त परिवारों की नौकरानियों जैसे कपड़े

पहने थे। वे दोनों मेहमानों की आवभगत में लगी थीं, सफ़ेद एप्रिन और कैप लगाये। ऑन्ना रसोई में ही लगी रही। वह मुर्गा तल रही थी और बत्तख़ भून रही थी। बाक़ी दोनों जो बार-बार अन्दर जा रही थीं, वे अन्दर की ख़बरें इसे आकर दे रही थीं। श्रीमती विज़ी मिनिस्टर के पास बैठी थीं अपनी हल्की बैंगनी मख़मल की ड्रेस में और कानों में सोने के झुमके लटकाये, जबकि विज़ी, मिनिस्टर की पत्नी से बातचीत में व्यस्त थे और यॉन्ची, जानना चाहोगी?, वह डॉक्टर की पत्नी को पटाने में लगा था। पहले मिनिस्टर ने छोटा-सा भाषण दिया, फिर महामहिम तौतार बोले, फिर द्रूमा और सबसे बाद में विज़ी।

अन्दर से तालियाँ बजने की आवाजें आ रही थीं।

जब ऐतैल वाइन देकर आयी तब उसने स्टैफ़ी को बताया कि अब सब ड्राइंग रूम में जाकर बैठ गये थे।

"क्या कर रहे हैं अब?"

"बातें कर रहे हैं।"

"किस बारे में?"

"और किस बारे में? नौकरों के बारे में।"

"एक यही तो विषय है इनके पास बातें करने को", स्टैफ़ी बोली।

"चलो हम खाना खाते हैं।"

उसने बत्तख़ का भुना मांस निकाला, डोंगा अपनी गोद में रखा, और उसे चबाने लगी। स्टैफ़ी ज़्याद तमीज़ से खा रही थी, काँटे और छुरी से।

"तुम कुछ खाती क्यों नहीं" ऐतैल ने ऑन्ना से पूछा।

"बाद में।"

"अरे उन लोगों के लिए क्या बचाना?" ऐतैल ने उसे उक्साया "इन लोगों का इतना ख़्याल करने की कोई ज़रूरत नहीं है।"

"अब तो हमारे लिए बहुत अधिक खाने को है।"

"हाँ बिल्कुल" ऐतैल ने सिर हिलाया, "हम से भी ज़्यादा तो कूड़ा ले जाने वाले के लिए बचेगा। उनको आयेगा असली मज़ा। अब जल्दी ही इन लोगों को कुक और वैले की भी ज़रूरत पड़ेगी।"

"और एक बटलर की भी", व्यंग्यात्मक मुस्कान चेहरे पर बिखेरती स्टैफ़ी बोली "जैसे हमारे काउंट के यहाँ हुआ करते थे।"

ऐतैल मुँह चलाती जा रही थी। स्टैफ़ी आग को ताक रही थी।

"जहाँ मैं पहले काम करती थी वहाँ बटलर को समाचार-पत्र तक गर्म करने होते थे।"

'क्यों?"

"क्योंकि वे ठण्डक से अन्दर लाये जाते थे। काउण्ट ने एक बार बटलर को

आदेश दिया कि समाचार-पत्र को गरम करके लाओ, बस तब से वह रोज़ ऐसा ही करने लगा। और ऐतैल, तुम जानती हो कि कुक युद्ध के समय में क्या किया करता था अगर ज़्यादा तेज़ आँच चाहिए होती थी? घी लुढ़का देता था आँच में। यूँ ही।"

"तुम्हें तो इससे कोई तकलीफ़ न हुई ना?" ऐतैल ने उससे पूछा, उसका मुँह अब भी खाने से भरा हुआ था।

वह मुर्गे की गर्दन चबा रही थी, और हड्डियाँ चूस-चूस कर चटख़ारे ले रही थी। ग्रेवी में ब्रैड डुबो-डुबोकर खा रही थी।

"कुक ठीक ही करते थे" वह बोली "अगर उनके पास साधन थे तो क्यों नहीं। कम से कम इस से कुछ फ़ायदा तो होता था। मुख्य बात यह है कि खाने के लिए काफ़ी हो। असल में तो जो आप खाते हैं वही बस आपका है।"

ऐतैल ने अभी भी खाना बन्द नहीं किया था। अभी भी हड्डियों में से वसा निकाल रही थी। इस कम्पनी में उसे सफ़ाई आदि के बारे में चिन्ता नहीं थी। उसने बाक़ी वची वाइन ग्लास में डाल ली और सटक गयी।

अन्दर किसी ने पियानो बजाना शुरू कर दिया था। ऐतैल ने रसोई का दरवाज़ा खोल दिया ताकि वे भी सुन सकें। संगीत की धुन पर वह भी अपना सिर हिलाने लगी थी, उसकी सफ़ेद टोपी ऊपर-नीचे होने लगी। वह एक मोटा-सा फ़रिश्ता लग रही थी।

अब डांस शुरू हो गया था। ऐतैल और स्टैफ़ी ने कुछ मेज़ें हटायीं मगर फिर भी जगह काफ़ी नहीं थी। अतः कुछ जोड़े हॉल में चले गये। यॉन्ची, श्रीमती मोविस्तर को लेकर बाहर आ गया था। मज़ाक के रूप में वह उन्हें पूरे घर में नचाता फिर रहा था। जब इस प्रकार के एक चक्कर में वे बाथरूम तक पहुँचे तो छोटे साहब ने उन्हें कसकर भींच लिया और उनकी गर्दन पर चुम्बन छोड़ दिया। डॉक्टर की ख़ूबसूरत पत्नी ज़ोर से हँस पड़ीं।

ऑन्ना ने, जो उस वक़्त हॉल में पोंछा लगा रही थी, उनको सुना। उसके कान आग के पास काम करते वैसे भी लाल हो चुके थे। उसने एक नज़र उन दोनों पर डाली। वह रसोई में भाग जाना चाहती थी मगर एक दीवार से टकरा गयी। बत्तियाँ यूँ जलने लगी थीं मानो उसे आँख मार रही हों।

मस्ती कुछ देर चलती रही। मोविस्तर तो हमेशा की तरह खाना खाते ही अकेले खिसक लिए थे। बाक़ी सब लोग वहीं रहे। मिनिस्टर भी। उन्हें भी मज़ा आ रहा था। बाक़ी सब को भी। बाक़ी सब को शायद इसलिए क्योंकि मिनिस्टर को मज़ा आ रहा था।

बहुत मस्ती का माहौल था। कोई वाद-विवाद नहीं हो रहा था, सब संगीत और नृत्य की थाप पर झूम रहे थे। कभी-कभी कोई चटपटी बात ज़रूर चल पड़ती; किसका तलाक हुआ था, किसका वज़न बढ़ गया था, किसका कम हो गया था

आदि। बाद में हालाँकि राज़ खुला कि जिसका तलाक़ हो गया था उसकी फिर से शादी हो गयी है, जो पतला था वह मोटा हो गया था वग़ैरह-वग़ैरह और लोगों को अपनी भूल का एहसास भी होने लगा था।

मेहमानों की मस्ती थी कि कम होने को ही नहीं हो रही थी। श्रीमती विज़ी अब थोड़ा परेशान भी होने लगी थीं। वे बड़ी मुश्किल से अपनी जम्हाइयाँ छिपा रही थीं। वे अब मेहमाननवाज़ी करते-करते थक चुकी थीं, ख़ासतौर पर मुबारकबादों का जवाब देते-देते। वे धुएँ के बादलों के परे अपने पति को देख रही थीं, उनसे काफ़ी दूर, तीसरे कमरे में, वे मिनिस्टर के चारों ओर मँडरा रहे थे, और महिलाओं को झुक-झुककर सलाम कर रहे थे इतने जोश से जो अधिक दिखाने पर कम नहीं होता बल्कि बढ़ता ही जाता है।

इतने में ही वह एक सुनहरे बालों वाली सुन्दर ऑस्ट्रियन लड़की से टकरायी जिससे उन्होंने अब तक बात नहीं की थी। वह किसी बिजनेसमैन की पत्नी थी। चूँकि उसे हंगारी भाषा नहीं आती थी अतः वह काफ़ी अकेला महसूस कर रही थी अपने आप को। श्रीमती विज़ी ने उसे अपने पास बिठा लिया। उसे अपने बेटी के मरने की पूरी कथा सुनायी जिसमें अब केवल शब्दों का उच्चारण मात्र बचा था, दुख तो उसमें से नदारद ही हो चुका था। वे फिर घड़ी को ताकने लगीं और इन्तज़ार करने लगीं कि कब सब जाएँ।

मिनिस्टर साहब तीन बजे उठे। हवा में धुआँ भरा हुआ था। उसकी वजह से फ़ानूस की लाइट भी ठीक से न पहुँच रही थी, वह यूँ टिमटिमा रहा था मानो नवम्बर के कोहरे में सड़क की बत्तियाँ। विजी मेज़ पर ऊँघने लगे थे, उनका सिर मेज़ पर टिक गया था, और मेहमान शोर करते निकलने लगे थे। सब कुछ बहुत अच्छे से हो गया, वे सोच रहे थे। चलो सब ठीक तरह निबट गया। पर अब उन्हें डकार आने शुरू हो गये थे। उन्होंने थोड़ा सोडा बायकार्ब घोल कर पिया और सोने चले गये।

उनकी पत्नी वहीं मेज़ पर बैठी रहीं। वे अपने चारों ओर ग़दर मचा हुआ देख रही थीं। किसी प्लेट से पीले रंग का खुबानी का जैम झाँक रहा था, किसी चाकू के हैण्डिल से, कहीं बन्द गोभी की पैटी बिखरी हुई थी, कहीं चीज़ का ढेर लगा हुआ था, कहीं टूथ-पिक, कही मेयोनीज़, कहीं गीला तम्बाकू, कहीं वाइन के धब्बे। उनकी इच्छा तो थी कि अभी सब सफ़ाई करें, अपने हाथ से मेज़ें साफ़ करें। पर वे इतनी थकी हुई थीं कि वे खुद से प्रश्न करने लगीं कि क्या खाना खाना इतना ज़रूरी था।

तीनों नौकरानियाँ अन्दर आयीं। उन्होंने उन्हें सब खिड़कियाँ दरवाज़े खोल देने को कहा, ताकि कमरों में ताज़ी हवा आ सके। फिर स्टैफ़ी और ऐतैल को उन्होंने ऊपर भेज दिया। ऑन्ना उनके पास वाली मेज़ पर सफायी में लगी थी। उसने एक जग उठाया फिर उसे रख दिया।

"छोड़ दो", श्रीमती विज़ी अपने हाथों में अपना चेहरा लेते हुए बोलीं। मैं

तुम्हारी शक्ल देख-देख कर परेशान हो गयी हूँ, तुम यहाँ से जाओ बस। भगवान के वास्ते खटर-पटर मत करो। खिड़कियाँ बन्द करो और सो जाओ।"

उनके पति अब तक खुर्राटे लेने लगे थे हालाँकि कमरे की बत्ती अभी जल रही थी। उन्होंने भी अपने कपड़े उतारे और पलंग पर निढाल गिर पड़ीं।

अचानक ज़ोर की आवाज़ हुई जो ज़रूर सब कमरों में सुनाई दी होगी। लगा जैसे किसी ने गोली चलायी हो। ऑन्ना इस नये फ़र्नीचर की आदी नहीं थी, उससे एक कुर्सी को धक्का लग गया था, शायद मोविस्तर की थी वह, कुर्सी धड़ाम से फ़र्श पर गिर पड़ी थी। उसने इन्तज़ार किया कि देखें अब क्या होता है। पर उसके मालिक लोग तो गहरी नींद में खो चुके थे।

पास ही कोई कुत्ता पूरे चाँद को देख भौंक रहा था। यह स्वॉन था, बड़ा सफ़ेद कुत्ता जिसे उसने कई बार ताबोर उत्सा में देखा था। ऑन्ना भागकर रसोई तक गयी, वहाँ कुछ टटोल, जो भी हाथ के पास था। एक मुर्गे की टाँग, बहुत सारी पैटीज़।

फिर वह हॉल के दरवाज़े से टिक गयी मानो बाहर जाना चाह रही हो। पर उसने अपना ख़्याल बदल लिया और तेज़ी से बाथरूम से होती हुई सीधी बैडरुम में।

श्रीमती विज़ी की आँख खुल गयी, उन्होंने किसी को अपने पलंग पर बैठा पाया। उन्होंने तकिये पर से सिर उठाया और आकृति को देखा। चाँद की रोशनी में एक प्रेत की भाँति दिखाई दी वह आकृति जिसके पीछे एक चाँदी का चक्र-सा भी दिखाई दे रहा था। यह जो भी था डर नहीं रहा था। उनकी चौड़ी खुली आँखों ने एक-दूसरे को देखा।

"तुम क्या चाहती हो?" श्रीमती विज़ी फुसफुसाकर बोलीं "क्या तुम हो ऑन्ना? जाओ जाकर सो जाओ।"

आने वाली ने कोई उत्तर नहीं दिया पर वहीं बैठी रही, उनका हाथ पकड़े, हाथ छोड़ ही नहीं रही थी। वह बहुत धीरे-धीरे आगे बढ़ रही थी और उसकी यह धीमी गति बड़ी भयानक लग रही थी। वे देखना चाहती थीं कि वह क्या करने वाली है।

श्रीमती विज़ी ने अपने स्वतन्त्र हाथ से उसका गला पकड़ उसे धकेलने का प्रयास किया, पर यह काफ़ी फूहड़पने का प्रयास था क्योंकि लड़की ने अपनी पकड़ और मज़बूत कर ली। अब वह उन्हें लिपट रही थी।

"कोरनेल!" वे अचानक ज़ोर से चिल्लायी" कोरनेल! यह कौन है? मदद! कोरनेल! मदद, मदद!" तभी उन्होंने अपने सीने पर एक तेज वार महसूस किया, इतना तेज़ जैसा इससे पहले कभी न किया था।" यह पागल हैं, उन्होंने बड़ी दबी ज़बान में कहा और फिर तकिए पर गिर पड़ीं।

विजी, जिनका सिर वाइन से काफ़ी भारी था और ज़ो गहरी नींद में भी थे, कुछ बुड़बुड़ाये, फिर कूद कर पलंग से बाहर आ गये और कमरे के बीच में खड़े हो गये,

अपने लम्बे नाइट गाउन में जो उनके घुटनों से नीचे आता था।

"यह हो क्या रहा है" वे चिल्लाये "कौन है वहाँ? मदद! ख़ूनी! कातिल!" उन्होंने चाक़ू का चमकता फल देखा, रसोई के बड़े से चाक़ू का। लड़की उसे लहरा रही थी। पर वहाँ कौन खड़ा था, उसने खुद ने क्या किया था, वहाँ औरत खड़ी थी या आदमी था उसके रास्ते में, उसे कुछ पता नहीं था। बस उसने इतना ही देखा कि कोई दरवाज़े से भागने की कोशिश कर रहा था। फिर वे दोनों गुत्थमगुत्था हो गये। ऑन्ना डर गयी कि वे उसे घायल करना चाह रहे हैं, और वह भी उतनी ही डरी हुई थी जितने मालिक। उसकी बाँह ने, जो मेहनत करते-करते काफ़ी मज़बूत हो चुकी थी, उन्हें कमर से पकड़ लिया। सफ़ेद दीवान के पास विज़ी ने अपना संतुलन खोया और ज़मीन पर गिर गये। लड़की, किसी जुनून में भरी, घुटनों के बल उनके सीने पर बैठ गयी और उनकी छाती, उनके पेट, उनके गले, जहाँ-जहाँ भी वह कर सकती थी वार करने लगी। फिर उसने चाकू एक कोने में फेंक दिया और लड़खड़ाती हुई ड्राइंगरूम तक आयी।

उसने अपने हाथ साबुन से धोये और फिर से कमरे में आ गयी। पास वाले कमरे में कुछ बह रहा था, टप्-टप् की आवाजें आ रही थीं जैसे कोई नल खुला रह गया हो। ख़ून बह रहा था। आदमी ग़र्र-ग़र्र कर रहा था और हिल भी रहा था पर यह आवाज़ धीमी, और धीमी होती जा रही थी। ऑन्ना सैटी पर लेट गयी और सो गयी।...

सुबह छः बजे कूड़े वाले ने घण्टी बजायी। ऑन्ना उठी ताकि उसे डिब्बा उठाकर देकर आये सफ़ायी के लिए। अच्छी सुनहरी सुबह थी। उसने अपनी आँखें मलीं और पार्टी ने जो ग़दर मचाया था उसे देखा, अभी भी उसे यह मालूम न था कि वह कहाँ थी और यहाँ कैसे पहुँच गयी थी। फिर वह सीधी खड़ी हो गयी। बैडरूम के दरवाज़े बन्द थे, ज़रा-सी दरार ही खुली दिखाई पड़ रही थी। हो सकता है जब वह लड़खड़ाती हुई बाहर निकली थी, तब उसने बन्द कर दिये होंगे। वह अन्दर झाँकने की हिम्मत न कर पा रही थी। उसने सुनने की कोशिश की। केवल गहरी चुप्पी के अलावा कुछ न था।

फिर, अपने हाथ अपने चेहरे पर थपथपाती, उसे लगा उसे अपने आप से घृणा हो रही थी। वह इतनी डरी हुई थी कि लगता था उसका दिल जम चुका था। वह इधर-उधर भागी अपना सामान बटोरने। उसे यहाँ से निकलकर भाग जाना चाहिए, उसे हर हालत में भाग जाना चाहिए। पूरे घर में, कल की पार्टी के बाद अभी तक लोग सोये हुए थे। वह ऊपर एटिक में या नीचे तहखाने में, कहीं भी भाग सकती थी। पर उसे डर था कि सीढ़ियों पर कोई उसका इन्तज़ार करता खड़ा होगा। उसने अपना सामान फेंक दिया।

उसने आत्तिला उत्सा की ओर खुलती सब खिड़कियाँ खोल दीं ताकि उसका

अकेलापन कुछ कम हो जाये। सुबह की चिड़ियाएँ अपना गाना सुनाकर गर्मी की सुबह का अभिवादन करने लगीं थीं। ट्रामों की घण्टियाँ बजनी शुरू हो चुकी थीं। स्वावियन औरतें, घरों में दूध बेचने निकल पड़ी थीं।

ग्यारह बजे तक उसे किसी ने परेशान नहीं किया। वह दीवान पर, कोहनियाँ घुटनों पर टिकाए, गुड़ी-मुड़ी बैठी रही। ग्यारह बजे के बाद किसी ने घण्टी बजायी, और बजाता ही रहा।

"अरे सब सो रहे हैं", फ़िचोर नीचे से चिल्लाया "घण्टी बजाना बन्द करो, लाओ मुझे दो सामान, मैं उन्हें दे दूँगा।

पंसारी के यहाँ से लड़का इस वक़्त सामान देने घर जाया करता था।

"यहाँ कल बड़ी पार्टी थी", केयरटेकर ने कहा।

श्रीमती मोविस्तर, अपनी आदत के अनुसार, पियानो बजाना और गाना शुरू कर चुकीं थीं। टेलिफ़ोन की घण्टी बजी, ऑन्ना ने फ़ोन उठाया और फिर रख दिया। उसके बाद फ़ोन बजता ही रहा।

क़रीब दो बजे के आस-पास किसी ने दरवाज़ा खटखटाया।

"दरवाज़ा खोलो। क्या तुम्हें सुनायी नहीं देता? परमात्मा के लिए दरवाज़ा खोलो। अब तक तो वे लोग सोये हुए नहीं होंगे, क्या सो सकते हैं इतनी देर तक? नामुमकिन। लो देखते हैं बाहर सड़क से शायद कुछ दिखाई दे।"

वे वाक़ई सड़क तक गये और वहाँ से ऊपर देखा।

"अरे क्या वहाँ कोई है? कौन है वहाँ? वहाँ है तो ज़रूर कोई। देखो खिड़कियाँ भी खुली हैं।

"पर मैं दावे से कह सकता हूँ, महामहिम, कि वे लोग यहाँ से कहीं गये नहीं हैं। अगर वे जाते तो हमें दिखता ज़रूर। ऑन्ना, ऑन्ना क्या तुम सो रही हो। हमें उसे उठाना चाहिए। चलो, ज़ोर से दरवाज़ा पीटो। खिड़की तोड़ डालो! दरवाज़ा तोड़ दो, हाँ दरवाज़ा काट कर तोड़ दो।"

"ऐसा किसी हालत में भी नहीं करना चाहिए", उसने द्रूमा की आवाज़ सुनी। "फ़ौरन पुलिस को बुलाओ।"

कॉन्स्टेबल आया। उसने भी कल की बड़ी पार्टी के बारे में सुना था। उसने भी पहले घण्टी बजायी, फिर अपनी चाभी से दरवाज़ा खोलने की कोशिश की, पर फिर उसे कुछ शक हुआ सो उसने लोहार को बुलवा भेजा। लोहार ने आकर दरवाज़ा तोड़ा। कॉन्स्टेबल ने दो गवाह माँगे, द्रूमा साहब और लोहार गवाह बनने को तैयार हुए, उनके साथ और फ़िचोर के साथ वह अन्दर घुसा।

"मैंने कहा था न कि अन्दर कोई है", गर्व से फ़िचोर बोला, जब उसकी आँख सैटी के पास खड़ी ऑन्ना पर पड़ी। "सो तुम यहाँ हो? तुम दरवाज़ा क्यों नहीं खोल रही थीं? क्या बहरी हो गयी हो?"

कॉन्स्टेबल ने उसकी ओर कोई ध्यान नहीं दिया और सीधा बैडरूम की ओर बढ़ गया। उसने दोनों दरवाज़े खोले और एक आतंकी हमले का दृश्य उसकी आँखों के सामने था। वह भी ठिठक गया। पहली बार थी जब वह इस प्रकार के क़त्ल देख रहा था।

वह भागता हुआ लड़की के पास पहुँचा, कन्धों से उसे पकड़कर ज़ोर-ज़ोर से झिंझोड़ने लगा।

"क्या तुमने किया है यह?"

ऑन्ना ने अपनी आँखें बन्द कर लीं मानो अपना अपराध स्वीकार रही हो।

"तुमने ऐसा क्यों किया?" कॉन्स्टेबल चिल्लाया, उसकी वॉलरस जैसी मूँछों के नीचे उसका मुँह खुला का खुला रह गया था और उसकी आँखें अपने गड्ढों से बाहर ही निकलने को थीं। "तुझे फाँसी लगेगी!" वह चिल्लाया, अभी भी आपे से बाहर, अपना फ़ैसला यूँ सुनाते जैसे वह ख़ुद ही जज हो।

ऑन्ना यह जानती थी। मगर फिर भी उसका दिल, जो अभी तक जमा हुआ था, पिछली रात के भयानक दबाव के कारण, उसमें अब रक़्त का संचार होना शुरू हो गया था, दिल की धड़कन फिर चालू हो गयी थी। पुलिस वाला भी उसकी ही तरह गाँव वाला था, गाँव के और लड़कों की तरह। वह उसे स्वाभाविक रूप से 'तु' कहकर पुकार रहा था जिसे सुनकर ऑन्ना में फिर से जीवन लौट आया था। उसने स्वाभाविक रूप से उसे 'तू' कहा था, उसकी आवाज़ में अपनी पोज़ीशन की अकड़ नहीं बल्कि उस व्यक्ति का स्वर उसे दिखा रहा था जो शायद उसका भाई भी हो सकता था।

हॉल लोगों से भर गया था, जाने-पहचाने लोग भी और अजनबी भी। सब के सब डाइनिंग हॉल में झाँक रहे थे। कॉन्स्टेबल ने चिल्लाकर उनसे बाहर जाने को कहा।

"सब यहाँ से निकल जाओ अब", पुलिस ऑफिसर बोला, "यह क़त्ल का मामला है। हर व्यक्ति यहाँ से चलता बने। क़ानून के नाम पर मैं तुम्हें आदेश देता हूँ। तुम क्या केयरटेकर की पत्नी हो? गेट पर ताला लगा दो। कोई भी घर छोड़कर नहीं जाये। मैं तुम्हें यह काम सौंपता हूँ।"

यह बूढ़ा ऑन्तॉल था, ऑन्तॉल स्यूच, लोकल पुलिसमैन, जो अब यह काम अपने हाथ में ले रहा था। ऑन्ना उसे अच्छी तरह से जानती थी। सब लोग उसे देख रहे थे और सन्तुष्ट थे। इस भयानक कृत्य के बाद, जबकि सब का कलेजा मुँह को आ रहा था, इस पुलिसमैन की उपस्थिति, जो अपना सन्तुलन बनाकर, इतने आत्मविश्वास के साथ काम कर रहा था, सबको आश्वस्त कर रही थी। वह बड़ी क़द काठी का, चौड़े कन्धे वाला, ऐसा पुलिसवाला था जो अपनी स्वयं की परवाह न करके समाज के लिए एक मज़बूत स्तम्भ का काम करता था।

"फ़ोन कहाँ है?" उसने ऑन्ना से पूछा। उसने सिर के इशारे से बता दिया।

"हैलो" वह बोला "डिस्ट्रिक्ट वन हैडक्वार्टर्स...? हैलो, हैलो...मैं ऑन्तॉल स्यूच, ऑफ़िसर नम्बर 1327, रिपोर्ट कर रहा हूँ सर...यहाँ क़त्ल हुआ है...दोहरा क़त्ल...238 ऑत्तिला उत्सा, पहली मंज़िल...विज़ी...पहला नाम क्या है...? गोर्नेल ...हाँ सर कोरनेल...जी सर दोनों क़त्ल कर दिये गये हैं...मैंने क़ातिल को पकड़ लिया है...मैंने जगह को अपने क़ब्ज़े में कर लिया है... जी सर "और उसने डेस्क ऑफिसर के आदेश नोट किये" "जी...जी...जी...जी।"

वह लड़की को लेकर ड्राइंग रूम के फ़ायर प्लेस तक ले गया और उससे कहा कि वह दीवार की ओर मुँह करके खड़ी हो जाये और भागने की कोशिश न करे। और तब से उस पर एक नज़र गड़ाये रखा और दूसरी दरवाज़े पर टिकाये रखा। उसने अपनी कैप उतारकर पसीना पोंछा। फ़िचोर, बुझा हुआ सा, फ़र्श पर नज़रें जमाये रहा। द्रूमा और लोहार आपस में फुसफुसाकर कुछ बातें कर रहे थे।

कुछ ही मिनटों में पुलिस सायरन ऑत्तिला उत्सा पर सुनायी पड़ने लगे। दो कारें भेजी गयी थीं। पहली गाड़ी में एक ऑफ़िसर...इन...चार्ज बैठे थे सैन्ट्रल हैडक्वार्टर के कमिश्नर के साथ, और उनके अलावा एक मजिस्ट्रेट और पुलिस के डॉक्टर के साथ और दूसरी गाड़ी जासूसों से भरी हुई थी।

"मैं कमिश्नर साहब को रिपोर्ट करता हूँ", ऑन्तॉल स्यूच ने सैल्यूट मारा, सावधान की मुद्रा में खड़े होकर, "मैं इस बीट पर दिन के दो बजे से मौजूद हूँ..."

"क्या यह क़ातिल है?" कमिश्नर ने उसकी बात काटते कहा।

"जी सर", उसने लड़की की ओर इशारा किया, "नौकरानी"।

वे अचम्भित हो गये। उनके लम्बे कार्यकाल के दौरान ऐसा कभी न हुआ था कि क़ातिल ने भागने की ज़रा भी कोशिश न की हो। यह काफ़ी अनहोनी बात थी। उन्होंने उसे चारों ओर से घेर लिया कि कहीं वह अब भागने की कोशिश न करे। वे उसे यूँ देख रहे थे मानो वे उसका क़त्ल करना चाह रहे हों।

"गुड", कमिश्नर बोले और मजिस्ट्रेट को इशारा किया कि अब कमरों की जाँच की जा सकती है।

फिंगर प्रिन्ट एक्सपर्ट ने दो महत्त्वपूर्ण और साफ़ प्रिन्ट उठाये। तकिया और लिहाफ़ परीक्षण के लिए ले जाये गये। फ़ोटोग्राफर तस्वीरें खींचने लगे। द्रूमा ने अपना परिचय कमिश्नर को दिया जिन्होंने उन्हें और दूसरे गवाह को जाने की इजाज़त दे दी।

पुलिस डॉक्टर, और कमिश्नर, मजिस्ट्रेट और डेस्क ऑफिसर के साथ कमरे में घुसे।

श्रीमती विज़ी अपनी पीठ के बल पलंग पर लेटी थीं, एक बूँद भी ख़ून की उनके ऊपर नहीं दिख रही थी। लग रहा था कि वे बस सो रही हैं। चाक़ू सीधा उनके

दिल के पास जाकर लगा था और उनके शरीर पर केवल एक बड़ा घाव था। वे शायद फ़ौरन ही मर गयी थीं, और उन्हें ज़्यादा तकलीफ़ नहीं हुई होगी क्योंकि उनकी मृत्यु अन्दरुनी हैमरेज से हुई थी।

चिज़ी दीवान के पास जमे हुए काले ख़ून में लथपथ पड़े थे। उनके शरीर पर नौ घाव थे। गले पर एक नाख़ून का निशान भी था, और आँख के नीचे भी। यह साफ़ था कि उन्होंने मृत्यु से पहले काफ़ी जद्दोजहद की थी उनकी मृत्यु काफ़ी कष्टदायक रही होगी और–जैसा कि डॉक्टर ने बताया–अपनी पत्नी के काफ़ी देर बाद मरे होंगे वे। उनकी मृत्यु से पहले की पीड़ा उनके चेहरे पर लिखी हुई थी। उनके जबड़े भिंचे हुए थे, उनकी ऊँची नाक फूली हुई थी, चेहरे पर गुस्सा था, और मुट्ठियाँ भिंची हुई थीं। वे काफ़ी बहादुरी से लड़ते रहे थे। उनमें जो अच्छाई और जो पुरानापन था वह अब उनके साथ ही जा चुका था।

मृतकों के शरीर अब सड़ने शुरू हो गये थे।

यद्यपि अपनी लम्बे कार्यकाल में कई भयावह दृश्य देखे थे पर इतना पशुता से भरा, बिना दया दिखाता आक्रमण लोगों ने पहली बार देखा था। हर बार जो कमरे में जाता, वह एक आतंकित चेहरा लिये बाहर निकलता। हर व्यक्ति यही प्रश्न लिये था चेहरे पर, कि यह सब क्यूँ और कैसे हुआ था। केवल ऑन्ना का चेहरा साफ़ था। वह भी, उन सबकी भाँति, नहीं समझ पा रही थी कि उसने यह क्यों किया था पर वह यह जानती थी कि यह किया उसी ने था, और अगर यह उसने किया था तो अवश्य उसके पास कोई बहुत बड़ी वजह रही होगी ऐसा करने की। नज़ारा अन्दर से ज़्यादा साफ़ दिखाता है बजाय बाहर के।

उन्हें कोने में चाकू भी मिल गया, उसे उन्होंने गवाही के लिए रख लिया। फिर फ़र्नीचर की सूची बनायी गयी, एक-एक सेंटीमीटर तक कमरे का नाप लिया गया, स्कैच बनाया गया, उस पर दो शवों की स्थिति दिखाई गयी। डॉक्टर ने रिपोर्ट लिखवायी।

फिर कमिश्नर बाहर निकले और जासूसों से हर ओर छानबीन करने के कहा। वे तो इसके इन्तज़ार में ही बैठे थे। बिल्कुल शिकारी कुत्तों की तरह जिन्हें केवल शिकारी की सीटी बजने का इन्तज़ार होता है; हर तरफ़, हर कमरे में ग़दर मचाने लगे; हर चीज़ को खोजते, दरवाज़ों को मारते। एक ने दीवान का कवर फाड़कर फेंक दिया, और उसके नीचे यूँ मुँह गड़ा लिया मानो वहाँ किसी की तलाश हो उसे। पियानो का ढक्कन उठाकर देखा गया, खाया हुआ खाना भी परीक्षण के लिए उठाया गया, केक और आइसक्रीम को भोंक-भोंक कर देखा गया। वे शायद चुराया हुआ पैसा क़ीमती सामान तलाश कर रहे थे। उन्हें कहीं कुछ नहीं मिला।

ऑन्ना का पलंग टुकड़े-टुकड़े करके देखा गया। उसका सामान एक पोटली में बँधा रखा था, एक कुर्सी पर। उसमें केवल वही वस्तुएँ मिलीं जो वह अपने साथ

लेकर इस घर में आयी थी : दो चिथड़ा रूमालें, कुछ स्कार्फ़, एक शीशा, लोहे का कंघा, खिलौने वाला बिगुल और एक काग़ज़ का लिफ़ाफ़ा जिसमें कुछ भुने हुए चेस्टनट थे; बस दो ड्रेस और वह आदमियों वाले जूते नदारद थे क्योंकि वे घिस चुके थे और फेंक दिये जा चुके थे।

"उसका पलंग तो अभी बिछा भी नहीं था" एक जासूस ने क़मिश्नर को बताया।

"यह महत्त्वपूर्ण बात है", कमिश्नर बोले, "इसे नोट करो। उसका सोने का कोई इरादा ही नहीं था। उसने काफ़ी पहले इसको प्लान किया था।"

उन्होंने ऑन्ना को अपने पास बुलवाया और उसे खिड़की की ओर मुँह करके खड़ा करवाया ताकि गर्मी की तेज़ धूप उसके मुँह पर पड़े।

"क्या तुमने किया यह सब?" उन्होंने पूछा।

"मैं..."

"तुमने यह क्यों किया?"

"मैं...मैं..."

"यह 'मैं', 'मैं', क्या है?" कमिश्नर गुर्राए "तुम केवल यही दोहरा रही हो। मैंने तुमसे पूछा कि तुमने ऐसा क्यों किया? क्यों?"

"मैं..."

"क्या तुम्हें इनसे कोई शिकायत थी? क्या तुम कोई बदला लेना चाहती थीं? क्या इन्होंने तुम्हें कोई नुक़सान पहुँचाया था? कुछ तो कारण होगा।"

ऑन्ना ने अपनी झुर्रियाँ पड़ चुकी भँवों को ऊपर किया। वह बस अपने हाथ मलती जा रही थी और सुबक रही थी "हे भगवान" वह बोली 'हे भगवान' और दो बार उसने अपने हाथ उस तरह अपने बालों पर फेरे जैसे उसकी मालकिन फेरा करती थीं।

पुलिस डॉक्टरों ने कमिश्नर से कुछ कहा।

डॉक्टर ने उसे खिड़की के और पास खड़ा कर दिया। अपनी हथेली उसकी आँखों के सामने रखी फिर उसे झटके से हटा लिया, और फिर ऐसा कई बार दोहराया मानो यह कोई खेल हो। उसने उसके कान के पीछे छूकर देखा, उसके कान के पीछे कसकर दबा कर देखा। कभी यह पूछा कभी वह। उसे एक कुर्सी पर बिठाया, उसके घुटनों पर थपथपा कर देखा। तब उन्होंने देखा कि उसके फ्रॉक पर छोटे-छोटे दो धब्बे खून के थे।

"यह इसका माहवारी का समय है", डॉक्टर ने बताया। वहाँ खड़े लोगों ने शर्माते हुए ऑन्ना की ओर देखा और फिर दूसरी ओर देखने लगे।

"इसके अलावा इसकें शरीर पर कहीं रक्त का कोई चिन्ह नहीं है", कमिश्नर ने कहा, जब डॉक्टर अपना परीक्षण कर ही रहे थे, उसकी बाहें ऊपर उठाते, नीचे गिराते। "सिर्फ़ यहाँ। और यहाँ देखो? क्या तुमने अपने आपको धोया है?"

उन्होंने पूछा "कहाँ धोया? पुलिस स्टेशन पर तो सब कपड़े उतारकर तलाशी ली जायेगी", उन्होंने बाक़ी के लोगों से कहा।

सब लोग आपस में बातें करने लगे थे। बातें करने और लिखने। वे बस यही दो काम कर रहे थे–बातें करना और लिखना।

"कम्यून के दौरान क्या करती थीं" कमिश्नर ने उसे परेशान करना शुरू किया "उस वक़्त कहाँ काम करती थीं?" किसके लिए, वे लोग क्या करते थे? तुम्हारा कोई कम्युनिस्ट प्रेमी था? कोई आतंकवादी जिसने कोई काग़ज़ात तुम्हारे पास छोड़े थे?"

वे लोग फिर चोरी के इरादे की जाँच करने लगे, हालाँकि उसकी सम्भावना ना के बराबर ही थी क्योंकि कोई क़ीमती सामान या कैश घर से ग़ायब नहीं था।

"तुमने क्या चुराया है?" कमिश्नर ने प्रश्न पूछना जारी रखा। 'अच्छी लड़की की तरह से हमें सब कुछ बता दो। तुमने सामान कहाँ छिपाया है? तुम्हारे लिए अच्छा होगा तुम ख़ुद बता दोगी। हम तो बाद में सब पता लगा ही लेंगे।"

उन्होंने उसकी तलाशी लेने का आदेश दिया।

"हाथ ऊपर करो", पुलिसमैन चिल्लाया। ऑन्ना ने बड़े अटपटे ढंग से हाथ ऊपर कर दिए, कोहनियाँ मुड़ी हुई थीं।

उसने हाथ सीधे करने को कहा।

उसे हाथ पूरे सीधे कर दिये और एक सैकिण्ड के लिए यह युवा क़ातिल उन्हें किसी धार्मिक मूर्ति की याद दिला गयी थी जो आकाश को हाथों पर उठाये खड़ी हो।

जासूसों ने शरीर की तलाशी ली। वे चाकूओं और बन्दूक की तलाश कर रहे थे। उन्होंने उसके वक्ष, उसके स्कर्ट पर आगे पीछे सब पर उँगलियाँ घुमाईं।

"कुछ नहीं" उन्होंने ऐलान किया "कुछ नहीं।"

अब तक घर की तलाशी ली जा चुकी थी। वैन अब शवों को ले जा सकती थी। पुलिस डॉक्टर और कमिश्नर कई तरह के फ़ार्म पर हस्ताक्षर कर रहे थे। कमिश्नर ने जासूसों से कहा कि वे अब लड़की को ले जा सकते थे।

ऑन्ना अब भी अपने हाथ ऊपर किये खड़ी थी। उसकी अब कोई ज़रूरत नहीं थी क्योंकि इसके बारे में तो वे लोग अब भूल ही चुके थे। जासूसों ने उसे हाथ नीचे करने को कहा।

"चलो चलें।"

वह हिली नहीं। एक आदमी ने उसकी बाँह पकड़ी। उसने उसे धक्का दे दिया धीरे से। कमिश्नर जो इधर से उधर घूम रहे थे, रुक गये।

"हथकड़ी लगाओ", उसने जासूस से कहा। उसने ऑन्ना की एक कलाई को दूसरी कलाई पर रखा और उसके चारों ओर लोहे का कड़ा चढ़ाकर ताला बन्द कर दिया। ऑन्ना ने उसे यह सब करने दिया। वह भौंचक्की सी अपनी हथकड़ी को देखे जा रही थी।

हथकड़ी बिल्कुल नई थी, चमकती हुई; चेन पतली और सस्ती-सी थी मगर मज़बूत। उसे तोड़ पाना नामुमकिन था। उसकी कल्पना के अनुसार इसे मोटी और जंग लगी होना चाहिए था। फिर भी उसे यह लग रहा था कि वह इन्हें पहचानती थी, बहुत पुराने ज़माने से, शायद लोक-कथाओं से, किसी कहानी से जहाँ राजमहलों के पास एक जेल हुआ करती थी। उसे वह अजीब नहीं लग रही थीं। वह उन्हें बिना किसी सुख-दुख के भाव के देखे जा रही थी जैसे मानो उन्हें पहनने की आदी हो चुकी हो, जैसे उसने हमेशा से ही हथकड़ियाँ पहन रखी हों।

जासूस ने अपना सख़्त काला हैट चढ़ाया और उसे ले चला। लोग कॉरिडोर में गुप-चुप बातें कर रहे थे..."क़ातिल"..."देखो वो कातिल है"। स्टैफ़ी और ऐतैल दूसरी मंज़िल की बालकनी से लटक रही थीं; पीली ज़र्द पड़ीं वे अपने हाथ आश्चर्य से बजा रही थीं। पूरा घर हिल रहा था।

बाद में दो ताबूत सीढ़ियों से ले जाये गये। उन्हें चीर-फाड़ के लिये सीधा शव-गृह ले जाया गया।

पर एक के बाद एक घटना तेज़ी से घटती रही, एक आश्चर्य के पश्चात् दूसरा। आधा घण्टे बाद ही जासूस लौटे और फ़िचोर दम्पत्ति को पकड़ कर ले गये इस शक पर कि उन्होंने इस कृत्य में अवश्य उसका साथ दिया होगा; और उनके रिश्तेदारों को भी।

उधर उस उजड़े घर में ऐतैल ने केयरटेकर का काम सँभाल लिया और द्रूमा ने सब कुछ सुपरवाइज़ करने का। उन्होंने स्टैफ़ी को डाकख़ाने भेजा दो टेलिग्राम देने को : एक श्रीमती विज़ी के भाई को ऐगैर में और दूसरा यॉन्वी को जो वियना वापिस लौट गया था। वे पुलिस से भी बराबर सम्बन्ध बनाये हुए थे। वह थे जो उन रिपोर्टरों से भी बात कर रहे थे जो काफ़ी तादाद में घर पर इकट्ठा हो गये थे। वे उनका इन्टरव्यू लेना चाहते थे, नौकरों का भी, हर किसी का, जिससे उन्हें कुछ मसाला मिल सके।

सब कुछ बिखर गया था। मोविस्तर ने सर्जरी खोलने का प्रयास तो किया पर फिर द्रूमा से मिलने चले गये। कल की पार्टी का नशा अभी पूरी तरह से उतरा भी नहीं था। श्रीमती द्रूमा ने सबके लिए कॉफ़ी बनायी और रोल्स के साथ पिलाई; हर व्यक्ति इस घटना से स्तब्ध-सा था।

"मुझे समझ में नहीं आता", श्रीमती मोविस्तर दुखी होती बोलीं, "मैं कितनी भी क़ोशिश क्यों न करूँ मुझे कुछ समझ में नहीं आता। मेरे दिमाग़ में यह बात बैठती ही नहीं। उस जैसी लड़की, इतनी प्यारी लड़की..."

"मुझे तो उस पर पहले से ही शक था", श्रीमती द्रूमा बोलीं "उसकी आँखों में ही दिखता था मुझे कुछ। बिल्कुल लोमड़ी जैसी दिखती थी वह।"

"मगर वह पूरे एक साल से उनके पास थी। हम सभी उसे जानते थे। वह तो बहुत भरोसेमन्द लगती थी।"

"ज़रा रुको! श्रीमती द्रूमा ने अपने हाथ अपनी भवों पर मारे, "अभी-अभी मुझे याद आया। मेरे पास नाख़ून काटने की एक क़ैंची हुआ करती थी। मुझे वो बहुत पसन्द थी। क्रिसमस के बाद अचानक वो ग़ायब हो गयी। स्टैफ़ी और मैंने उसे हफ़्तों तक ढूँढ़ा। तुम्हें याद हैं ना कि मुझे वो नहीं मिली? हमें समझ में ही नहीं आया था कि आख़िर वह गयी कहाँ। यहाँ तो कोई आता नहीं। स्टैफ़ी चोरी नहीं करती, ना तुम्हरी ऐतैल। अब समझ में आया : उसी ने चुरायी होगी।"

"तुम ऐसा सोचती हो?"

"हाँ बिल्कुल। मुझे पूरा यक़ीन है। जो व्यक्ति क़त्ल कर सकता है वह कुछ भी कर सकता है। यह फ़ालतू की बात नहीं है–तुम तो हमें जानती ही हो, हम ऐसे लोग नहीं हैं, शुक्र है भगवान का। पर मैं दावे के साथ कर सकती हूँ कि कैंची उसी ने चुराई।"

"अविश्वसनीय" श्रीमती मोविस्तर बुदबुदाई "बड़ा डर लगता है यह सोच कि आप जिन लोगों के साथ रह रहे होते हैं उन्हें जानते तक नहीं। मुझे तो यह सोचकर भी कँपकँपी आती है।

बहुत गम्भीर और घबराहट से भरा वातावरण था कमरे में। श्रीमती द्रूमा अपने छोटे बेटे को अपनी गोद में बिठाये हुई थीं, बार-बार उसे चूम रही थीं और कमरे में चारों ओर नज़रें घुमाती, काँप रही थीं। उनके पति खड़े हो गये। वे अभी तक अपने दोपहर के अनुभव को भुला नहीं पा रहे थे। उन्होंने अपनी आँखों से बहुत कुछ देखा था। वह भाषण देने लगे–

"उन्होंने हंगरी की आत्मा तक को दूषित कर दिया है। सूअर कहीं के। पहले इस तरह की बात को सोचना भी असम्भव था। इतना भयानक कृत्य। पर यह सब उसी कम्युनिस्ट प्रोपैगैन्डा का नतीजा है, सब विद्रोही जगाने वाले भाषणों का। यह बोल्शविज़्म का आखिरी पड़ाव है।"

"और युद्ध का भी" मोविस्तर बोले।

"मुझे लगता है", श्रीमती मोविस्तर कहने लगीं, "कि वह ज़रूर पागल रही होगी। कोई सही दिमाग़ का व्यक्ति तो ऐसा काम कर नहीं सकता। उसके पास कोई वजह भी तो नहीं थी। बड़ा मुश्किल है यह सब समझना।"

"समझना मुश्किल है?" द्रूमा तपाक से बोले, "माफ़ कीजियेगा मैडम, यह कहना बहुत आसान है। और उन दो जीवनों का क्या? उसे तो लटका दिया जाना चाहिए। और तुम मिकलोश? क्या तुम भी यही समझते हो कि यह समझना मुश्किल है?"

"सच्चाई तो यही है कि उसने यह काम किया। मगर..."

"सुन रही हो तुम? इनके पति भी यही समझते हैं हालाँकि वे एक डॉक्टर हैं। ठीक है हम सब को चलकर अपना क़त्ल करवा लेना चाहिए! जी नहीं, उसे फाँसी

पर लटका देना चाहिए बस! चाहे वह बीमार भी हो तब भी। उस जैसी ज़हरीली बेल को जड़ से काट देना चाहिए। सब के सब मिले हुए थे : फ़िचोर, वह बोल्शविक बदमाश, उसकी पत्नी सबके सब। आप इसको आयुर्विज्ञान का हवाला देकर ठीक नहीं ठहरा सकते कि वह शायद गर्भ से होगी, या उसके दिमाग़ में अत्यधिक तनाव होगा आदि।

आपको क़ानून के हिसाब से इसे देखना होगा। ज़रा सोचिये तो समाज का क्या होगा। मैं ज़ोर देकर कहता हूँ कि इस साँपों के बिल को पूरी तरह से जलाना होगा, इन्हें जड़ से ख़त्म करना होगा। दया की कोई गुंजाइश ही नहीं है। फाँसी दो, मैं तो कहता हूँ, फाँसी दो इसको...।"

द्रूमा का छोटा बेटा माँ के हाथों में विचलित होने लगा। श्रीमती द्रूमा उसे थपथपाती, कमरे में इधर-उधर घुमा, उसे शान्त करने लगीं। द्रूमा कूदते जा रहे थे। स्टैफ़ी कहाँ थी? उसे तो केवल डाकखाने तक ही जाना था।

तभी एक लड़की चुपचाप घर में घुस आयी। वह छाया की तरह पहली मंज़िल पर पहुँची। दीवार से लगकर कुछ देर खड़ी रही। किसी ने उसे देखा नहीं। वह विज़ी के दरवाज़े पर रुकी रही जहाँ अब पुलिस की सील लग चुकी थी। उसने कई बार घण्टी बजायी।

उसने कुछ मिनट इन्तज़ार किया और जब कोई नहीं आया वह वहीं दरवाज़े के सामने बेठ गयी और ज़ोर-ज़ोर से रोने लगी। ऐतैल भागती हुई द्रूमा के पास आयी।

"प्लीज़ जरा नीचे आइये" वह हाँफ़ती हुई बोल रही थी", कॉतित्सा आयी है"

"कॉतित्सा?" सब ने दोहराया, क्योंकि आज के मनहूस दिन हर ख़बर एक आने वाली मुसीबत का सूचक ही हो रही थी। "यह कॉतित्सा कौन है?"

"वह लड़की जो विज़ी के यहाँ काम किया करती थी।"

"उसे क्या चाहिए यहाँ?" द्रूमा बहुत उत्तेजित होते हुए बोले "गेट पर ताला क्यों नहीं लगाया गया? किसने उसे अन्दर आने दिया?"

वे सब कॉरिडोर में चले आये। वहाँ कातित्सा की हालत देख सब के दिल हिल गये, पुरानी नौकरानी, सफ़ेद स्कर्ट, पिंक ब्लाउज़ और चमकते हुए जूते पहन, अपने मृत मालिकों के दरवाज़े के सामने वफ़ादारी की पुतली बने, विलाप कर रही थी।

"यह उनके लिए दुख मना रही है" ऐतैल ने दबी ज़बान में कहा और यह कहकर अपनी आँखों से भी एक आँसू पोंछा। दृश्य इतना प्रभावशाली था और इतना सुन्दर भी कि यह एक सस्ते पेपर बैक नॉवल का आख़िरी अध्याय बन सकता था। बाहर से चुपचाप अन्दर आ गये अजनबी लोगों को भी यह दृश्य काफ़ी आकर्षित कर रहा था।

द्रूमा ने ऐतैल को आदेश दिया कि अन्दर घुस आये सब लोगों को बाहर खदेड़े,

गेट पर ताला लगा दे और इस लड़की को ऊपर ले आये। कॉतित्सा को चुप कराना असम्भव हो रहा था। गर्म-गर्म आँसू उसके गालों पर बहे चले जा रहे थे। उसे काफ़ी सहारा देकर उठाना पड़ा था और सीढ़ियों से लेकर उसे द्रूमा की रसोई तक लाया गया था। यहाँ लाकर उसे बिठाया गया। पर जैसे ही उसने बोलने के लिए मुँह खोला, फिर से रोने लगी। काफ़ी देर के बाद, बड़ी मुश्किल से उसने बताया कि वह यहाँ कैसे पहुँची।

उसने बताया कि जैसे ही उसने आज शाम के पेपर में ख़बर पढ़ी, वह तैयार हुई और फ़ौरन यहाँ भागती चली आयी ताकि अपने मालिकों के अन्तिम दर्शन कर ले। अच्छे लोग ज़्यादा देर ज़िन्दा नहीं रहते।

"मैं जानती थी कि यह ही होगा", उसने दम घुटते अन्दाज़ में कहा, "मैं यह महसूस कर सकती थी, और मैंने सपना भी देखा था।"

"क्या सपना देखा था कॉतित्सा? ऐतैल ने पूछा।

"मैंने देखा वे दुल्हन बनी हुई हैं", वह सिसकियाँ लेते बोली।

"कौन? मैडम?"

"इतनी प्यारी दुल्हन लग रही थीं। पीला ज़र्द चेहरा। सफ़ेद नक़ाब और सिर पर फूल लगे हुए।"

"यह तो ख़राब होता है देखना। शादी देखना मतलब बुरी ख़बर"।

"और हम सब व्यस्त हैं खाना पकाने में, हमने इतनी बत्तखें काटीं कि सब तरफ़ उनकी चरबी फैल गयी थी।"

"पार्टी देखना तो और भी ख़राब होता है।"

"मैं तो दरअसल फ़ौरन ही आकर उन्हें चेतावनी देना चाह रही थी। काश मैं कुछ दिन पहले ही आ जाती! काश मैं बाहर नहीं गयी होती। हाय बुदापैश्त में यह सबसे अच्छा घर था।"

कॉतित्सा ने नाक सिनकी। उसका रूमाल अब तक पूरा गीला हो चुका था। उसका ध्यान उसके दुख से हटाने के लिए श्रीमती द्रूमा ने पूछा "अब तुम कहाँ काम कर रही हो कॉतित्सा?"

"पास में ही। एक इंजीनियर हैं उनके यहाँ", और फिर उसके आँसू फूट निकले।

"चलो-चलो अब बस। और आँसू मत बहाओ। देखो स्टैफ़ी आयी है।"

उन्होंने एक कप में कॉफ़ी डालकर उसे दी, ऊपर से ख़ूब क्रीम डाल–"इसे पी लो कॉतित्सा। वहाँ रोल्स भी रखे हैं उसमें से भी ले लो और खाओ। स्टैफ़ी तुम भी कॉफ़ी लो, तुमने तो अभी तक चाय भी नहीं पी है। अन्दर से कुछ फल भी ले आओ, साइडबोर्ड में रखे हैं और ऐतैल। तुम नहीं पीना चाहोगी कॉफ़ी? चलो तुम सब कुछ पियो। अब हम कर ही क्या सकते हैं। जो हो गया सो तो हो ही गया।"

उन्होंने नौकरानियों को अकेला छोड़ दिया। तीनों की तीनों चुपचाप, लाल आँखें लिए, बैठी रहीं। कॉतित्सा दुख से बेहाल थी उसके चेहरे का पाउडर आँसुओं से घुलकर अब पपड़ी बन गया था। पर जब बाक़ी दो नौकरानियों ने क़त्ल का वर्णन रोचक ढंग से करना शुरू किया तो उसकी रुचि बढ़ गयी। अपनी सीमित कल्पना शक्ति से भी वह घटना क्रम समझ सकती थी और घटना स्थल से तो वह अच्छी तरह से परिचित थी ही। वह और विस्तार से पूछने लगी। उसकी उत्सुकता शान्त ही न हो रही थी। और बाद में जब नौकरानियों के पास कुछ और कहने को न बचा था, तब उसने स्वयं ही फिर से धूरा घटना-क्रम दोहरा डाला, ताकि उस भयानक कृत्य की भयानकता को महसूस कर सके, यूँ जैसे वह स्वयं वहाँ मौजूद हो। उसे बस इसी बात का दुख था कि दोनों शवों को उसके आने से पहले ले जाया जा चुका था। वह उन्हें एक बार देखना ज़रूर चाहती थी, कम से कम मैडम को तो ज़रूर, अपने ही ख़ून में लथपथ, उस पलंग पर जो कई बार उसने खुद बिछाया था।

"देखा", द्रूमा बोले, "इससे पता चलता है कि वे लोग किस प्रकार के थे। अगर उनकी पुरानी नौकरानी भी इतनी दुखी है, तो वे बुरे लोग तो कदापि न थे। यह कॉतित्सा कैसी लड़की थी?"

"अच्छी थी", पत्नी ने जवाब दिया, "मेहनती और जहाँ तक मैं जानती हूँ, काफ़ी विश्वसनीय भी। यह उनकी सबसे अच्छी नौकरानी थी। मालूम नहीं इन लोगों ने इसे जाने ही कयों दिया। अगर यह यहीं रहती तो ऐसी दुखद घटना घटती ही नहीं। आप क्या ऐसा नहीं सोचते डॉक्टर?"

"शायद", मोविस्तर ने गहरे सोच में डूबे उत्तर दिया, "शायद"।

19
क्यों?

इस तरह की सनसनीख़ेज़ बातें जल्दी ही भुला दी जाती हैं। कुछ दिन तक, जब तक ख़बर गरम रहती है, सब उसके बारे में बात करते हैं, फिर वह गर्माई से भाप में बदल ग़ायब हो जाती हैं।

इस केस में भी ऐसा ही हुआ। शुरू में तो पूरे डिस्ट्रिक्ट में इसी की चर्चा रही, बिना कोई निष्कर्ष निकले। वियातोरिस की पंसारी की दुकान पर लोग जमा होते और इसके बारे में बातें करते। हर रोज़ औरतें और नौकर-चाकर, जो भी यहाँ सामान लेने आते, कॉस्टिक सोडा और बीन्स के बैग लेने, इसी बात की चर्चा करते। एक प्रश्न जो सबकी ज़बान पर था, वह था 'क्यों?' पर इसका जवाब किसी के पास नहीं था, न अपने लिए, न औरों के लिए।

समाज ने अपनी भावनाएँ दिखाने के लिए, शव-यात्रा में बड़ी तादाद में हिस्सा लिया, जिसके अन्त में मृतकों को उनकी इकलौती बच्ची के पास वाली क़ब्र में ही दफ़ना दिया गया। इतना हुजूम था लोगों को कि पुलिस तैनात करनी पड़ी। सड़क के आवारा बच्चे, अर्थियों के पीछे-पीछे दौड़ रहे थे ताकि उस पर से गिरे फूलों को लूट सकें। दफ़न करते समय जो भाषण दिये गये उन्होंने कुछ राजनीतिक रंग ले लिया था। बहुत सारे गणमान्य व्यक्ति भी दिखाई दे रहे थे, जो लोग पार्टी में आये थे वे तो मौजूद थे ही, ऐगैर से पातिकारियुस दम्पत्ति भी पहुँच गये थे। केवल यॉन्ची मौजूद नहीं था। उसे टेलिग्राम नहीं मिल पाया था। कोर्नेल की बहिन ऐतैल्का विज़ी, जिनके सम्बन्ध अपने भाई से जीते जी अच्छे नहीं थे, वही जो नक़ली इजिप्शियन सिगरेट बेचा करती थीं, आज अपनी नकाब के पीछे से सुबक रही थीं, अपने भाई के ज़ाने का ज़ोर-ज़ोर से दुख मना रही थीं, अपने सफल और सत्ताधारी भाई का।

ऑन्ना एदेश ने पुलिस स्टेशन पर अपना जुर्म क़बूल किया और उसे गिरफ़्तार कर लिया गया। उसके फिंगर प्रिंट्स लिये गये, तीन फ़ोटो ली गयीं फिर उसे मॉर्को उत्सा वाले जेल में सरकारी वकील के ऑफ़िस ले जाया गया। जैसे ही वह अन्दर घुसी उसे लगा वह दीवारों में भिंच रही है।

उसने सुबह की मद्धम धूप में एक बड़ी-सी लोहे की बिल्डिंग देखी। यहाँ सब दरवाज़े लोहे के थे और सीढ़ियाँ भी जो हर वक़्त यूँ आवाज़ करती थीं मानो कोई मिल चल रही है जो बस चलती ही जा रही है। जेल के वॉर्डर उसे तीसरी मंज़िल पर लेकर गये और वहाँ एक सैल में उसे बन्द कर दिया। उसमें एक पलंग पड़ा था, एक कुर्सी, एक मेज़ और एक अलमारी थी, और कमरा उससे अधिक साफ़ बड़ा और रोशन था जितनी उसकी रसोई। उसे यक़ीन नहीं हो रहा था कि जेल ऐसी होती है। उसके विचार से जेल एक ऐसी जगह होती थी जहाँ क़ैदी ज़मीन पर टाट बिछाकर सोते थे, और उनके चारों ओर साँप, मेढक घूमते थे। वह कुर्सी पर बैठ गयी। वह रोई नहीं बस काफ़ी देर बैठी कुछ सोचती रही। शाम होने पर अपने पलंग के पास, घुटनों के बल बैठ उसने प्रार्थना की।

पुलिस की रिपोर्ट को बारीकी से पढ़ने के बाद भी मजिस्ट्रेट को यह समझ में न आ रहा था कि क्यों घटा था यह सब। उनका भी वही हाल था जो बाक़ी लोगों का जिन्हें सारी ख़बर केवल मुँह ज़बानी पता चली थी। सरकारी वकील का ऑफ़िस इस उलझे हुए केस की तह तक जाने की पूरी कोशिश कर रहा था, जिसके राजनीतिक परिणाम भी हो सकते थे, ख़ासतौर पर अब, जबकि अभी हाल में ही बोल्शविज़्म का अन्त हुआ था, और अभी पूरी तरह नया निज़ाम अपनी जड़ें नहीं जमा पाया था। मजिस्ट्रेट अपने काम में पूरे जी जान से जुट गये थे। पर वे जितना अधिक जानते उतना ही कम समझ पाते। एक के बाद एक मार्ग कुछ ही दूर चलकर बन्द हो जाता।

सबसे पहले तो केयरटेकर की भूमिका को समझना था। पुलिस ने उन दोनों पति-पत्नी को 'रिमान्ड' पर ले लिया था। वे दोनों क़समें खा-खाकर कहते रहे थे कि वे निर्दोष हैं, वे इतना कुछ बोल चुके थे अपने बचाव में कि अगले दिन तक उनके पास कहने कों कुछ बचा ही नहीं था। उनका बचाव इसी में था कि वे ऑन्ना को दोषी ठहराएँ–कि वह एक कुटिल, बातें मन में रखने वाली लड़की थी जो कुछ भी कर सकती थी। और यूँ भी उनके ख़िलाफ़ तो कोई भी सबूत पुलिस के पास नहीं था। यह ज़रूर है कि पंसारी के लड़के ने बयान दिया था कि फ़िचोर ने गुस्से से उसे लौट जाने को कहा था, और घण्टी बजाने को यह कहकर मना किया था कि सब सो रहे हैं। मगर पार्टी की रात के बाद यह कहना कोई अस्वाभाविक नहीं था। दो दिन के बाद मजिस्ट्रेट ने उन दोनों को छोड़ दिया था।

पर अपराधी से तो वह रोज़ ही प्रश्न पूछता रहा।

जब पहले दिन ऑन्ना को प्रश्न पूछने के लिए लेने आये, तो उसने अपने सीने पर क्रॉस बनाया और अपनी आत्मा को परमात्मा को सौंपने की तैयारी कर ली, वह सोच रही थी कि उसे सीधा फाँसी पर लटकाने को ले जाया जा रहा था। इसके विपरीत उसे तो एक दुबले-पतले, गंजा होते आदमी के पास ले आया गया जिसकी टाई पर पिन लगा हुआ था और जिसने एक सोने की अँगूठी अपनी बालों से भरी उँगली पर पहनी हुई थी। ऑन्ना ने सोचा था कि यह काम के बोझ से दबा, और कम तनख़्वाह पाने वाला आदमी कोई बहुत अमीर आदमी होगा। बाद में उसे पता चला कि वह बुरा आदमी नहीं था। वह उससे बड़ा प्यार से बात कर रहा था, और वह धीरे-धीरे उसकी आदी भी हो गयी, बल्कि कहें कि उससे थक भी गई, क्योंकि वह उससे प्रश्न पे प्रश्न पूछता ही चला जाता था। उसे कई बार दोहरा कर बताना पड़ता कि वह उस वक़्त क्या कर रही थी। वह उसे हौसला देता कि ज़रा याद करके देखो उस वक़्त तुमने क्या-क्या किया था। यह बहुत मुश्किल था क्योंकि वह खुद ऑन्ना से ज़्यादा जानता था और बीच-बीच में उसकी मदद भी करता जाता था। अब तक तस्वीर काफ़ी साफ़ हो चली थी, हर घण्टे और हर मिनट की।

ऑन्ना उसकी आँख में आँख डालकर बात करती; वह न तो टूटी थी न उसके विचार ही उलझे हुए थे। उसने किसी भी बात से इनकार न किया, बल्कि कभी-कभी तो वह खुद को दोषी ठहराती ही दिखती थी। मजिस्ट्रेट ने अपनी रिपोर्ट तैयार कर ली, इस बात का ख़ास ध्यान रखा कि कहीं कोई और तो उसके साथ इसमें शामिल नहीं था, पर पाया यही गया कि उसने यह काम अकेले ही किया था। बस एक प्रश्न का उत्तर वह नहीं दे पायी थी–वह यह है कि उसने क्यों किया था यह।

घर के सभी लोगों से पूछताछ की गयी।

द्रूमा का बयान काफ़ी महत्त्वपूर्ण लगा। उन्होंने लड़की को क़त्ल की रात देखा था, वह साइडबोर्ड और दराजें टटोल रही थी और–उनके मुताबिक–वहीं से उसने चाकू निकाला होगा, और उन्होंने यह भी कहा कि जब मेहमान जा रहे थे तब वह बाथरूम में भी दिखाई दी थी।

ऐतैल ने लम्बा चौड़ा बयान दिया जिसका कोई सिर-पैर नहीं था बस सिवाय एक बात के। एक रविवार की दोपहर वह ऑन्ना के साथ गैलैर्त पहाड़ पर गयी थी। ऑन्ना वहाँ घास पर लेटकर सो गयी थी। जब कुछ मिनट बाद सोकर उठी, तो चौंककर उसने नीचे की ओर भागना शुरू कर दिया, अपने हाथ हिलाते और पागलों की तरह चीख़ते। कोई नहीं समझ पाया था कि उसको क्या हुआ था और वह तब ही जाकर रुकी जब ऐतैल ज़ोर से चिल्लायी और फिर काफ़ी देर तक काँपती रही थी।

स्टैफ़ी ने बताया कि क़त्ल के पन्द्रह दिन पहले, वह उससे मारवान्य उत्सा में मिली थी, उस वक़्त ऑन्ना उस घर के आस-पास घूम रही थी जहाँ यॉन्ची रहा

करता था। जैसे ही उसने स्टैफ़ी को देखा वह भागने लगी और सीढ़ियों की ओर चली गयी। जब बाद में उससे स्टैफ़ी ने पूछा कि वहाँ क्या कर रही थी तो उसने कोई साफ़ जवाब नहीं दिया। वह यूँ ही कुछ कह गयी थी बस। मजिस्ट्रेट ने यानोश पातिका रियुस को बुलवाया मगर वह अपने वियना वाले फ़्लैट में नहीं था, वियना पुलिस के अनुसार उसने क़ोई पता भी न छोड़ा था कि वह कहाँ जा रहा है। वह एक पोलिश नर्तकी के साथ रह रहा था एक पाँच कमरे के मकान में मगर वह उस घर को छोड़कर वॉरसॉ लौट गयी थी। ख़ैर यह सब इतना महत्त्वपूर्ण नहीं था क्योंकि यानोश पातिकारियुस तो बुदापैश्त में पिछले छः महीने से रहा ही नहीं।

अपराधी के माँ बाप को भी बुलवाया गया। इश्तवान एदैश सुबह तड़के की गाड़ी से पहुँचा, एक गठरी और दो मुर्गे लेकर। उसके साथ एक औरत भी थी, जो उम्र में उससे काफ़ी छोटी दिख रही थी, और लाल स्लिपर पहने थी। उसके हाथ में कुछ नहीं था। चूँकि सुबह का वक़्त था और वे शहर से वाक़िफ़ नहीं थे, उन्होंने वेरमैज़ो में पता किया कि विज़ी का घर कहाँ है। फिर वे घर तक पहुँचकर, सीढ़ियों पर ही द्रूमा के जगने का इन्तज़ार करने लगे। उन्होंने वकील साहब को दो मुर्गे भेंट किए, एक बर्तन भरकर क्रीम, और कुछ ताज़ा दही यह कहते हुए कि आजकल के ज़माने में जबकि वकालत में मन्दी का दौर है, अच्छा है कि घर में खाने-पीने का सामान भरा रहे। द्रूमा ने उन्हें बताया कि उन्हें कहाँ जाना है बयान देने।

मजिस्ट्रेट ने उससे भी प्रश्न पूछे। ऑन्ना का बाप थोड़ा झुका हुआ, दुबला-पतला काश्तकार था, रोज़ की मज़दूरी करता था। उसकी उम्र लगभग पचास के ऊपर थी पर अभी उसके बाल सफ़ेद नहीं हुए थे। उसके सुनहरे बाल बस अब थोड़े मद्धम हो गये थे, समय के साथ, लगता था भूसे जैसे रंग के हों। वह अपना हैट मोड़ता जा रहा था जब वह मजिस्ट्रेट के प्रश्नों का उत्तर दे रहा था; और इसी बीच अपनी पत्नी की ओर भी नज़र डालता जा रहा था, अपनी उस आँख से जो ज़रा ख़राब थी। कभी वह काइयाँ-सा लगता तो कभी बहुत दीन। चूँकि वह एक किसान था उसे कोई बात चौंका नहीं रही थी। जीवन रंगमंच के खेल, जैसे क़त्ल भी, वह उसी सहजता से लेता था जैसे जन्म-मरण। पर यह बात वह ज़ाहिर करना नहीं चाहता था। नाटक करने लगा। बड़ा भावुक होकर बोलने लगा, उसकी आवाज़ फटती जा रही थी बीच-बीच में क्योंकि यह बना-बना कर बोल रहा था। लगता था किसी की मृत्यु पर कुछ मन्त्र पढ़ रहा हो। उसने बताया कि कैसे उसने अपनी दूसरी पत्नी से विवाह किया था, चार साल पहले और कैसे उसकी यह लड़की, यह बदज़ात लड़की, शुरू से ही ऐसी थी, ज़िद्दी और हठी, और घर पर भी सबके लिए मुसीबतें ही खड़ी करती थी, तभी तो उन्होंने उसे काम करने पैश्त भेज दिया था। सौतेली माँ—साफ़-सुथरी, मेहनती और सुन्दर युवती—सिर हिलाती जा रही थी। उसके पास इस गवाही में कुछ और भी जोड़ने को था। वह मजिस्ट्रेट को विश्वास में लेती बोली

कि कैसे ऑन्ना ने एक बार उसे खुरपी से काट ही दिया होता अगर उसके पिता ने समय पर बचा न लिया होता। वह काफ़ी देर तक लगातार बोलती रही, पूरे जोश के साथ। फिर अपने आप ही परस्पर विरोधाभासी बयान उसके मुख से निकलने लगे। मजिस्ट्रेट सब बात समझ गया और उन दोनों को वापिस घर भेज दिया।

उसने अपराधी की दिमाग़ी हालत का भी जायज़ा लिया। एक सरकारी डॉक्टर की सर्जरी में ऑन्ना का परीक्षण हुआ था। उसकी रिपोर्ट के अनुसार ऑन्ना में ख़ून की कमी थी मगर उसका दिमाग़ बिल्कुल ठीक था। यह सर्टिफ़िकेट भी मजिस्ट्रेट ने अपनी फ़ाइल में बाक़ी क़ाग़जों के साथ लगा दिया और फ़ाइल सरकारी वकील को सौंप दी ताकि वह आरोप तैयार कर सके। ऑन्ना पर दो क़त्ल का मुकदमा चलना था।

उसके लिए भी एक वकील नियुक्त किया गया, एक छोटा-मोटा अभी-अभी वकालत पास किया व्यक्ति जिसने अब तक केवल प्रॉपर्टी सम्बन्धित केस ही लड़े थे और जो अब बतौर फौजदारी का वकील बनने की तैयारी में लगा था। उसने अपने मुद्दई से कई बार जेल में मुलाकात की। उसे भरोसा भी दिलाया कि वह हौसला न छोड़े, वह सब कुछ सँभाल लेगा। ऑन्ना उससे भी ऐसे ही बात करती थी जैसे पुलिस या मजिस्ट्रेट से। फिर उसके पास मिलने आई मिशन की नीली नकाब पहने सिस्टर्स जिन्होंने उसे अपने अपराध का प्रायश्चित्त करने और अपने आप को अपनी नियति को सौंप देने का पाठ पढ़ाया, और उसके लिए कुछ धार्मिक पुस्तकें रख गयीं जिससे वह विश्वास का संबल पा सके।

मुक़दमा नवम्बर के मध्य में शुरू हुआ और चूँकि इसमें बहुत ज़्यादा लोगों की रुचि थी, बड़े सैन्ट्रल हॉल ऑफ जस्टिस में सुनवाई हुई।

सर्दी का अँधेरा-सा ठण्डा दिन था। गैस के लैम्प तेज़ कर दिये गये थे और उनकी हरी रोशनी हॉल में फैल रही थी। क्लर्क गवाहों के नाम लेकर पुकार रहे थे। ग्यारह गवाह थे : छः सरकारी वकील की ओर से और पाँच बचाव पक्ष की ओर से।

हॉल लोगों से खचाखच भरा हुआ था, मृतकों के दोस्तों और मिलने वालों से।

गाबोर तॉतार अपनी पत्नी के साथ पत्रकारों की पंक्ति के पीछे बैठे थे, और गवाहों से सलाम दुआ कर रहे थे। 238 ऑत्तिला उत्सा के सभी निवासी वहाँ उपस्थित थे, नौकर-चाकर समेत।

ठीक नौ बजे बेंच तशरीफ़ लाया—मुख्य न्यायाधीश और उनके दो असिस्टेंट जज। मुख्य न्यायाधीश ने घण्टी बजायी "मैं यह मुक़दमा शुरू करने का ऐलान करता हूँ"। हम ऑन्ना एदैश का मुक़दमा सुनेंगे जिस पर क़त्ल का अभियोग है। अभियुक्त कहाँ है? उसे पेश किया जाये।" उन्होंने आदेश दिया।

ऑन्ना को सुबह आठ बजे ही हॉल के नीचे वाले कमरे में बिठा दिया गया था, वह शान्ति से वहाँ प्रतीक्षा कर रही थी। दरवाज़े खुले और वह अपनी बदरंग चैक

की ड्रेस में अन्दर आई। दो गार्ड, हाथों में भाले लगी बन्दूकें लिए उसको साथ लेकर आये। वह लड़खड़ाती, चक्कर खाती जज के सामने अभियुक्त के कटहरे में पहुँची।

ऑन्ना ने भीड़ को देखा, तस्वीरों को और बत्तियों को, और उसे काफ़ी गर्मी लगने लगी। छः महीने की क़ैद ने उस पर कोई बुरा प्रभाव नहीं डाला था। उसका चेहरा थोड़ा गोल हो गया था जैसा कई क़ैदियों का हो जाता है, और उसकी चमड़ी अपने हल्के पीलेपन के ऊपर बिल्कुल संगमर्मर जैसी लग रही थी। वह बेहद शान्त प्रतीत हो रही थी।

"तुम्हारा नाम क्या है?" मुख्य न्यायाधीश ने पूछा, उनकी आँखें तब तक उस पर से हट अपने आधीन जज तक पहुँच चुकी थीं। "क्या यह तुम्हारे क़ाग़ज़ हैं?" और उन्होंने पढ़ना शुरू किया "बीस वर्ष की आयु, अविवाहित, कोई सन्तान नहीं, कोई पिछला अपराध नहीं। बैठ जाओ" उन्होंने बिना उसकी ओर देखे कहा।

अपराधिन बैठ गयी और दोनों गार्ड उसके आजू-बाजू।

आरोप एक लाल काग़ज़ से पढ़े गये। "ऑन्ना एदैश, रोमन कैथलिक, कोई सम्पत्ति नहीं, हंगारी..." सूची क़ाफी लम्बी थी जिसे पढ़ने में आधा घण्टा लगा। इस बीच जनता जजों का आकलन करने में लगी थी जो ऊँचे बैंचों पर बैठे हुए थे, बिना विग और गाउन पहने, साधारण सूट और टाई में पर जिनके चेहरों पर अपने पद की गरिमा और महत्ता साफ़ झलक रही थी। अगर वे इतने प्रभावशाली लग रहे थे तो यह इसलिए था कि उनका काम ही यह था कि वे सत्य को ज़्यादा सफ़ाई से देख सकते थे बनिस्बत आम लोगों के; यही उनकी जीविका थी, और मरने के बाद उनकी क़ब्रों पर भी लिखा जाना था एक शब्द : जज।

मुख्य न्यायाधीश एक किताब के पन्ने पलट रहे थे; उनका एक साथी जो एक 'रैफरैन्स' जज के नाम से जाना जाता था, जिसकी बड़ी-सी नाक थी, मूँछें थीं, वह एक तनी का चश्मा लिए काग़ज़ात इकट्ठे कर रहा था, जबकि दूसरा साथी, जो ज़रा गिठमिठा सा था—जिसे 'वोटिंग' जज कहकर बुलाया जाता था—वह कोहनियाँ टिकाकर मेज़ पर बैठा था और अपना भारी-सा सिर अपने दाहिने हाथ पर टिकाया हुआ था। मुख्य न्यायाधीश के बाईं ओर, एक छोटा-सा दिखनेवाला व्यक्ति बैठा था जो बहुत व्यस्त दिखने का प्रयत्न कर रहा था। यह बचाव पक्ष का वकील था। उसने अपने माता-पिता और सभी रिश्तेदारों को प्रणाम किया, जो काफ़ी तादाद में उसका पहला बड़ा केस देखने आये थे। सरकारी वकील अपने विचारों में खोया हुआ था।

जब आरोप पढ़ दिये गये, मुख्य जज ने ऑन्ना से खड़े हो जाने को कहा "ऑन्ना एदैश! क्या तुम इन आरोपों को समझती हो?" वे इतनी ज़ोर से और इतनी सफ़ाई से उससे सम्बोधित हुए जैसे आदमी किसी बहरे व्यक्ति या मन्द बुद्धि व्यक्ति से होता है। "सरकारी वकील तुम पर अपने मालिकों के क़त्ल का आरोप लगा रहे हैं। क्या तुम अपना जुर्म क़बूल करती हो?"

"जी हाँ मैं जुर्म क़बूल करती हूँ", ऑन्ना ने उत्तर दिया। हॉल में फुसफुसाहट शुरू हो गई। रैफ़रैन्स जज ने उसे घूरा, वोटिंग जज ने अपना सिर अब बाएँ हाथ पर टिका लिया।

"उस हालत में", मुख्य जज ने बात का क्रम ज़ारी रखा "हमें ज़रा ठीक तरह से बताओ कि आख़िर हुआ क्या। पूरे विस्तार से प्लीज़। इससे पहले कि तुम शुरू करो, मैं तुम्हें याद दिला दूँ कि अगर तुम सारे आरोपों को स्वीकार कर लो तो वह तुम्हारे हक़ में होगा, इसके विपरीत अगर तुम उनमें से एक से भी इनकार करती हो, "उन्होंने अपनी आवाज़ ज़रा तेज़ की, "तो वह तुम्हारे केस को नुक़्सान पहुँचायेगा, क्योंकि हमारे पास ठोस सबूत हैं तुम्हारे ऊपर लगे सभी आरोपों के लिए। तो अब तुम शुरू कर सकती हो"।

वकील ने अपने क्लाइंट को शुरू करने का इशारा किया। पर वह वहाँ मूक बनी खड़ी रही, वह कुछ बोल ही नहीं पा रही थी। मुख्य जज ने उसकी मदद करने के इरादे से कहना शुरू किया।

"मैं समझता हूँ कि तुम एक नौकरानी थीं जो विज़ी के यहाँ दस महीने से काम कर रही थीं। शायद हम अट्ठाइस मई की पार्टी की रात से शुरू कर सकते हैं, उस बड़ी पार्टी से", वे बड़ी आत्मीयता से कहते गये, "तुम ने शाम काम करते बितायी थी।"

"ठीक", उसने स्वीकार किया। "तुम अपने रोज़मर्रा के काम कर रही थीं। मेहमान आये पर तुमने उनके सामने जाकर खाना नहीं परोसा। अब खाना ख़त्म हो चुका है। सुबह के दो बज गये हैं। अब तुम कहाँ हो?"

"रसोई में।"

"बिल्कुल ठीक, तुम रसोई में ही हो। तुम अलमारियाँ टटोल रही हो और दराज़ें खँगाल रही हो, चाकू की खोज में।"

"यह मुझे याद नहीं" ऑन्ना की आवाज़ काँप रही थी जब उसने अपने वकील की ओर देखा; जो सन्तुष्ट-सा दिखता, अपना सिर हिला रहा था।

"यह तुम्हारे विरोध में जायेगा। फिर तुमने क्या किया?"

"फिर मैं बैडरूम में गयी।"

"देखो हम गड़बड़ाएँ नहीं। तुम अभी तक बैडरूम में नहीं गयी। वह बाद में हुआ। पहले मेहमान गये। उस वक़्त तुम बाथरूम में थी, इन्तज़ार कर रही थीं, अपने इरादे को अंजाम देने का। क्या तुम्हें याद नहीं कि श्रीमान द्रूमा ने अन्दर झाका था और तुम्हें देखा था?"

"नहीं"

"कोई बात नहीं, वह भी बाद में स्थापित हो जायेगा। हमारे पास गवाह है। चलो जारी रखते हैं। वापिस उसी जगह पर पहुँचते हैं जब तुम कमरों को हवा दे

चुकी हो, और मालकिन तुम्हें पलंग पर जाने के लिए कह रही हैं। मगर तुम, बजाय सोने जाने के, तुम उनके सो जाने का इन्तज़ार करने लगीं।"

"फिर मैं बैडरूम में गई।"

"नहीं-नहीं। तुम अभी भी बैडरूम में नहीं गईं!" जज ने मेज़ पर हाथ मारते कहा।

ऑन्ना एक पैर से दूसरे पैर पर झुक गयी; उसका दिमाग़ घटनाक्रम को याद करने के लिए इधर-उधर भागने लगा। इतनी भागदौड़ से उसे बेहोशी सी आने लगी थी।

वह फँस गई थी। उसका वकील उठा।

"योर ऑनर, मैं कोर्ट से दरख़्वास्त करता हूँ कि किसी मनोवैज्ञानिक को बुलाकर अपराधी की दिमाग़ी हालत की जाँच करवाई जाये। इसका जुर्म क़बूल करना उसमें इतनी गड़बड़ियाँ होना, इसका सफ़ाई से न बोल पाना यही दिखाता है कि इसकी दिमाग़ी हालत ठीक नहीं है।"

मुख्य जज ने अपने साथियों से बातचीत की।

"बैंच यह अनुरोध खारिज करता है। जैसा कि माननीय वकील स्वयं भी जानते हैं, अपराधी के दिमाग़ की जाँच कई बार कराई जा चुकी है, कई स्पेशलिस्ट ने उसे ठीक क़रार किया है। फिर भी हम आपकी बात को रिकॉर्ड पर लेते हैं।"

"मैं अपना अनुरोध वापिस लेता हूँ योर ऑनर", वकील बोला। जज फिर से विषय पर आ गये, और बड़ी सावधानी से आगे बढ़ते हुए, उससे सत्य और पूरा सत्य उगलवाने की चेष्टा करते स्वयं भी अँधेरे में कहीं खो गये और इन्तज़ार करने लगे कि अपराधी स्वयं उनकी आगे बढ़ने में सहायता करे। वे दोनों दो अन्धों की भाँति एक-दूसरे को ठेल रहे थे, दोनों ही कुछ देख पाने में असमर्थ।

"सो", उन्होंने शुरू किया "ज़रा याद करने की कोशिश करो। तुमने चाकू क्यों उठाया? तुम कैसा महसूस कर रही थी ऐसा करते वक़्त?"

ऑन्ना चुप थी। जज ने उसकी चुप्पी को समझाने की कोशिश की, उसकी न बतायी जा सकने वाली पीड़ा को शब्दों में व्यक्त करने की।

"तुम्हें उन पर क्रोध था, अचानक तुम्हारे सिर पर ख़ून सवार हो गया, तुम्हें अपने आप पर क़ाबू न रह गया। शायद तुम्हें याद आ गया था कि मालकिन ने किस प्रकार झिड़क कर तुम्हें जाने के लिए कह दिया था, और तुम बदला चाहती थीं। पर क्यों?"

आगे भी उन्हें ही बोलना पड़ा।

"क्या तुम्हारी अन्तरात्मा ने इसका विरोध नहीं किया, तुम्हारी आत्मा ने अपनी आवाज़ न उठायी? तुमने सोचा नहीं कि इसका परिणाम भी होगा कि इसके लिए तुम्हें मनुष्यों और भगवान दोनों को उत्तर देना पड़ेगा? क्योंकि तुम इससे पहले तो

ऐसी लड़की नहीं थीं"।

मुख्य जज को लगा हो सकता है इसके पीछे कोई राज़ हो, ऐसा कोई राज़ जिसे कोई जानता न हो, शायद अपराधी खुद भी नहीं। पर वे कहते गये। वे जानते थे कि कोई भी कर्म केवल एक कारण के द्वारा समझाया नहीं जा सकता, न कई मिले-जुले कारणों द्वारा, हर कर्म के पीछे पूरा व्यक्तित्व होता है, उसकी पूरी ज़िन्दगी होती है, जो क़ानून कभी नहीं देख सकता। यद्यपि वे जानते थे कि कोई मनुष्य भी किसी दूसरे का सत्य पूरी तरह नहीं जान सकता, पर उन्हें अपना कर्तव्य तो निबाहना ही था।

"बोलो", उन्होंने फिर अपराधी से कहा, "जब तुम बैडरूम में पहुँची तो तुम्हारे मालिक, मालकिन सो चुके थे। तब तुमने क्या किया?"

"तब मैंने..."

"हाँ-हाँ बोलो।" अब ज़रा कड़क स्वर में ज़ज ने कहा, "तब तुम मालकिन के पलंग पर पहुँचीं, और उनके सोए हुए ही तुमने उनके दिल में चाकू से वार किया। इसी चाकू से?"

उन्होंने बड़ा-सा चाकू निकाल कर दिखाया और हवा में लहराया। कोर्ट में भय की लहर दौड़ गयी, फिर उन्होंने चाकू अपराधी के सामने लाकर पूछा "क्या यही चाकू था?"

"जी हाँ" ऑन्ना ने उत्तर दिया, और ज़रा पीछे ठिठकी, क्योंकि उसे लगा कि चाकू उसके कलेजे में घुमाया जा रहा था।

अन्त में वह बताने लगी कि क्या हुआ। अपने शब्दों में नहीं बल्कि पुलिस के शब्दों में और मैजिस्ट्रेट के शब्दों में। क्योंकि पूरा बयान काफ़ी समझ में आने वाले शब्दों में था।

"तुमने अपनी मालकिन को मार डाला" जज ने दोहराया "तुमने उस औरत को मार डाला जो तुम्हें रोटी देती थी, जिसने कभी तुम्हारा कोई नुक़सान नहीं किया। चलो आगे बढ़ें। उसके बाद तुमने क्या किया?

"मैं ड्राइंग रूम में भागी।"

"नहीं तुम अभी नहीं भागीं। अच्छा हो अगर हम जल्दबाज़ी न करें। अभी हम बैडरुम में ही रहें। तुमने अपने मालिक पर भी वार किया, एक पेशेवर कातिल की तरह, नौ बार चाकू से भोंका उन्हें। क्या यह सही है?"

"जी, मगर मैं मालिक को कोई कष्ट पहुँचाना नहीं चाहती थी। उन्होंने मुझे डरा दिया।"

"जिसने तुम्हें डराया वह तुम्हारा गुनाह था, तुम्हारी अन्तरात्मा, और फिर तुमने दूसरा क़त्ल किया। फिर क्या हुआ?"

"फिर मुझे पकड़ने के लिए आ गये।"

"नहीं, बिल्कुल नहीं। फिर तुम वहाँ बड़े दीवान पर लेट गईं और वहाँ..."

"मैं सो गयी।"

"क्या तुम इतना जघन्य अपराध करके सो सकती थीं?" तुम्हें क्या उस वक़्त भी होश नहीं था कि तुमने किया क्या था? तुम्हारा अपराध क्या था? तुमने किसी से कुछ नहीं कहा बस वहीं छिपी रहीं जब तक दरवाज़ा तोड़ नहीं दिया गया। क्या तुम्हें दुख है यह सब करने का? माफ़ करना क्या तुम फिर ऐसा काम करोगी?

"नहीं", ऑन्ना चीख़ी और चौंक गयी "नहीं"।

"अब तुम बैठ सकती हो", जज़ ने कहा।

सरकारी वकील के मुख्य गवाह श्रीमान द्रूमा थे, लाल मुँह के वकील साहब। जब वे उठे और बैंच के पास गये तो थोड़ा गर्व सा महसूस कर रहे थे।

"आपकी अपराधिन से कोई लड़ाई तो नहीं है?" जज ने औपचारिकता पूरी करते पूछा "आपकी इससे कोई रिश्तेदारी तो नहीं?"

गवाह ने जवाब तो न दिया पर यूँ मुस्कुराये मानो यह संकेत भी हास्यास्पद है कि उनका इस जैसी लड़की से कोई सम्बन्ध हो सके।

बड़े अच्छे तरीके से उन्होंने अपनी बात कही जिससे इस बात में कोई शक न रह गया कि क़त्ल सोच-समझकर अच्छी तरह प्लान करके किया गया था। उन्होंने बताया कि उन्हें लड़की के हाव-भाव से पहले ही शक हो गया था और वे उस पर नज़र रखे हुए थे, और रात के दो बजे अपराधिन रसोई की दराज़ों में केवल चाकू ही ढूँढ़ सकती थी, जो उसने ज़रूर पहले से कहीं छिपा कर रखा होगा, और उन्होंने आख़िरी बार उसे बाथरूम में हड़बड़ाए हुए देखा था और उसे टिप देने की भी कोशिश की थी पर वह तो चौंक कर पीछे हो गयी थी और चुपचाप बैडरूम में चली गयी थी।

जब यह गवाही सामने लाई गई तो ऑन्ना फूट पड़ी और उसने स्वीकार कर लिया कि यह सही था।

पर द्रूमा की गवाही अभी पूरी नहीं हुई थी।

"मैं इजाज़त चाहूँगा कि कुछ रोशनी अपराधिन के राजनीतिक सम्बन्धों पर भी डालूँ, "और उन्होंने अपनी दृष्टि फ़िचोर और उसकी पत्नी पर डाली जो गवाहों की पंक्ति में बैठे हुए थे। यह लोग, योर ऑनर, कम्युनिस्ट राज के दौरान, बहुत ही बोल्शविक तरीके से व्यवहार करते थे, पूरा घर इनसे काँपता था। जहाँ तक मेरा मानना है मैं तो यही समझता हूँ कि इन दोनों का भी इसमें पूरा हाथ है।

"माफ़ कीजिए", जज बीच में बात काटते हुए बोल पड़े, "इस मामले में खोजबीन की जा चुकी है, और परिणाम नकारात्मक आये हैं। सरकारी वकील इस पर आगे और कोई सुझाव नहीं चाहते। यह सब बेबुनियाद है।"

द्रूमा अपने वाक्य के साथ अधर में लटके रहे।

एक छोटासा वाद-विवाद सरकारी वकील और बचाव पक्ष के वकील के बीच हुआ। सरकारी वकील ने इस गवाह को शपथ दिलाने की इज़ाज़त माँगी, बचाव पक्ष ने आपत्ति जतायी। द्रूमा को वापिस भेज दिया गया। बचाव पक्ष ने उनके द्वारा प्रस्तुत टिप्पणी को रिकॉर्ड से हटा देने की अपील की।

ऑन्तॉल स्यूच, लोकल कांस्टेबल ने कुछ महत्त्वपूर्ण तथ्य सामने रखे, और अपराधिन की उस समय की मानसिक हालत का ब्योरा दिया।

श्रीमती द्रूमा ने कहा कि लड़की बहुत घुन्नी किस्म की थी और चलते-चलते अपनी खोयी हुई कैंची का ज़िक्र भी कर दिया। उन्होंने विज़ी दम्पत्ति की बढ़-चढ़ कर तारीफ़ की; ख़ासतौर पर विज़ी की।

श्रीमती मोविस्तर, एक कटे हुए स्कर्ट और नये मेकअप में तशरीफ़ लायी जो एक थियेटर में ज़्यादा शोभा देता। वे बड़े आराम से बोल रही थीं और सरकारी वकील से थोड़ी ठिठोली भी कर रही थीं। उनके अनुसार लड़की ज़रा भी घुन्नी नहीं थी बल्कि खुले स्वभाव की और अच्छी प्रकृति की थी, और वे यक़ीन ही न कर पा रही थीं कि वह इतना भयानक काण्ड कभी कर सकती थी, उसकी मालकिन बहुत अच्छी थीं और उसे बहुत प्यार करती थीं। वह काफ़ी देर और बात कर सकती थीं मगर उनका समय, अफ़सोस, अब पूरा हो चुका था।

मुख्य जज ने फ़िचोर से कहा कि चूँकि वह अपराधिन का सम्बन्धी था अतः गवाही देने से इनकार कर सकता था पर फ़िचोर गवाही देना चाहता था।

"मैं तुम्हें चेतावनी दे दूँ" जज बोले 'कि तुम्हें यहाँ सच और केवल सच ही बोलता है, क्योंकि अगर क़ंसम दिलायी गयी और तुमने शपथ लेकर झूठ बोला तो उसकी सज़ा पाँच साल की सज़ा है।"

केयर टेकर, जो द्रूमा के द्वारा दिये गये भाषण से बिल्कुल हिल चुका था, पाँच साल की जेल के नाम से और भी घबरा गया, और पूरी कोशिश करने लगा अपने आप को बचाने की। उसने जो जो बातें मजिस्ट्रेट को बतायी थीं सब की सब दोहरा दीं, और जब बचाव पक्ष के वकील ने उससे उसकी गवाही की सच्चाई के बारे में प्रश्न शुरू किए तो वह सब आगा-पीछा भूलकर बोलने लगा–

"यही नहीं योर ऑनर, इसके अलावा भी कई बातें हैं। एक बार जब मालकिन ने उसे एक शीशा तोड़ देने पर डाँटा था तो यह हमारे पास आयी थी और बोली थी कि यह काम छोड़ देगी, मगर उससे पहले वह कुछ ऐसा भी कर जायेगी जो बाद में खुद को भी परेशान करेगा–वह घर को जला देगी।"

"यह इसने कब कहा था?"

"नौकरी पाने के कुछ ही समय बाद।"

"तुम्हें यह पक्की तरह याद है?"

"जी हाँ"

"ज़रा और सोचो। क्या यह बात तुम शपथ लेकर कह सकते हो?"

"जी हाँ" फ़िचोर ने ज़रा भी हिचकिचाहट नहीं दिखाई।

सो उसने शपथ ली, बेंच को झुककर सलाम किया, इतना ज़्यादा झुककर कि उससे अधिक किसी भी व्यक्ति के लिए झुकना सम्भव ही नहीं था। मोटी पत्नी जैली की तरह काँप रही थी। उसे ऑन्ना पर तरस आ रहा था, वह उसके बचाव में कुछ बोलना भी चाह रही थी, पर मजिस्ट्रेट के सामने दिये गये अपने बयान के विरोध में नहीं जा सकती थी।

"आपका क्या कहना है श्रीमती फ़िचोर? आपके हिसाब से ऑन्ना कैसी लड़की थी?"

"वह बड़े शक्की स्वभाव की थी।"

"क्या मतलब शक्की स्वभाव से?"

"मतलब वह किसी पर विश्वास नहीं करती थी।"

"आप पर भी?"

"किसी पर भी नहीं।"

"आपको ऐसा क्यों लगता था?"

"वह हर वक़्त कुछ सोचती रहती थी।"

"आपका मतलब कुछ बुरा करने का?"

"नहीं"

"मतलब वह सदा दुखी रहा करती थी"।

"पर आपने मजिस्ट्रेट को दिये गये बयान में कुछ और कहा था। देखिये। पढ़िये इसे। आपने कहा था कि एक बार उसने किसी को मारने का भी सोचा था।"

"जी, जब उसने अपनी सौतेली माँ पर खुरपी चलायी थी।"

"क्या यह आपने अपनी आँखों से देखा?"

"जी नहीं, मैंने केवल सुना था।"

"किससे?"

"उसकी माँ से।"

"आपका मतलब उसकी सौतेली माँ से। मेरे ख़्याल से हम इसके बारे में काफ़ी सुन चुके हैं," बोर होते हुए जज बोले, "इसे यहीं छोड़ते हैं।"

"मुझे उसके ख़िलाफ़ कुछ नहीं कहना है। वह अच्छी लड़की हुआ करती थी मगर...

"मगर क्या?"

"मगर बाद में ख़राब हो गयी।"

"कोर्ट यह बात अच्छी तरह से जानता है" जज ने टिप्पणी की। हॉल में इस पर सब हँसने लगे।

"योर ऑनर, योर एक्सिलैन्सी" श्रीमती फ़िचोर ने विरोध जताया, काफ़ी आहत होते हुए, "मैं आपको वो ही बता सकती हूँ जो जानती हूँ" और फिर जब जनता फिर हँसने लगी तो वह गुस्से में बोली" मैं वही बता सकती हूँ जो मैं जानती हूँ।"

"धन्यवाद। इतना काफ़ी है। प्लीज़ अपनी जगह ले लीजिये।", जज ने उसे जाने का इशारा किया।

बयान इसी प्रकार की अनावश्यक बातों से भरे थे और सुनी सुनायी बातों के अलावा और कुछ नहीं थे।

मुख्य जज ने अगले गवाह को बुलाया। "मिकलोश मोविस्तर, डॉक्टर ऑफ़ मेडिसन। कहाँ हैं वे? क्या उन्होंने सम्मन प्राप्त किये थे? उन्होंने इसके ख़िलाफ़ कोई अपील तो की नहीं। वे कहाँ हैं?

आप कहाँ हैं डॉक्टर, आप जो मरण-तुल्य अवस्था में हैं, आपकी आठ प्रतिशत शुगर के साथ? क्या आप भगवान को प्यारे हो चुके हैं, या कहीं असहाय लेटे हुए हैं, मृत्यु से पहले की अवस्था में। क्या आप कहीं खो गये हैं? क्या कोई पृथ्वी पर बचा है? अगर आप अभी भी जीवित हैं, अगर आप में ज़रा भी जान बाक़ी है तो आप को इस समय यहाँ होना चाहिए, यह आपका फ़र्ज है।

वे वहाँ थे। वे पीछे की ओर बैठे थे, गवाहों में कहीं छिपे, इस नवम्बर के सर्द रोज़ अपने फ़र में लिपटे, क्योंकि जैसे-जैसे मृत्यु उनके करीब आ रही थी वे ठण्डे होते जा रहे थे। उन्हें कुछ समय लगा आगे आने में, अपनी घड़ी पर टिके, कमर झुकी हुई, और इतने सुकड़े हुए कि जनता को उठकर उन्हें देखना पड़ा।

"उपस्थित हूँ" उन्होंने बैंच की ओर झुकते हुए बोला।

मुख्य जज ने उनकी हालत देखते हुए उन्हें बैठकर गवाही देने की आज्ञा दे दी। उन्होंने गार्ड से वहाँ एक कुर्सी लाने को कहा। डॉक्टर ने कुर्सी ग्रहण करने से इनकार कर दिया, बल्कि वे तो पहले से अधिक तनकर खड़े हो गये, जितना तन सकते थे।

"डॉक्टर क्या आप भी अपने पुराने बयान पर अडिग हैं?"

"जी हाँ", मोविस्तर ने इतनी धीमी आवाज़ में कहा कि जज को भी कान लगाकर सुनना पड़ा।

"कृपया अपने वही विचार कोर्ट के सामने रखिये जो आपने मजिस्ट्रेट के सामने रखे थे।"

मोविस्तार, यूँ लगा, कोई भाषण देने की तैयारी में थे। वे पूरी कोशिश में लगे थे। अब आपको इन्तज़ार किस बात का है? आप अपना कर्तव्य निभाइये। आप केवल एक आदमी हैं। पर एक आदमी से अधिक और क्या महत्त्वपूर्ण है? दो नहीं, हज़ारों नहीं आपसे अधिक आगे बढ़िये एक क़दम आगे बढ़ाइये—जी इसी तरह—एक

क़दम और। अब आपकी बारी है। अपना सिर उठाइये, मोविस्तर, दिल को ताक़तवर बनाइये और मज़बूत बनिये, सिर्फ़ मज़बूत बनिये।

"मैंने आपको सुना नहीं", जज बोले, "ज़रा ज़ोर से बोलिये कृपया"।

थोड़ा ज़ोर से क्यों? थोड़ा ज़ोर से नहीं, बहुत ज़ोर से। चीख़कर बोलिये—उनका दिल ज़ोर-ज़ोर से धड़क रहा था—उतना ज़ोर से चीख़कर बोलिये जितना प्राचीन-काल में ईसाई पादरी और शहीद बोला करते थे जब वे मूर्तिपूजकों के ख़िलाफ़ बोला करते थे, क़ब्रिस्तानों में, अपनी कब्रों में से, परमात्मा से प्रार्थना करते, ख़ुद भगवान तक से लड़ते, उस न्यायपूर्ण पर कठोर परमात्मा से लड़ते, पाप में रत मानवता के लिए राहत की भीख माँगते, उन के ऊपर ईश्वर की दया माँगते। क्या आप रोज़ रात को यही प्रार्थना नहीं दोहराते? आप जानते हैं ना कि आप प्रार्थना में क्या कहते हैं, "जो तेरा नाम जपते हैं उनकी आत्माओं को नर्क में न डाले। और अपने ग़रीबों को सदाके लिये न भुला, प्यारे यीशु उन पर आँसू बहा, उन पर रहम कर"। इस वक़्त इस हॉल में चिल्ला कर बोलिये, शेर से भी तगड़ी दहाड़ लगाकर कहिये।

उनकी आवाज़ में बल आने लगा था। "मैं पूरी तरह से अपने बयान पर अडिग हूँ। मैं इसके अलावा और कुछ नहीं कह सकता।"

"जी हाँ", जज ने पन्ने पलट कर देखते हुए कहा, "हमारे पास आपका बयान है। पर हमें कुछ तथ्य और चाहिए थे। क्या वे लोग उसे मारते थे? या भूखा रखते थे? या बहुत अधिक काम करवाते थे? क्या उसे तनख्वाह नहीं देते थे? यहाँ तो मैं देख रहा हूँ कि क्रिसमस पर उन्होंने उसे तोहफ़ा भी दिया था, चाहे कोई बहुत बड़ा तोहफ़ा नहीं, एक वास्कट। इस पर आपको क्या कहना है?"

"वे उसकी ओर बिल्कुल सर्द रवैया रखते थे" मोविस्तर बोले, उनकी आवाज़ अब कड़क हो चली थी। "मुझे हमेशा ऐसा ही महसूस होता था। वे उसे कभी भी प्यार नहीं देते थे। उनके पास दिल नहीं थे।"

"और यह 'दिल न होना' कैसे दिखाई देता था?"

"यह तो पूरी तरह से समझाना कठिन है। पर मुझे सदा ऐसा ही प्रतीत होता था।"

"तो यह तो केवल आपके महसूस करने की ही बात रही, डॉक्टर, केवल आपका भ्रम, जिसे अपराध की जघन्यता को देख कोर्ट अधिक महत्त्व नहीं दे सकता। क्योंकि एक ओर हैं ठोस तथ्य, और हमें तथ्य ही चाहिए होते हैं। और बाक़ी सभी गवाह आपसे सहमत भी नहीं हैं। वे आपकी बात का सीधा विरोध करते हैं। उनके अनुसार दम्पत्ति लड़की को प्यार करते थे, उसकी इज्ज़त करते थे। अपराधिन ने स्वयं भी उनके कुछ शिकायत नहीं की है, न पुलिस से, न मजिस्ट्रेट से। लड़की खड़ी हो जाओ", ऑन्ना से बोले, "क्या वे तुम्हें दुख देते थे?"

"नहीं"

"तुम बैठ सकती हो। तो यह तो बात कुछ समझ में नहीं आती।"

मोविस्तर, लड़की की ओर देखो, कैसी गुम-सुम वह फिर से गार्डों के बीच में बैठ गयी है। यह कोई बहुत अच्छा दृश्य नहीं है, पर उसकी ओर देखो, और जज की ओर भी देखो जो अपना एक तनी का चश्मा नाक पर बिठा रहे हैं और जिन्होंने अब अपना कान खुजाना शुरू कर दिया है, तुम इससे उसके विचारों को पढ़ सकते हो। वे केवल न्याय के, इस पृथ्वी के न्याय के प्रतिनिधि हैं, पर वे सच को सिर्फ़ एक नज़रिये से ही देख पा रहे हैं, हालाँकि देखो वे कोशिश कर रहे हैं बड़ा नज़रिया करने की जितना मनुष्य कर सकता है। तुम्हें नहीं लगता—उन्होंने अपने आप का हौसला बढ़ाया—कि वे अब भगवान के न्याय के बारे में भी सोचने लगे हैं और तुम्हारी ओर झुक रहे हैं? अपने तथ्यों के बारे में कहने दो उन्हें, यह उनका कर्त्तव्य है, फिर से अपनी बात कहो, उनसे डरो मत, किसी से मत डरो, क्योंकि परमात्मा तुम्हारे साथ है।

"और अगर उसके साथ दुर्व्यवहार हो भी रहा था" मुख्य जज ने फिर कहा, "तब उसे अधिकार था कि कानून के अन्तर्गत शिकायत दर्ज कराती; वह उन्हें नोटिस दे सकती थी और पन्द्रह दिन में काम छोड़ सकती थी।"

"वे उसे ज़बरदस्ती टिकने पर मजबूर कर रहे थे।"

"वे कैसे ज़बरदस्ती कर सकते थे? तुम किसी को रस्सियों से बाँध कर तो नहीं रख सकते ना?"

"वह बहुत सीधी, मजबूर लड़की थी।"

"यह तो कोई कारण नहीं हुआ इतना घोर अपराध करने का।" जज ने कुछ देर विचार किया फिर और सख़्ती से कहा "यह तो कोई वजह नहीं हुई"

"तो फिर इसने यह क्यों किया?" मोविस्तर ने पूछा, अपने आपको बिल्कुल भूलते हुए। "मेरा मत यह है," उन्होंने बहुत सख़्त स्वर में कहा, "कि मेरा मत यह है कि वे उसे मनुष्य नहीं समझते थे। उनके लिए वह मनुष्य थी ही नहीं, बस एक मशीन थी। उन्होंने उसे केवल एक मशीन बनाकर रख दिया था। वे उसके साथ पशुता का व्यवहार करते थे" वे बिल्कुल चीख कर बोले।

"मैं आपको इतनी कठोर बात कहने के लिए मना करता हूँ" जज ने कहा।

हॉल में थोड़ी हलचल होने लगी और सबने जज की बात का अनुमोदन किया।

"शान्त रहिये", जज ने कहा और घण्टी बजायी। यह घण्टी किसके लिए बजी थी ज़रा बताओ तो।

"आपके पास और कुछ कहने को है?" गवाह से रैफरैन्स जज ने पूछा। और कुछ नहीं।

जनता को लगा डॉक्टर मृत्यु के क़रीब थे, दिमाग़ से कुछ हिल गये थे, उनमें अब जान कहाँ बची थी। वाक़ई मोविस्तर अपाहिज हो चले थे। उनमें एक भारी कमी

थी, जिसके न होने पर उनका क़द बहुत छोटा हो जाता, और वे कहीं शून्य में खो ही जाते।

बचाव पक्ष का वकील कूदकर खड़ा हो गया और कोर्ट से इस आदमी का बयान शपथ दिलाकर रिकॉर्ड करने की याचना करने लगा। सरकारी वकील ने यह कहकर आपत्ति जतायी कि बयान में कोई ठोस तथ्य सामने नहीं आये थे।

मुख्य जज ने फुर्ती से फ़ैसला लिया।

"बैंच सरकारी वकील की आपत्ति को खारिज करता है। गवाह को शपथ दिलायी जाये।"

जनता शोर मचाती खड़ी हो गयी, जैसे मानो किसी थियेटर में बैठी हो। मुख्य जज खड़े होकर गवाह का बयान सुन रहे थे जो अब अपना दाहिना हाथ अपने हृदय पर रख, बायें हाथ की तन उँगलियाँ उठाकर बयान दे रहे थे।

"मेरे पीछे दोहराओ" और उन्होंने बयान लिखवाया।

"मैं...भगवान की शपथ लेता हूँ...उस परमात्मा को हाज़िर नाज़िर जान, जो सब कुछ देखता है और सब कुछ जानता है... कि मैंने जो कहा है वह सच कहा है... और सच के अलावा कुछ नहीं कहा है... न कुछ दरगुज़र करते... न कुछ बदलते... परमात्मा मेरी सहायता करे।"

मोविस्तर ने इसे ज़ोर से और सफ़ाई से दोहराया। फिर उन्होंने गवाहों के बीच अपना आसन ग्रहण कर लिया। जब वे बैठने लगे तो पास बैठे लोग उनसे अलग होने लगे। मोविस्तर को इसकी कोई परवाह नहीं थी। वे कभी भी उनमें से एक नहीं थे। न उन जैसे न किसी और जैसे। न वे कम्युनिस्ट थे न बुर्श्जुआ, न किसी पार्टी के सदस्य, वे तो मानवतावादी थे, मनुष्यता को बचाना उनका धर्म था। उस मनुष्यता के पुजारी थे जो अपने आप में पूरे विश्व को बाँधे हुई थी, हर आत्मा को, जो जीवित है या कभी जीवित थी, ज़िन्दा व्यक्तियों में भी और मृतकों में भी।

वह फ़ौरन ही वहाँ से चल दिये, अपने काम पर, बिना बाक़ी और कुछ सुने।

कुछ और भी गवाह सामने आये बचाव पक्ष की ओर से। ऐतैल, अपनी रसोइए की ड्रेस में, स्टैफ़ी एक हैट लगाये, आख़िर वह यह कैसे दिखाती कि उसने कभी एक काउंट के घर भी काम किया हुआ है। जब उसकी व्यक्तिगत जानकारी पढ़ी गयी तो उसने अपनी ओर से उसमें यह भी जोड़ दिया कि मैं "हाउसहोल्ड स्टाफ़" हूँ और यह कहकर शर्मा गयी। दोनों ने शपथ ली कि वे केवल सच बोलेंगी और सच के सिवा कुछ नहीं, बाकी ओर लोगों की ही तरह जिन्होंने शपथ ली थी और केवल सच ही बोला था, पर केवल वही सच जो उनको सच लगता था। इन दोनों ने ऑन्ना की प्रशंसा की, मगर श्रीमती विज़ी की भी और साहब की भी।

ऑन्ना, जो अब तक उदासीन बैठी हुई थी, अपराधिन की कुर्सी पर, यकायक हरकत में आ गयी। उसने श्रीमती वाइल्ड को, वेयरहाउस के मालिक की पत्नी को,

जिन्होंने उसे उसकी पहली नौकरी दी थी, अपने बच्चों की आया की जब वह सोलह साल की उम्र में पैश्त आयी थी। उसका दिल ज़ोर-ज़ोर से धड़कने लगा था।

उसके बाद मुख्य जज के सामने, श्रीमती सिफ़्का, बॉदी की आण्टी, गवाही दे रही थीं, बॉदी तो अब काफ़ी बड़ा हो गया होगा, अब तो स्कूल जाने लगा होगा। और ऑन्ना यह सब सोच बहुत विचलित हो चली थी। वह एक साथ हज़ारों बातें सोच रही थी।

सुनवायी चलती रही, चलती रही। जज ने जल्दी करने की कोशिश की; जैसे ही सरकारी वकील ने बोलना बन्द किया, और बचाव पक्ष ने अपना सत्ताइसवाँ विरोध लिखवाना बन्द किया, जज ने कहा कि वे अब अपना काम समाप्त कर चुके हैं और उन्होंने सुनवाई स्थगित कर दी।

क़रीब दो बजे, वकीलों को अपने अन्तिम भाषण देने थे। सरकारी वकील ने अधिक समय नहीं लिया, कहा कि केस बिल्कुल साफ़ था, तथ्य सामने थे अतः मुजरिम को सख़्त से सख़्त सज़ा मिलनी चाहिए।

बचाव पक्ष के नौसिखिये वकील ने भी ख़ूब तैयारी की थी, उसके भाषण में कई अच्छे वाक्य और साहित्यिक उदाहरण भी थे। उसने बहुत यत्न किया था कि अपने क्लाइंट को फाँसी के तख़्ते से बचा ले। कभी-कभी उसका यह उत्साह कुछ हास्यास्पद-सा भी लगा। उसने कुछ तथ्य भी ढूँढ़ निकाले यह सिद्ध करने को कि लड़की अपने कृत्य के लिए ख़ुद ज़िम्मेदार नहीं थी, कि उसने आत्म-रक्षा में यह ख़ून किये थे। उसने लड़की के बचपन से लेकर बड़े होने तक के समय पर नज़र दौड़ाने की माँग भी की, यह दिखाने को कि वह कितनी सीधी, सरल व्यक्ति थी। उसका वर्णन इतना अच्छा था कि कोई उपन्यासकार भी शर्मा जाये। उसने अन्त में यह भी कहा कि चाहे सौ मुज़रिम छूट जायें पर एक भी मासूम को सज़ा नहीं मिलनी चाहिए।

जब-जब लोगों को लगता कि अब वह अपनी बात कह चुका, वह फिर से बोलना शुरू कर देता।

"और अब", उसने पानी का गिलास ख़त्म करते हुए कहा, "मैं बैंच का ध्यान मनोवैज्ञानिक कारणों की ओर दिलाना चाहता हूँ। जी हाँ हम ज़रा उसकी मानसिक हालत पर नज़र डालें। ज़रा सोचिये, यह गाँव की लड़की, यह मासूम बालिका, देखिये ज़रा इसकी ओर, और फ़ैसला सुनाने से पहले अपने दिल पर हाथ रखकर पूछिये कि क्या यह लड़की आपको अपराधिन लगी है?

अब तक उसकी बात कोई भी नहीं सुन रहा था। दरवाज़ा बन्द होता रहा, खुलता रहा। जनता, इतने लम्बे समय और हॉल में गर्मी के कारण अब उठकर चलने लगी थी; बस अब कुछ रिपोर्टर बचे रहे गये थे और बचाव पक्ष के वकील के सम्बन्धी क्योंकि यह उनका पारिवारिक कर्त्तव्य था।

द्रूमा बाहर कॉरिडोर में थे, सिगरेट के धुएँ से घिरे हुए। वे बाहर खड़े लोगों से केस के बारे में बात कर रहे थे। उन्हें ज़रा भी शक नहीं था इसमें कि उसे फाँसी ही होगी।

जब वे हॉल में लौटकर आये तो वकील अभी भी बोल रहा था। वह पियरे जेनट की मनोविज्ञान की पुस्तकों में से अंश पढ़ रहा था। मुख्य जज ने घड़ी पर नज़र डाली, रैफ़रैन्स जज अब तक फ़ैसला टाइप करना भी शुरू कर चुका था।

बहुत देर बाद उसने अपना भाषण ख़त्म करना शुरू किया; बड़े प्रभावशाली वाक्य, बड़ी संगीतमयी शैली में; जो लोग अभी तक बैठे हुए थे अब बहुत नाराज़ होने लगे थे और जो इन क़ानूनी बातों को समझते थे वे तो उसे हिकारत की नज़र से देखने लगे थे। अब वह मौहाच (प्रसिद्ध हंगारी नाटककार) की कृति "मानव त्रासदी" से कुछ उद्धहरण प्रस्तुत कर रहा था। तब कहीं जाकर उसने बोलना बन्द किया।

बैंच फैसले पर चर्चा करने अन्दर चला गया।

अब तक बाहर बर्फ़ीली बारिश शुरू हो गयी थी। जो बिना छतरी के आये थे, परेशान होने लगे थे कि अब घर कैसे जायेंगे।

पैंतालीस मिनट बाद तीनों जज वापिस लौटे और तकरीबन भागते हुए ही ऊपर पहुँचे। अपराधिन अभी तक आयी नहीं थी।

"उसे अन्दर लाया जाये", मुख्य जज ने आदेश दिया और ऊपर छत की ओर देखने लगे, फ़ैसला उनके के हाथ में था। बन्दूकें खनकीं, ऑन्ना एदैश को अन्दर लाया गया। उसे उसकी जगह पर खड़ा किया गया। वह इस समय पीली ज़र्द दिख रही थी। उसे अब फाँसी के फन्दे और मरने से बहुत डर लग रहा था। वह थूक निगल रही थी और बेचैनी से हाथ-पैर हिला रही थी।

"मैं अब कोर्ट का फ़ैसला सुनाता हूँ। हंगारी राष्ट्र के नाम पर..."

बैंचों पर बैठे लोग कुछ शोर करने लगे थे। फ़ैसले के कुछ ही शब्द इस शोर की वजह से सुनायी पड़ सके।

"अपना गुनाह क़बूल...इसलिए कोर्ट...पन्द्रह वर्ष की क़ैद...राजनीतिक अधिकार नहीं..."

"पन्द्रह..." लोगों ने आश्चर्य जताया पर अधिकतर लोग इससे सहमत थे क्योंकि उन्हें वाकई लग रहा था कि फ़ैसला बिल्कुल न्यायपूर्ण था। कुछ औरतें रोने भी लगी थीं।

छोटे वकील ने अपने रिश्तेदारों की ओर गर्व से देखा। उसे पूरा यकीन था कि उसके भाषण, और ख़ास तौर पर पियरे जैनटे के उस उद्धरण की वजह से ही सम्भव हुआ था यह।

फ़ैसले में आगे कहा गया कि बैंच ने अपराध की जघन्यता को तो ध्यान में

रखा, पर इसके साथ-साथ लड़की के पिछले जीवन पर भी नज़र डाली, उसकी मासूमियत और उसकी कम अक्ल पर भी।

"तुम क्या फ़ैसला समझती हो?" मुख्य जज ने भारी आवाज़ में ऑन्ना से पूछा।" बैंच ने तुम्हें पन्द्रह साल की क़ैद का हुक्म दिया है। तुम्हारा अधिकार है कि इसके ख़िलाफ़ अपील करो।"

दोनों पक्षों के वकीलों में कुछ कहा-सुनी हुई पर अब तक जनता जा चुकी थी और ऑन्ना जजों के साथ अकेली रह गयी थी।

"इसे ले जाओ" मुख्य जज ने गार्डों से कहा।

दो दिन बाद उसे लोकर जेल ले जाया गया, यहाँ उसे दो अपीलों का इन्तज़ार करना पड़ा, एक रॉयल पैनल को और दूसरी क्यूरिया को। पहली वसन्त में सुनी जानी थी और दूसरी ट्रायल के एक साल बाद। दोनों अपीलों ने लोअर कोर्ट के फ़ैसले को सही ठहराया। अख़बारों में इसके बारे में कुछ नहीं छपा क्योंकि जनता की दिलचस्पी अब इस केस में रही नहीं थी।

जनवरी के एक सर्द दिन ऑन्ना एदैश को, दो गार्ड दोनों ओर से घेरे, एक ट्रेन से मारिया नोस्त्रा ले गये। जेल के दरवाज़े उसके लिए बन्द कर दिये गये। उसका नाम रजिस्टर हुआ, उसके बाल काट दिये गये, उसे नहलवाया गया, एक नम्बर दिया गया, एक मोटी-सी यूनीफार्म दी गयी; उसने यूँ अपनी सज़ा शुरू की।

कभी-कभी क्रिस्तीना डिस्ट्रिक्ट में उसका नाम लिया जाता, पर धीरे-धीरे वह भी कम होने लगा।

एक दिन एक औरत अपने पति के साथ ऑत्तिला उत्सा के उस मकान के सामने रुकी और बोली, "वह यहाँ रहा करती थी। तुम्हें याद नहीं है क्या? इतनी लम्बी, मज़बूत लड़की, काली आँखों और बड़े हाथों वाली!"

"हाँ साधारण सी थी" आदमी बोला।

और फिर यूँ उसकी यादें भी धुँधली हो चलीं। अब कोई न यह जानता था कि वह कौन थी और कैसी थी, न उसकी कोई याद ही बाक़ी थी। वह भुला दी गयी। वह बस ग़ायब ही हो गयी, और अब किसी को कोई फ़र्क नहीं पड़ता था कि वह मारिया नोस्त्रा के बन्दीगृह में थी या बॉलॉतोन फोक ऑयार के किसी क़ब्रिस्तान में आराम कर रही थी।

20
हरी बाढ़ के सामने की बातचीत

पतझड़ का मौसम फिर से आ गया है। अंगूर का रस बिकने लगा है मदिरालयों में, बच्चे पके हुए, चमकते चेस्टनट से खेलने लगे हैं। पत्ते पेड़ों से झड़ने लगे हैं।

कोरोना (पुरानी हंगारी करैन्सी) का मूल्य भी घटने लगा है। अब उसका मूल्य 0-22 रह गया है। लोग बहुत दुखी हैं। इतने कम पैसों में कैसे खाएँ, कपड़े पहनें और घरों को गर्म करें। दोपहर के समय स्टॉक मार्किट उछाल पर है। बहुत महँगायी है। लोग लाखों जीत-हार रहे हैं। ट्रायानौन की सन्धि के बाद हंगरी के पास अब बचा ही क्या है। एक और साल बीत गया। अब 1922 है।

तब से अब तक क्या हुआ है? हर रविवार राजमहल में मिलिटरी बैण्ड बजता है, और साधारण जनता, जो पैदल चलती है, यकायक ही उसकी धुन पर अपने पैर हिलाने लगती है।

तॉतार सैर के लिए निकले हैं, अपनी छोटी बेटी के बग़ैर, क्योंकि उसकी अब शादी हो चुकी है। मिनिस्टरी का एक क्लर्क इलोन्का से प्रेम बढ़ा रहा है। उसने एक बार किसी से सुना था कि यॉन्ची पोलैण्ड में था और गिगोलो* का काम कर रहा था।

जो पहले विज़ी का घर हुआ करता था वह अभी भी वैसा ही दिखता है, बस वहाँ का केयरटेकर बदल गया है, पुराना केयरटेकर अब हंगरी के किसी उस भाग में चला गया है जो सन्धि के तहत किसी और देश के हिस्से में बँट गया है।

श्रीमती मोविस्तर अभी भी पियानो बजाती हैं और ऑदी (प्रसिद्ध हंगारी कवि) की कविताएँ गाती हैं। नवयुवकों के साथ घूमती हैं। अपने बाल पीले रंग में रँगती

---

* गिगोलो–नवयुवक जो औरतों के लिए अपने कपड़े उतार कर नाच करते हैं। इसके लिए बारों में उन पर औरतें पैसे लुटाती हैं।

हैं और मोटी होती जा रही हैं। उनके पति अभी भी जीवित हैं। उन्हें जीवित होना तो नहीं चाहिए था, क्योंकि विज्ञान के हिसाब से तो वे कब्र में पहुँचा ही दिये गये थे, आज से बहुत पहले ही, सभी के द्वारा--डॉक्टरों, साथियों और चाहने वालों के भी और तो और विज़ी के द्वारा भी। वह अपने बारे में कही जा रही हर भविष्यवाणी को झुठलाये चले जा रहे हैं। कोई नहीं जानता क्यों।

कुछ तो है जो उन्हें जीवित रखे हुए है। वह किसी की भी ज़िन्दगी में कोई रुकावट नहीं डालते, वह हर बात सहिष्णुता से बर्दाश्त कर लेते हैं, ऐतैल के बदलते मूड, और अपनी पत्नी के ढेर सारे अपमान भी। सब लोग उन पर तरस खाकर मुस्कुराते हैं।

सिलार्द द्रूमा के पास अब इस घर के क़ानूनी अधिकार हैं, जो फैरेन्स पातिकारियुस ने उन्हें सौंपे हैं, जिन्होंने उस त्रासदी के बाद यह घर वसीयत में पाया था। द्रूमा ने किसी तरह विज़ी के फ़्लैट पर भी अपना अधिकार जमा लिया है क्योंकि उनकी प्रेक्टिस अब चल निकली है और अब उन्हें अपना घर छोटा पड़ता है। वे अब रहते विज़ी के घर में हैं और अपने फ़्लैट को उन्होंने दफ्तर में बदल डाला है। उनके अब दो बच्चे और हो गये हैं। एक प्यारी-सी लड़की और फिर एक लड़का। अब एक जर्मन लड़की उनके तीनों बच्चों को सँभालती है जो खुशी-खुशी अब बड़े हो रहे हैं। स्टैफ़ी अब भी उनके पास काम करती है, पर अब उसकी आँखें कमज़ोर हो गयी हैं। एक और नौकरानी भी है उनके पास जिसका मंगोलियन चेहरा है और चाइनीज़, काले बालों की चोटी। दो सैक्रेटरी हैं जो हर वक़्त टाइप राइटरों पर टप्-टप् करते रहते हैं। अब द्रूमा को काफ़ी लोग जानने लगे हैं। वे जल्दी ही लोकल चुनाव लड़ने का भी सोच रहे हैं, एक ऐसे क्षेत्र से जहाँ से कोई उनके विरोध में खड़ा नहीं होगा।

एक दोपहर बाद, जब सड़क की बत्तियाँ जलाई जानी शुरू हो गई थीं, जबकि पतझड़ का आकाश अभी काफ़ी रोशन था, सिलार्द द्रूमा महल की ओर से लौट रहे थे, ज़ैर्गो की सीढ़ियाँ उतर रहे थे अपने दो मित्रों के साथ। धीरे-धीरे चले आ रहे थे घर की ओर, ताबोंर उत्सा पर।

नीचे उतर कर जब वे एक हरी बाढ़ के पास से गुज़र रहे थे उन्होंने लोहे के गेट से अन्दर झाँक कर देखा। अन्दर एक बरामदा था, जिसमें चाय के लिए तैयार एक मेज़ सजी थी। बरामदा चारों ओर से शीशे से ढका था और उसमें लाइट जल रही थी। यह दृश्य तीनों मित्रों को काफ़ी लुभावना लगा। उत्सुकतावश और थोड़ी ईर्ष्या से भी, अन्दर टकटकी बाँध कर देखने लगे यह सोचते, जैसा बाहर वाले अक्सर सोचा करते हैं, कि इस घर में रहने वाले कितने ख़ुश और कितने सन्तुष्ट होंगे।

एक छोटा, सुनहरी बालों वाला बच्चा, स्कूल की यूनीफ़ॉर्म पहने अन्दर बैठा था। चाय पी जा चुकी थी, वह अपने झूठमूठ के सिपाहियों को मेज़पोश पर सजा

रहा था। उसने एक मिलिटरी धुन भी गुनगुनानी शरू कर दी थी, और अपने हाथ से मेज़ बजा रहा था। उसकी माँ उसके पास बैठी सिलाई कर रही थी, उनका गम्भीर और अक़्लमन्द चेहरा काम पर झुका हुआ था। सिर पर जूड़ा बँधा हुआ था घने बालों का। बीच-बीच में वे बच्चे से कुछ कहती जा रही थीं। वह कुछ सलाह ले रहा था उनसे। वह यह जानना चाहता था कि हंगारी सैनिक, जो चाय के बर्तनों के आस-पास सजे हुए थे, फ्रांस की बड़ी फ़ौज, जो टैंकों और ज़हरीली गैस से लैस थी, को कैसे हरा सकते थे।

एक लम्बा, अस्त-व्यस्त कपड़ों में, आदमी, वास्कट पहने बरामदे में आया। वह सिगार पी रहा था। उसने काली कॉफ़ी एक ग्लास में लुढ़कायी। जब उसे पीने के लिए मुँह उठाया तो उसकी नज़रें बाहर खड़े तीन व्यक्तियों पर पड़ीं, जो इस प्रकार झाँकते हुए पकड़े जाने पर अब वहाँ से सरक लिए थे।

"वह कोस्तोलान्यी है", द्रूमा ने कुछ देर बार बोला, "देश्ज़ो कोस्तोलान्यी"।

"वह पत्रकार?" एक मित्र ने पूछा।

"वही"

"मुझे याद है कुछ जो उसने लिखा था", दूसरा मित्र बोला, "कोई कविता थी शायद एक बीमार बच्चे की मृत्यु पर। या अनाथ पर? मुझे मालूम नहीं। मेरी लड़की ने उसका ज़िक्र किया था।

"वह बहुत बड़ा कम्युनिस्ट था" द्रूमा ने कहा।

"वह?" पहला दोस्त आश्चर्य करने लगा।"वह तो अब एक पक्का ईसाई है।"

"हाँ" दूसरे ने बात को और फैलाया, "मैंने वियना के एक अख़बार में पढ़ा था कि वह 'सफ़ेद आतंक'* को सही समझता है।

"वह पक्का बोल्शविक था", द्रूमा ने फिर दोहराया, "वह एक समिति पर भी था। पेगनिज़्म की समिति पर। वेरमैज़ो के पोस्टरों पर कम्युनिस्टों के साथ उसकी भी तस्वीर थी।"

"और वह उनके बीच क्या करता था?" पहले दोस्त ने पूछा।

"उन्हें ध्यान से देखा करता था" द्रूमा ने रात की बात बताते हुए कहा।

"तो भई मुझे तो समझ में नहीं आता कि वह आख़िर चाहता क्या है? वह किस तरफ़ है?" पहले मित्र ने सिर हिलाया।

"अरे बड़ी सीधी-सी बात है", द्रूमा ने बातचीत खत्म करने के अन्दाज़ में कहा, "वह सब तरफ़ है, और किसी तरफ़ भी नहीं। वह ध्यान रखता है कि हवा किस ओर बह रही है। पहले वह यहूदियों से तनख़्वाह पाता था तो उनकी तरफ़ से बोलता था, अब उसे ईसाई पैसे देते हैं। वह अक्लमन्द इनसान है", उन्होंने आँख मारी, "वह

---

* सफ़ेद आतंक–होर्थी काल में सफ़ेद गाड़ी में बैठकर पुलिस आकर किसी को भी पकड़कर ले जाया करती थी।

जानता है कि ब्रैड के किस तरफ़ मक्खन लगा है।"

तीनों मित्र इस बात पर सहमत थे। वे बाढ़ ख़त्म होने पर फिर रुके। यह साफ़ था कि वे अभी भी उसे ठीक से समझे नहीं थे। लगता था वह एक बार में केवल एक बात सोचने के आदी थे, साफ़ दिखता था कि दो विचार एक साथ सोच पाना, उनके लिए नामुमकिन था।

उन्होंने अपने कन्धे झाड़े और नीचे की ओर बढ़ गये। द्रूमा ने कुछ और टिप्पणी भी की जिस पर सब हँस पड़े। अफ़सोस है कि इसे इतनी दूर से सुन पाना सम्भव नहीं था।

स्वॉन ने, जो उसका सफ़ेद कुत्ता था, उनकी आवाज़ें सुनीं, और अपनी ज़िम्मेदारी निभाते हुए, घर की शान्ति बनाये रखने के लिए, बाग़ के कोने में दौड़ गया और वहाँ जाकर ज़ोर-ज़ोर से भौंकने लगा, जिससे उन लोगों के शब्द बिल्कुल ही दब गये।

❑❑❑